Temporal and Spatial Characteristics and
Effects of China's District and County Changes

中国区县变动的
时空特征与影响效应研究

庄汝龙 / 著

ZHEJIANG UNIVERSITY PRESS
浙江大学出版社
·杭州·

图书在版编目（CIP）数据

中国区县变动的时空特征与影响效应研究／庄汝龙
著．—杭州：浙江大学出版社，2022.5
ISBN 978-7-308-22179-5

Ⅰ.①中… Ⅱ.①庄… Ⅲ.①行政区划—研究—中国
Ⅳ.①D630.1

中国版本图书馆 CIP 数据核字(2021)第 263182 号

中国区县变动的时空特征与影响效应研究

庄汝龙　著

策划编辑	吴伟伟
责任编辑	陈思佳(chensijia_ruc@163.com)
责任校对	郝　娇
封面设计	雷建军
出版发行	浙江大学出版社
	（杭州市天目山路 148 号　邮政编码 310007）
	（网址：http://www.zjupress.com）
排　　版	杭州青翊图文设计有限公司
印　　刷	杭州宏雅印刷有限公司
开　　本	710mm×1000mm　1/16
印　　张	14
字　　数	205 千
版 印 次	2022 年 5 月第 1 版　2022 年 5 月第 1 次印刷
书　　号	ISBN 978-7-308-22179-5
定　　价	58.00 元

前　言

　　行政区划属于国家政权建设的重要组成部分,是治国理政的基础制度框架。行政区划作为国家进行分级管理而实行的区域划分,是现代国家治理的空间基础,也是关乎经济社会发展的重大课题。新中国成立以来,党和国家向来重视行政区划工作对经济发展、政权建设、国家治理的重要作用。1954年,新中国第一部《宪法》颁布,行政区划作为重要部分列入其中。党的十八大以来,党中央更加重视行政区划,将其作为党领导人民依据宪法法律,推进国家治理体系和治理能力现代化的重要内容。党的十八大报告指出,要"深化行政体制改革",并对行政区划提出"优化行政层级和行政区划设置"的明确要求。2017年,党的十九大报告做出"中国特色社会主义进入新时代"的重大判断,为中国特色社会主义伟大事业做出了全面部署,也成为推进新时代行政区划改革的行动指南。

　　近年来,我国城市化与行政区划的变动日益频繁,更引发社会各界的密切关注。伴随着工业化、城市化的不断推进,我国行政区划经历了撤地设市、撤县设市、撤县设区等一系列调整变化,不同层级的大、中、小城市成为推动和引领经济社会发展的发动机与增长极,城市的作用和地位不断增强,成为行政区划调整的主要对象。分阶段来看,1983—1997年,随着撤地设市、撤县设市等行政区划调整的大规模展开,我国城市化进入"数量增长"的阶段。地级市从1982年底的112个增至1997年的222个,增长接近1倍,而同时期县级市的数量增长更加惊人,由从1982年底的130个增至1997年的442个,增长2.4倍。1997年以后,由于"县改市"的冻结,城市化进程由"数量增长"进入"规模扩大"的动力转换期,撤县设区开始在全国范围内铺开。

2011年,我国城市化水平首次过半,达到51.27%,城市人口增至6.09亿人,这标志着我国以人口为导向的城乡结构发生重大逆转,城市取代农村成为人口集聚和发展的中心所在,城市化进程也由此迈入新的发展阶段。在这一过程中,城市数量的增加和城市规模的扩大成为提高城市化水平两大抓手,而这都与行政区划调整密切相关。确切来说,都与县级行政区划调整紧密相关。纵观我国以城市为主的行政区划调整,撤县设市以及撤县设区等是提升我国城市化水平的主要行政区划调整类型。

本书围绕区县变动这一主轴,结合当前县级政区调整现状,深入挖掘和剖析行政区划调整在目标、结构、体制、政策、层级等方面的诸多问题,三个关键词为"新型城镇化""政区设置优化""政区设置评估",其中"设置优化"和"设置评估"又是最为重要的关键词。因此,本书需要研究的主要问题以新型城镇化为总体背景和战略要求,重点围绕上述关键词的内涵指向及逻辑关系来布局和设计研究内容。

首先,对行政区划以及区县变动相关研究进行文献分析和研究综述,系统把握当前国内外开展研究的总体脉络和未来发展趋势。在此基础上,结合空间生产、地域重组、尺度重构等相关理论构建本书的理论框架。其次,锁定地域型、城市型、民族型与特殊型4种类型的区县变动主体。对不同类型的行政区在不同时段、不同地域具有不同的空间特征与演化过程进行系统分析。在此基础上,筛选、归纳和总结县级行政区的具体变动方式。进一步,选择具体案例对区县变动发生的原因、调整过程以及产生的影响进行分析,并总结出区县变动的驱动机制。最后,运用定性与定量相结合的研究方法,对我国县级行政区争取调整的多维影响效应进行系统评估和论证,以期为我国县级行政区的优化设置、红利释放以及推动经济社会可持续发展提供切实可行的政策建议。

目　录

第一章
绪 论

一、研究背景与问题提出

我国作为世界公认的文明古国之一,行政区划历史由来已久。根据《尚书·禹贡》,早在秦之前即有行政区域的划分。秦始皇统一六国后,郡县制的颁布和实行是我国行政区划史上的重要里程碑,标志着我国行政区划体系开始建立。此后,随着朝代更替,行政区划也随之不断演变。元代,行省制度的建立是我国行政区划史上的又一次重大变革,为后续省级行政区划设置提供了丰富的经验借鉴。民国时期,市镇建制悄然兴起,由此在地域型行政区的基础上出现了城市型行政区,进而推动了城市的建设和发展。新中国成立后,党和国家向来重视行政区划工作对政权建设、国家治理的重要作用。1954 年,新中国第一部《宪法》颁布,行政区划作为重要部分列入其中。此后,经过接近 70 年的调整和完善,逐步形成了当前比较稳定的行政区划体系与格局。

党的十八大以来,党中央将行政区划作为党领导人民依据宪法法律,党的推进国家治理体系和治理能力现代化的重要内容,予以高度重视。党的十八大报告指出,要"深化行政体制改革",并明确提出"优化行政层级和行政区划设置"。同时,行政区划的法制进程也持续推进,继

1985 年的《关于行政区划管理的规定》,2018 年国务院又发布《行政区划管理条例》,通过法治手段对行政区划管理做出新的规范。更为重要的是,习近平总书记提出"行政区划本身也是一种重要资源"[①]的时代论断,成为新时代、新形势下行政区划发展的重要引领。准确把握行政区划是一种资源的内涵,用好这个资源,对于促进国家治理体系和治理能力现代化、推动经济社会和城市化持续健康发展具有重要意义。这也是着眼于党和国家事业发展大局、全面推进改革、完善和发展中国特色社会主义、全面建成小康社会的重要思想支撑。

系统梳理发现,新中国成立以后,我国的行政区划调整历程可以分为两个主要阶段:第一个阶段是新中国成立至改革开放;第二个阶段是改革开放至今。第一个阶段属于行政区划的初创期,行政区划的设置和调整以巩固新生政权、恢复与发展国民经济为主要方向。由于发展基础薄弱,体制不健全,加之缺乏建设经验,20 世纪 50 年代末的"大跃进"和人民公社化运动以及 70 年代的"文化大革命"对行政区划造成严重冲击。这一时期的行政区划政治性强,经济性弱,作为上层建筑对经济基础的反作用力极为有限。第二个阶段,工作重心逐渐转移到经济建设,行政区划与经济发展的关系日益密切,成为推动经济发展、社会建设以及行政体制改革的重要力量,行政区划也由此进入调整与优化期。在这一阶段,城市化是引领行政区划调整的一条主线,也是破解行政区划调整难题的一把钥匙。

2011 年,我国城市化水平首次超过 50%,达到 51.27%,城市人口增至 6.09 亿人,这标志着我国数千年来以农村人口为主的城乡人口结构发生逆转,城市成为人口集聚的主要载体和经济社会发展的主要空间组织形式,城市化进程也由此迈入新的发展阶段。一般而言,城市化水平的提高主要通过城市数量的增长和城市规模的扩大来实现,城市规模既包括用地规模也包括人口规模,而这两者的扩大均与城市行政区划调

---

① "砥砺奋进 改革前行"系列评述之五:坚持协调发展,中国夯实全面小康基础[EB/OL].(2017-10-17)[2019-03-01]. http://www.21jingji.com/2017/10-17/yNMDEzNzlfMTQxODQyNw.html.

整有密切关系,确切地说,都与县级行政区划调整紧密相关。纵观我国以城市为主的行政区划调整,撤县设市以及撤县设区等是提升我国城市化水平的重要动力。

改革开放以来,伴随着工业化、城市化的深入推进,我国行政区划经历了撤地设市、撤县设市、撤县设区等一系列调整变化,不同层级的大、中、小城市成为推动和引领经济社会发展的发动机与增长极,城市的作用不断增强,地位不断提升,成为行政区划调整的主要对象。1983—1997年,随着撤地设市、撤县设市等行政区划调整的大规模展开,我国城市化进入数量增长的阶段。地级市从1982年底的112个增至1997年的222个,增长接近1倍;同时期县级市的数量增长更加惊人,从1982年底的130个增至1997年的442个,增长2.4倍。1997年以后,由于"县改市"的冻结,城市化进程由"数量增长"进入"规模扩大"的动力转换期,撤县设区以及近年来逐渐增多的区县重组成为城市化发展的新动力,并在全国范围内铺开。

撤县设市是为了促进中、小城市发展,而市管县以及撤县设区是为了进一步推动大城市发展,城市型行政区划建制在整个行政区划体系中的比重不断增大,而且在今后一个时期还会进一步加大。近年来,随着内外环境的变化、体制改革的完善以及对城市生活要求的提高,结构调整、功能优化以及内涵提升成为城市化发展的新标志,城市经营由"粗放"走向"精细化"。相应地,撤县设区、区县重组等逐渐成为行政区划调整的主要方式,并有逐渐增多的趋势。上述行政区划调整类型都涉及数量较多的县、县级市以及市辖区,县级行政区划调整已经成为当前我国行政区划调整的主要内容,对区域经济、社会、人文等方面的发展产生了重大影响。

进一步从行政区划调整的主体来看,新中国成立至改革开放,省级行政区的数量、类型上都有所减少,数量上由50个降至30个,类型上由省、自治区、直辖市、特别行政区、行署区、地方、地区7种类型减少至省、自治区、直辖市3种类型。地级行政区的数量略有增加,但其类型大幅减少。数量上由302个增加至309个,而类型上由地级市、专(地)区、自治州、自治区、盟、行署区、行政区、工矿特区、临时行政委员会、行政督查区、直辖区等多种类型简化为地级市、专(地)区、自治州、盟等少数几个类型。相比之下,县级行政区划在数量、类型上的变动幅度远超省级与地级行政区划。新中国成立后,县级行政区共有2749个,类型上有县级市、县、自治县、市辖区、旗、自治旗、县级镇、工矿区、林区、山区、特区、城关区、专区、办事处、军管会、管理局、设治区、督办区、设治局、中心、组训处、区公所、宗、谿24种,至改革开放之际,数量上减少至2647个,类型上则大幅减少至仅剩县级市、县、自治县、市辖区、旗等少数几种类型。由此可见,县级行政区变动是这一时期行政区划调整的主要内容。

改革开放之后,经历了前期的大幅度调整,省级、地级以及县级行政区划体系与格局趋于稳定,变动没有之前剧烈,但也表现出新的特征。截至2017年底,省级行政区数量由30个增至34个,增加的4个分别是海南、重庆以及香港和澳门。类型上,增加了特别行政区。地级行政区数量由309个增至334个,市管县的推行带来的撤地设市是地级市数量增加的主要原因。类型相比上一时期减少了1种,即行政区(海南行政区),进一步简化为地级市、地区、自治州、盟4种类型。县级行政区数量由2647个增至2851个,增加了204个。类型上进一步简化为县级市、县、自治县、市辖区、旗、自治旗、林区、特区8种类型。结合上一时期的分析发现,县级行政区无论在改革开放前还是改革开放后,在数量上还是在类型上的变动幅度都远超省级、地级行政区。由此,引出本书的研究主体——县级行政区。

由于我国幅员辽阔,为满足不同的行政管理需要,县级行政区的设置类型呈现多样化。根据常规分类方法,县级行政区包括地域型行政区、城市型行政区。地域型行政区包括县,城市型行政区包括县级市与市辖区。此外,县级行政区还包括民族型行政区、特殊型行政区。民族型行政区包括自治县、旗、宗、谿等,特殊型行政区包括设治局、军管会、办事处、特区、工矿区、林区等。相比之下,这两类行政区都是国家在特定地域为满足特殊需要或解决一定矛盾而在一般行政建制之外设置的特殊建制单位,是对国家行政区划体系的有效补充,在维护统治秩序、推动地区稳定和发展方面发挥着重要作用。由此引出本书的第一组研究内容:我国县级行政区总体发展特征如何?细分到地域型、城市型、民族型以及特殊型行政区,每种类型各自的发展脉络与格局演化过程如何?相互之间的发展关系如何?对这些问题的回答有助于把握我国县级行政区的总体情况,为后续深入研究奠定基础。

在上述研究的基础上,除了不同类型县级行政区拥有自身的发展规律之外,还有一个不容忽视的特征,即县、县级市以及市辖区三者之间存在着多种方式的交替转换,例如,撤县设市、撤县设区使县转变为县级市或市辖区。同时,县级行政区在数量上、类型上还存在着此消彼长、千丝万缕的关联,例如,改革开放以来县的减少与县级市尤其是市辖区的增加有直接关系。然而,不同类型县级行政区数量的增减既有共同的原因,也有独特的因素。由此引出本书的第二组研究内容:县级行政区之间的变动方式共有几种?不同变动方式具有怎样的特点?是否存在一种主要的变动方式,在现在乃至将来很长一段时间内仍占据主导,例如当前广泛推行的撤县设区?若果真如此,那么撤县设区的发生特征、概率、格局演变、战略导向以及未来趋势又如何?

上述对县级行政区的研究侧重宏观层面,但无论是发展脉络与格局演化,还是具体的变动方式,最终都需要具体的案例加以支撑,以获得对区县变动更加直观、深刻的认识。案例剖析从来都是行政区划研究的重要工具之一,通过这种方法不仅能够分析区县变动的表象,也能够对区县变动背后的深刻逻辑进行有效阐释。在进行案例分析时,必然涉及区县变动的原因,不同类型的城市由于变动方式不同,所处发展阶段不同以及所要解决的主要问题不同,区县变动的驱动力也不尽相同。由此,引出本书的第三组研究内容,搜集和整理具有代表性的,尤其是大城市的区县变动案例,全面分析区县变动的原因、过程、变动方式、影响效应等,并在此基础上总结我国区县变动的动力机制。

行政区划作为上层建筑是为经济基础服务的,当经济发展到需要上层建筑进行改革时,行政区划就会做出相应调整。当前研究已经表

明,区划调整绝不仅仅是层级变更、边界调整、政府驻地迁移或者行政
名称改变等表象,而是透过上述表象对于城市或者区域层面的空间结
构优化、产业布局调整、区域统筹发展、行政体制改革、强化生态保护
以及支撑和配套国家与区域发展战略等更深层次的隐性作用,从而发
挥上层建筑对经济社会发展的反作用力。以撤县设区为例,发展方向
由农业经济向城市经济过渡,产业重点也开始向第二、第三产业转变。
这种背景下,作为最直观的一种表现,土地利用类型也随之发生显著
改变,往往出现建设用地大面积增加,耕地、草地、林地等非建设用地
面积相应减少的现象。因此,土地利用变化是区县变动的多维效应之
一。由此引出本书的第四组研究内容:区县变动对土地利用的影响效
应如何? 不同土地利用方式,尤其是建设用地对区县变动的响应
如何?

　　土地利用变化是区县变动的直观表现,但区县变动作为行政区划调
整现象,必然涉及政治、经济、社会、人文等诸多方面。因此,在土地利用
变化的基础上,区县变动的效应至少还应该包括经济社会发展与政治体
制改革两大方面。一般而言,区县变动是为了更好地推动经济社会发
展,此外,优化行政管理体制、理顺政府间职能关系、提高行政管理效率
等也是区县变动的重要原因。相较于经济社会发展,体制机制的改变虽
然无形,但对于保障行政区划调整的顺利实施、推动政策红利的释放都
将发挥重要作用。这引出了本书的第五、第六组研究内容。第五组研究
内容是:区县变动的经济社会效应如何? 对于财政收支、产业结构、劳动
力水平、投资与消费等经济发展的侧面影响效应如何? 此外,区县变动
都具有地域性和时效性,因此,区县变动的影响效应是否具有地域差异
与时间滞后性? 回答这些问题需要全面分析和解读区县变动对经济社
会发展的影响效应。

　　第六组研究内容涉及区县变动带来的政治体制改革问题。前面
已经提到,政治体制改革是区县变动的影响效应之一,政治体制改革
的成功也是区县变动推动和促进政策效应释放的重要前提。在区县
变动的过程中,各地区在遵循国家基本政治、经济以及组织制度的前

提下,对于政治体制改革的具体做法各有不同。因此,第六组研究内容就是:从一般意义上看,区县变动带来的体制改革有哪些,主要涉及哪些方面?区县变动在行政、规划、土地、财政、社保等不同方面的体制效应为何?与运用计量模型测度区县变动的土地利用效应以及经济发展效应相比较,对体制改革效应的研究更加需要从微观层面入手,洞察和剖析其细微之处。

二、研究思路与研究方法

(一)研究思路

第一,本书对行政区划以及区县变动相关研究进行文献分析和研究综述,系统把握当前国内外区县变动研究的总体脉络和未来发展趋势。在此基础上,结合地域重组、空间生产、尺度重构等相关理论构建本书的理论框架。

第二,本书落脚于县级行政区划,研究对象是区县变动。因此,本书锁定地域型行政区、城市型行政区、民族型行政区与特殊型行政区4种类型的区县变动主体,在对全国总体纷繁复杂的区县变动进行梳理和分析的基础上,进一步选择具体案例对区县变动发生的原因、过程以及产生的影响进行分析,并总结出区县变动的驱动机制。

上述分析研究以定性分析为主,在测度区县变动的影响效应时,计量模型尤其是空间计量模型的运用不失为评估政策效应的有效方法。在空间效应方面,本书重点测度区县变动对土地利用变化的影响。在经济效应方面,本书先对新中国成立以来县级行政区划调整的历史脉络进行细致梳理,再提出研究假说进行经济效应检验。在体制效应方面,本书选取浙江省宁波市鄞州区撤县设区案例,探讨区县变动对体制机制的影响效应。本书的技术路线如图1-1所示。

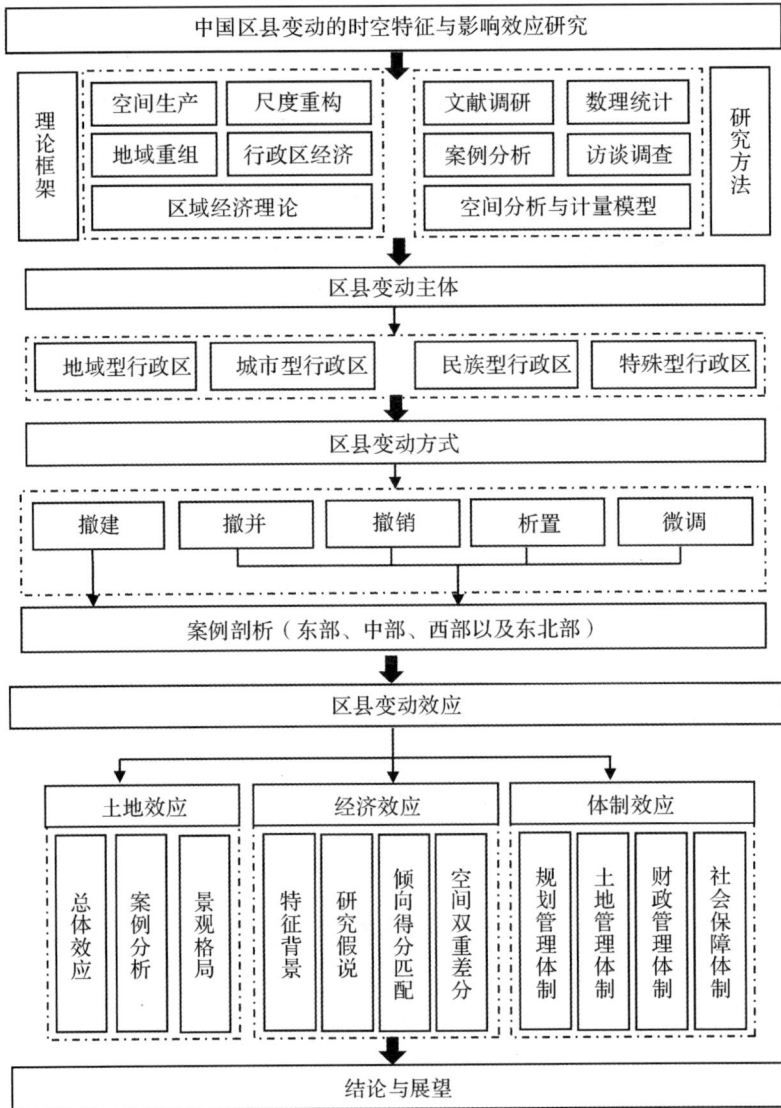

图 1-1　本书的技术路线

(二)研究方法

1.文献调研法

由于本书以新中国成立后区县变动为研究主体,时间跨度大,所以进行文献调研必须尝试多种渠道和方式。此外,由于行政区划调整的复杂性,加之特殊时期(例如"文化大革命"时期)行政区划统计资料的缺乏,目前尚无一套详细、准确、具体的行政区划调整资料。因此,本书搜集、整理图书、文献、统计年鉴、政策文件、新闻报道、国务院批复、地方志等多种类型的资料,并进一步进行分类、整理,每个调整案例包括调整时间、所属省份、所属地市、调整方向、调整细目以及调整类型、建制变更等内容。

2.访谈调查法

本书主要采用实地访谈、电话访谈等形式进行访谈调查,访谈对象包括政府官员、规划人员、学者、房地产商以及当地居民等,重点关注行政区划调整动因、过程以及完成情况,并对行政区划调整对当地经济、社会、人们生活等诸多方面产生的影响进行深入访谈。同时,在访谈过程中也对之前通过文献调研搜集整理的二手资料进行核对和纠错,进一步提高研究数据的准确性。

3.案例分析法

案例分析法又称个案研究法,由于在分析、比较研究过程中的诸多优点而被广泛应用于社会实践和科学研究领域。本书通过对十堰、上海、广州、南京、徐州、玉溪、广安等城市行政区划调整案例的分析,归纳、总结区县变动的动力机制。同时,在深入分析案例的基础上,增加对行政区划调整的现象和其背后逻辑的认识深度,也进一步提高本书的生动性、可信性。

4.定性与定量相结合的研究方法

本书运用数量统计、空间分析等方法对区县变动的演变趋势、发生特征、格局演变等进行分析。行政区划调整属于复杂的、多维度的经济社会现象,这种情况尤其适合将定性与定量方法结合起来进行研究。一方面,本书通过定性研究归纳总结出在纷繁复杂的现象背后行政区划调整的规律和特征;另一方面,本书运用双重差分这一计量方法准确测度撤县设区对经济社会发展的多维影响,并结合案例分析勾勒具体的作用机制。定性与定量分析各有侧重、结合使用才能够确保研究的准确性、科学性、合理性。

三、数据处理与创新之处

(一)数据处理

由于本书涉及县、县级市、市辖区3种类型的县级行政区,同时研究时段跨度大,研究范围广,从新中国成立后一直到2017年底全国范围内的区县变动都在本书研究之列。因此,难以从一个渠道获得所有的研究数据,数据来源必须多样化。为此,本书的数据来源主要包括纸质文献和地图资料,包括由民政部编写的《历年中华人民共和国行政区划简册》(中国地图出版社出版)、《中华人民共和国行政区划(1949—1997)》(中国社会出版社出版,1998年)、《中华人民共和国县级以上行政区划沿革(1—3卷)》(中国测绘出版社出版,1986年),以及由陈潮、陈洪玲编写的《中华人民共和国行政区划沿革地图集(1949—1999)》(中国地图出版社出版,2003年)。此外,经济、社会以及人口等相关数据来源于各类统计年鉴。

此外,由于本书需要测度撤县设区对土地利用变化,尤其是建设用地的影响效应。因此,需要获取以县级政区为单位的建设用地面积的历年变化量。由于这一数据难以从常规的网站以及统计年鉴中获取,加之研究范围是我国全境。因此,在综合考虑数据可获取性、时序性、分辨率等条件下,本书选择国际通用的美国地质调查局发布的以 MODIS 遥感数据为基础的全球土地覆被产品作为数据源,数据来源网址为 https://modis-land.gsfc.nasa.gov/。MODIS 数据编号为 MCD12Q1,分辨率为500米,数据时段为2001—2017年(每年一期),监测范围是我国全境。

研究区域包括我国31个省份。研究时段为1949—2017年。由于县与县级市行政级别相同,往往作为一类单元进行行政区划调整,为此,书中的撤县设区如无特别说明,均包括撤县设区和撤县级市设区两种情况。此外,本书主要研究内容是市辖区与县或县级市之间的变动,不包括区区之间、县县之间、市市之间或者县市之间的同种建制类型之间的区划调整。本书所涉及东部、中部、西部和东北地区的具体划分为:东部地区有10个省份,包括北京、天津、河北、上海、江苏、浙江、福建、山东、广东和海南;中部地区有 6 个省份,包括山西、安徽、江西、河南、湖北和湖南;西部地区有 12 个省份,包括内蒙古、广西、重庆、四川、贵州、云南、西藏、陕西、甘肃、青海、宁夏和新疆;东北地区有 3 个省份,包括辽宁、吉林和黑龙江。

(二)创新之处

从研究主体来看,本书聚焦行政区划调整数量多、频次高的县级行政区,并将其分为地域型、城市型、民族型、特殊型共 4 种类型分别进行研究,丰富了现有行政区划,尤其是县级行政区划的研究内容。值得说明的是,相较于以往主要侧重地域型与城市型行政区,本书将研究主体进一步延伸至民族型与特殊型行政区,并对其空间特征、演化过程等内容进行系统分析,具有一定的创新性。此外,通过对新中国成立后发生的区县变动案例进行筛选、梳理、校对,总结和归纳出区县变动的主要方式,不仅有助于加深对县级行政区划调整的了解,也能够为未来县级行政区的变动提供经验借鉴和参考。

从研究角度来看,区县变动作为行政区划调整必然涉及政治、经济、人文、社会等诸多方面,而本书在空间生产理论引领下,借助地域重组与尺度重构理论创置了独特的研究框架:一是区县变动表象,侧重边界调整、结构优化、产业布局、层级变更等区县变动的现象描述;二是区县变动的本质,聚焦对经济社会发展以及体制机制改革的影响效应。以往政策效应的评估多数采用定性方法,而本书在测度区县变动对土地利用变化以及经济社会发展影响的过程中尝试运用双重差分方法,通过模拟自然实验最大限度测度区县变动的净影响。此外,以往对行政区划调整的体制改革效应的相关研究比较匮乏,而本书通过实地考察、走访调研,尝试从规划、土地、财政以及社保等不同侧面解析区县变动带来的体制改革效应。

第二章
理论基础与文献综述

　　区县变动属于行政区划调整范畴,而行政区划调整又是一种复杂的经济社会现象,对政治、经济、社会、人文等诸多方面均有明显的影响,对于这种现象的分析与解读必然需要构建一套相对完整且系统的理论分析框架。通过梳理、分析与解读现有研究成果发现,能够对区县变动这一复杂经济社会现象提供理论支撑的主要有空间生产、地域重组、尺度重构以及行政区经济理论等。这些理论涉及区域经济学、经济地理学、城乡规划学乃至社会学、政治学等多门学科,同时伴有学科交叉的特点,这些理论能够为本书提供完整的分析框架,也能够提供丰富的研究视角和研究方法。

　　一、理论基础

　　(一)空间生产理论

　　空间生产理论是20世纪70年代后期伴随经济地理学的关系转向而产生的一套理论体系。在此之前,空间被认为是"被填充的容器""欧式几何空间"等刻板概念,这种认识对于当时资本主义社会产生的一系列经济、社会以及政治危机无法给予有力的解释。在这种背景下,以马克思主义转向为起点,经济地理学开始向制度、文化、关系、尺度等进行多维转向。在重新审视空间概念的基础上,空间生产理论更加重视价值判断和塑造空间的经济社会关系，将空间概念进一步提升至关系层面，由此开辟了全新的研究领域。

法国马克思主义哲学家亨利·列斐伏尔（Henri Lefebvre）是空间生产理论的首创者，被认为是"后现代批判地理学的滥觞"。^①之后，大卫·哈维、爱德华·贾、曼纽尔·卡斯特以及尼尔·史密斯等又对空间生产理论进行了丰富和拓展。列斐伏尔深刻批判了将空间仅仅看作"被填充的容器"的刻板观点，结合当时资本主义经济社会发展的现实问题对空间进行了全方位的哲学思考，提出了"空间是社会（资本主义生产和消费）的产物和生产过程"的核心观点。并且，他还构建了一个包括空间实践、空间表征以及表征空间在内的三元一体的空间生产过程理论框架。^②具体来看，一方面，列斐伏尔认为空间不是预先给定的、中性与客观的，并对早期的"空间科学"进行了深刻批判和重新审视，他认为空间是被生产出来的，是社会实践的产物（social production）。为了寻求与社会发展相适应的生产和组织模式，空间被源源不断地创造出来。另一方面，列斐伏尔强调空间的生产不是指在空间内部进行的物质生产，而是指空间本身的被生产，空间本身即是被生产的对象。空间生产本质上是一种政治、经济行为，资本主义通过对空间的生产与再生产而获得新的发展空间。正如大卫·哈维（David Harvey）所言，"通过占有空间、生产空间，资本主义才得以幸存至今"。

此外，列斐伏尔的三元一体空间生产理论包括时间、空间与社会，并进一步将物质空间、精神空间以及社会空间有机结合起来，从认识论上打破了传统的二元论困境，修正了物质与精神双重空间割裂的缺陷。^③社会空间兼具物质与精神双重属性，包括空间实践、空间表征与

---

① 苏贾.后现代地理学：重申批判社会理论中的空间[M].王文斌，译.北京：商务印书馆，2004：65.

② Anne Vogelpohl. Cities and the beginning urbanization：Henri Lefebvre in contemporary urban studies[J]. Raumforschung und Raumordnung，2011（4）：233-243；Frank Molano Camargo. The right to the city：From Henri Lefebvre to the analysis about the contemporary capitalist city [J]. Folios，2016（44）：3-19.

③ 陈玉琛.列斐伏尔空间生产理论的演绎路径与政治经济学批判[J].清华社会学评论，2017（2）：136－160.

表征空间,分别对应3种类型的空间:感知的空间、构想的空间和生活的空间。空间实践(spatial practice)是指城市社会的生产与再生产活动,属于实在物质层面;空间表征(representation of space)是指概念化的、由知识和意识形态所支配的空间,属于精神层面;表征空间(space of representation)侧重居民和使用者的空间,处于被动体验和被支配的地位。

进一步对比研究发现,列斐伏尔的空间生产理论蕴含着经济利益与政治统治的双重意涵,相比马克思对于空间的认识和理解更进一步。马克思在对资本主义的深刻剖析中并没有忽视空间的巨大作用,他认为资本力求在空间上扩大市场,力求用时间去更多地消灭空间。马克思对空间的存在形式有两种主要解释:一是在生产机构进行的资本生产过程中,空间是劳动时间在生产的物理环境中工作日的并置与扩张;二是资本在空间扩张中需要征服空间,以获取更大范围的市场和资源。而列斐伏尔认为,马克思对于空间的认识更多从生产活动本身出发,而对于资本主义社会空间生产背后的真正内涵(经济利益与政治统治)缺乏关注。[①]

列斐伏尔认为,生产的社会关系是一种社会存在,也是一种空间存在,它们将自身投射到空间中,在其中留下烙印,同时又生产着空间。可见,空间的实质是社会关系,空间中既包含着各种各样的社会关系,同时,社会关系又构成空间,生产空间。[②] 陈玉琛将空间生产置于资本主义经济活动语境下进行理解,将其看作资本增值的工具和手段,作为生产要素纳入资本增值体系中,为资本增值发挥巨大效用。他认为,资本是空间生产的推手,为了逐利而将空间作为一种特殊的生产要素加以利用。同时,作为社会关系的空间又不断被生产出来,形成新型社会关系,

① 林叶. 城市人类学再思:列斐伏尔空间理论的三元关系、空间视角与当下都市实践[J]. 江苏社会科学,2018(3):124 - 135.
② 刘怀玉,陶慧娟. 理解列斐伏尔:以黑格尔、马克思、尼采的"三位一体"为主线[J]. 山东社会科学,2018(5):49 - 57.

进一步推动资本的扩张和增值,使得空间生产与资本逐利始终相伴随。[①]

经济与政治从来都无法分离。在经济利益基础上,空间生产具有更加抽象的"政治统治"意味,即在资本支配下的空间生产过程中,由资本支配的政治空间也随之衍生出来。列斐伏尔也注意到了资本在催生关系空间方面所蕴含的政治属性,不仅表现在维持剥削统治的工具性空间,也表现在施展权力、暴力的抽象性空间。由资本催生的空间不仅为资本服务,也在很大程度上成为维护统治阶级统治的政治工具,具有等级性、差异性、隔离性、强制性等特征。由此可见,列斐伏尔笔下的空间既是经济空间,也是政治空间,两者相辅相成,相互促进,辩证统一。

通过系统梳理列斐伏尔以及相关学者的论著发现,列斐伏尔以富有批判传统的马克思主义哲学和政治经济学为思想源泉,在对空间科学的反思以及对更加公正、包容、人文的社会发展环境的追求中重新审视了空间在历史唯物主义中的基础地位,分析和总结了空间在资本主义经济活动中的多重作用与价值,为"资本主义何以幸存而没有灭亡"提供了全新的透析视角。空间生产理论打破了传统的、普遍主义的空间隐喻,在空间与社会之间架起关系的桥梁。[②] 空间生产的核心观点归纳如下:第一,空间的本质是社会关系;第二,空间不是简单的容器,而是被生产出来可以被消费的商品;第三,空间包含经济和政治双重属性,既能发挥生产力的作用,也能成为统治阶级维护统治的工具。

(二)尺度重构理论

尺度重构理论是西方经济地理学在 20 世纪 90 年代以来的关系转向与尺度转向过程中产生的。[③] 关系转向的真正兴起与新技术革命推

---

① 陈玉琛.列斐伏尔空间生产理论的演绎路径与政治经济学批判[J].清华社会学评论,2017(2):136－160.
② 陈玉琛.列斐伏尔空间生产理论的演绎路径与政治经济学批判[J].清华社会学评论,2017(2):136－160.
③ 王丰龙,刘云刚.尺度概念的演化与尺度的本质:基于二次抽象的尺度认识论[J].人文地理,2015(1):9－15;Eric Sheppard. The spaces and times of globalization:Place,scale,networks,and positionality[J]. Economic Geography,2002,78(3):307－330.

动下资本主义经济组织快速分化和协调模式快速转型密切相关。[①] 在后福特主义生产模式日益兴盛的背景下,企业核心任务的专业化和一般业务的外部化导致政府、企业、个人以及组织之间的关系日益密切,关系和网络成为保持企业竞争力与灵活性的重要因素。于是,交织于多种地理尺度上影响经济活动空间组织和变化的复杂关系日益受到重视,促使经济地理学研究从生产的社会关系向空间与社会的关系转变。于是,对关系视角、关系思考以及关系经济地理学的研究和重视逐渐成为这一时期经济地理学的主要特征。

在 20 世纪 80 年代以前,尺度(scale)是欧式空间里的丈量标准,属于有形的实体概念,而在经济地理学研究视角发生制度转向、文化转向以及关系转向的过程中,尺度由实变虚,成为一种关系,经济地理学明确提出了"尺度的地理学"(geography of scales)问题,经济地理学家们从政治学、社会学、经济学以及制度、文化等学术思想中吸取营养,提出了"地理尺度是一种关系建构""社会关系是一种尺度建构"以及尺度重构(rescaling)和尺度的关系化(relativization)等理论视角,并将尺度建构视为理解全球化、城市与区域治理、市场治理的关键所在。一些学者将经济地理学的关系转向归纳为地方与区域发展中的关系资产,社会行动者、企业和组织网络的关系嵌入以及关系尺度三个方面。

在地理学等研究领域,尺度可从三个方面理解:

一是制图学的尺度,即地图的比例,它决定了地图所描绘的范围、内容以及精度。这是尺度的原始含义,属于空间度量的工具性特征,其他方面的含义都是由此延伸而来。

二是方法论的尺度,是指研究人员在何种尺度、何种层面上收集和整理信息,以分析和解决特定区域的科学问题。例如,从当前的研究区域来看,尺度包括个人、邻里、社区、城市、城市群、经济带、国家以及全球等多个层级,每个层级都有特定的范围和区域特征。这是尺度原始含义的第一次延伸,已经成为地理学者、经济学者普遍应用的研究术语和分

---

① 苗长虹,魏也华,吕拉昌.新经济地理学[M].北京:科学出版社,2011:118-119.

析视角。

三是指关系的尺度,即尺度是包括空间、地方和环境的复杂混合体中的一个关系要素,正是它们的交互作用构成了人们生活和研究的地理。① 理解第三种含义的尺度,需要以后现代空间观为基础:一方面,尺度不再是固定和静止的,而具有流动性和可塑性,关注重点从静态的尺度构造上升到尺度是如何被生产和再生产的,较之以往更加重视尺度的被生产过程;另一方面,尺度不仅仅代表实体的、绝对的地理空间,也进一步代表附着在地理空间上的各种关系的建构与重塑。可见,尺度概念在本体论的意义上发生了变化,从"尺度是某种空间距离"发展到"尺度是某种社会关系",从静态向动静兼备过渡,带来研究视角的演变和拓展,开辟了尺度空间的全新研究领域。②

目前,尺度重构理论的相关研究主要集中在两大领域:一是城市地理学领域,关注区域一体化与经济全球化背景下尺度的产生、演变以及重构的过程。这方面的研究侧重资本的全球积累体系对国家、城市等地域组织的影响与重构作用,以及这些地域组织为适应全球化的变化而采取的尺度重构策略;二是政治地理学领域,研究在政治斗争和冲突的过程中,通过对尺度策略的运用实现相应的政治、经济目的,通过对经济、社会、人文等现象从尺度视角进行重新审视,延伸的相关理论有尺度跳跃(jumping scale)、尺度征服(conquest scale)、尺度重叠(overlapping of scales)等。

(三)地域重组理论

地域重组理论也是在全球化背景下由资本的全球扩张与地域空间

---

① 苗长虹.变革中的西方经济地理学:制度、文化、关系与尺度转向[J].人文地理,2004(4):68-76.

② 张践祚,李贵才,王超.尺度重构视角下行政区划演变的动力机制——以广东省为例[J].人文地理,2016(2):74-82;殷洁.大都市区行政区划调整:地域重组与尺度重构[M].北京:中国建筑工业出版社,2018:46-47.

的相互作用催生出来的。① 资本、技术、劳动力等生产要素在全球化推动下突破地理空间局限进行加速流动,向不同区域扩张,在这一过程中,资本不是飘浮在空中即可产生利润,而是必须固着于某个具体的地域空间,因为生产、分配、交换和消费等资本循环的必要过程必须在一个具体的地域空间内完成。换句话说,资本在全球范围内寻求价值的同时必须寻找"落脚点",在具体的地域空间内构建生产、生活等的必要设施才能获得价值。在这个过程中,全球化与地域化成为相互作用的矛盾统一体。

在上述过程中,相对静止的、固定的、有界的空间范围就是地域组织(territorial organization),资本在地域组织上固着的过程即为地域化(territorialization)。由于资本的不断流动,去地域化(deterritorialization)与再地域化(reterritorialization)成为伴随资本运动的循环往复的过程。去地域化是指资本与原有地域空间相剥离,行政界限变得模糊甚至消亡,而再地域化就是在其他层面(更高或更低)构建新的利于资本运作的地域空间,进而在其上构建新的、符合当地发展需要的生产关系。去地域化与再地域化被称为地域重组。通过比较发现,地域重组与尺度重构在一定程度上有相通之处,不仅重视实体地域空间的形成,更注重在地域空间上构建的生产关系。

地域重组理论是将马克思主义空间化,将马克思基于时间的历史唯物主义继承发展至基于时间与空间双重属性的历史地理唯物主义。关于地域重组的内涵,列斐伏尔、哈维等学者都进行了深刻的剖析。列斐伏尔认为,通过占有空间和生产空间,资本主义才得以幸存至今。哈维的时空压缩(time-space compression)和空间修复(spatial fix)也进一步丰富与完善了地域重组理论。马克思主义认为,资本的本质就是通过不断扩大范围的循环运动来获得增值和积累,资本具有天生的扩张性。为

---

① Gordon Macleod. Space, scale and state strategy: Rethinking urban and regional governance [J]. Progress in Human Geography, 1999 (4): 503-527; Adriano Maia dos Santos, Ligia Giovanella. Regional governance: Strategies and disputes in health region management [J]. Revista de Saúde Pública, 2014(4): 622-631.

此,资本力求缩短流通时间,进而缩小地理空间,使剩余价值在最短的流通时间内获得最大增值。哈维用时空压缩进一步解释了马克思的"用时间消灭空间"的阐述。

进一步来看,当资本在原有的地域空间内囿于政策、环境、资源、要素等的限制而产生重重矛盾甚至发生危机时,资本转型和流动的意愿增强,表现为寻求市场广阔、资源富集、政策良好的新空间。在这个过程中,资本离开原有地域空间而进行新的空间生产,并在此基础之上构建有利于资本运行的新的生产关系,借此获得新生。可见,资本通过空间生产为自身的快速流动和增值创造有利条件,这种空间生产的过程就是一次空间修复。

在全球化背景下,地域重组的主要表现是资本扩张不再局限于国家尺度,而是趋向形成新的次国家与超国家地域组织,这一过程被布伦纳称为地域性的去国家化(denationalization of territoriality)。这种趋势使得超越行政界限的区域成为重要的地域组织形式,国家也逐步认识到这种新型的地域组织形式在国家和城市参与全球国际竞争时的重要作用。为此,国家开始培育和生产更具竞争力的区域,也随之调整了国家权力所在的尺度层次,将调节和干预经济的权力部分让渡给次国家与超国家,从而在地域重组过程中实现了不同地理层级的尺度重构。

从中西方对比来看,西方的地域重组有自上而下和自下而上两种类型,自上而下的地域重组是为了国家之间的集体利益而由政府主导推进的,以欧盟及其超国家的地域组织——欧盟委员会为代表。自下而上的地域重组以市场驱动为主,希望通过次国家区域的构建来实现城市之间的横向联合,以获取更有利的发展条件和空间,规避联盟政府的政策约束,以美国-墨西哥边界的跨界区域为代表。而在我国,地域重组的驱动力以政府为主,以市场为辅,根据层次不同也可分为两种类型:一种是地级或地级以上城市之间的联合形成的次国家区域。这种类型一般发生在经济社会联系密切的城市之间,在政府逐步介入过程中形成正式或非正式的区域治理机构,例如我国的长三角、珠三角以及京津冀等城市群或都市圈。

另一种地域重组发生在城市内部,在经济体量大、等级高的大都市表现明显,具有一定的特殊性。原因在于,城市内部往往通过行政区划调整等行政手段将下辖县(市)撤县设区或者对其行政区域进行微调,在短时间内初步完成地域重组过程。此后,由于建制性质或者行政范围的变更,新的治理模式和管理体制在实际地域重组过程中逐渐建构起来,从而实现真正意义上的地域重组,城市也由此获得新的发展。在我国,伴随着全球化、城市化以及工业化的深入推进,城市内部以行政区划调整为表征的地域重组过程极为普遍。例如,北京、上海、天津、重庆等直辖市,广州、武汉、南京、杭州、苏州、青岛、济南、宁波、西安、沈阳、昆明、成都等省会或大城市都发生过一次或多次撤县设区或区划微调。可见,地域重组是城市本身调整、优化、完善、更新的重要过程。

(四)行政区经济理论

行政区经济是由刘君德、舒庆等在20世纪90年代提出的一套反映我国行政区划与经济社会发展问题的理论体系。行政区经济理论在我国改革开放之后的转型时期中孕育和成长,具有特定的政治、经济、社会以及文化背景。20世纪80年代初,我国开始了一系列的政治、经济体制改革,逐步走向以经济建设为中心的轨道。同时,中央政府逐步放权地方,以行政区为主体的区域经济转型发展不断加快,并随之产生了诸多经济社会问题,成为行政区经济理论产生和发展的宏观背景。

具体来看,在计划经济时期,不同层级行政区的经济发展主要依托中央,主要执行中央政府的计划指令,地方政府与企业没有直接的利益关系,所需要的物品完全由中央政府或上级政府统一划拨,从中央到地方形成庞大的层层划拨的供销体系。这种高度集权的行政体制虽然有利于政令畅通和集中力量办大事,但也存在诸多弊端,容易陷入"一放就乱、一乱就收、一收就死、一死又放、一放又乱"的怪圈。僵化的体制导致每一轮中央向地方放权,行政区的利益主体地位都会空前强化,行政区的封闭性就会越发体现出来,区域经济发展就会被打上鲜明的行政区经济的烙印。①

行政区经济理论的内涵和外延极其广阔,涉及行政区划、区域经济以及两者之间互动发展的诸多方面。通过系统梳理有关文献和著作,行政区经济理论的核心要义可归纳为以下几个方面:

第一,明确提出和界定行政区经济的概念。随着实践发展、理论研究以及认知的深化,行政区经济的概念演化呈阶段性。形成初期,行政区经济的定义为"由于行政区划对区域经济的刚性约束而产生的一种特殊的区域经济现象,是我国区域经济由纵向运行系统向横向运行系统转变过程中出现的一种区域经济类型"②。近年来,在大量学者的研究基础上,行政区经济逐步拓展至权力与空间视角,其定义更新为"地方政府的权力及其空间投影以市场力相互制约、博弈(封闭与开放、竞争与合作)的过程与综合"。行政区经济是与区域经济一体化相对应的概念,与通常认为的诸侯经济有原则区别,与国外学者提出的蜂窝状经济(cellular economy)有相通之处。

权力和空间要素相互叠加与耦合,最终通过与市场要素的相互制约、博弈,发育,形成不同阶段、不同类型、不同地区的行政区经济格局。"权力+空间"是地方生产力发展的制度环境与客观基础,市场力是经济发展的驱动力。行政区经济的发展力可简要表述为:

(权力+空间)×市场力(封闭力与市场力博弈)=行政区经济发展力。

第二,有效破解行政区经济的结构。一是企业层面。改革开放初期,我国的大部分企业分属于不同层级的政府,出现央企、省属、市属、县属、乡镇属,甚至村属等多个层级。这些企业囿于行政区划限制,与本行政区域之外的经济技术合作与交流受阻。关系国家经济命脉的央企表现更是明显,其运行自成体系,与地方经济、社会、人文、信息等交流匮乏,引发多种社会问题。这种自计划经济时期遗留的从企业属性上折射

① 刘君德,马祖琦.中国行政区经济理论的哲学思考[J].江汉论坛,2016(8):5-9;刘君德.中国转型期"行政区经济"现象透视——兼论中国特色人文—经济地理学的发展[J].经济地理,2006(6):897-901.
② 刘君德,林拓.中国行政区经济与行政区划——理论与实践[M].南京:东南大学出版社,2015:4-5.

出来的封闭性是行政区经济的重要特征。二是地域层面。在计划经济体制下,经济运行以纵向为主,不同行政区之间经济社会的横向联系受行政区划的刚性约束而发生梗阻。经济主要在所属的行政区域内运行,社会发展也以本行政区域为主要空间和载体。城市之间的经济联系被行政区划的无形藩篱阻滞和割裂,导致省、市、县、乡镇、村等不同层级城市体系发育不完全,经济区与行政区的空间错位带来影响市场和区域一体化、经济区运行的政区化现象。

第三,总结归纳行政区经济的五大特质。一是企业竞争中渗透着强烈的地方政府经济行为。政府可以推动企业加强本行政区域内外的经济联系与交流,也可以运用行政力量实行潜在的地方保护。二是生产要素的跨行政区流动受阻。行政区划的刚性约束影响行政区内外市场与区域一体化进程,进而影响资金、技术、劳动力、信息等生产要素的自由流动。三是行政区经济呈稳态结构。伴随着行政区经济主体地位的强化,各个行政区逐渐成长为涵盖三次产业的综合经济体。各产业发展受行政区内部同一城市规划、政策实施的影响,具有相对稳定的经济结构。四是行政中心与经济中心的高度一致性。在我国,由于政治权力在资源配置上的巨大作用,集聚行政权力的行政中心往往成为经济中心。五是行政区边界经济的衰竭性。行政边界由于政治、经济辐射较弱,资源要素集聚水平低,经济发展较为落后。

第四,行政区经济的两面性和层次性。从正面来看,改革开放以来中央放权地方,地方政府在强烈发展意愿的驱使下将经济发展作为第一要务,在经济主体地位不断确立过程中推动我国经济社会快速发展。但与此同时,行政区经济的负面影响依然存在,在行政区自身利益的驱动下,行政区划对区域经济的刚性约束十分强烈。从更为宏观的上一层级来看,各个行政区可能过分关注自身经济与社会发展而忽视区域整体发展,可能给更大区域范围带来混乱和无序,导致地方本位主义滋生,以及地方封锁、市场分割、重复建设、过度竞争等行政区经济的负面影响。

对比来看,行政区经济的两面效应分别体现在不同的切入点。行政区经济的正面效应一般是从行政区域本身的角度观察所获得的结果;其负面效应一般是从宏观层面、更高一级的区域经济发展角度评价而得到的结果。而且,从政治现实来看,不同行政区有着各自不同的利益诉求,因此,只要行政区划存在,行政区经济处于运行状态,行政区之间的利益博弈就会必然发生,从而在宏观层面会大概率呈现行政区经济的负面性。伴随我国由计划经济向市场经济的不断转型,行政区经济的两面性和层次性将长期存在。

如今,在社会主义市场经济体制逐步建立和完善的背景下,区域一体化水平不断提高,行政区划的约束作用也从刚性逐渐过渡到柔性。地方政府也逐渐认识到自身是更大范围区域内的组成部分,整体的发展才是更加长远的道路,地方之间的恶性竞争、产业同构、重复建设等问题逐步减少。这种观念的进步尤其体现在城市群、区域合作机制与论坛的举办以及政府间或非政府间正式、非正式的合作组织的形成。然而,值得警惕的是,在行政区经济负面效应逐渐弱化的情况下,这种负面效应可能会以更加间接、隐性的方式出现。例如,国家层面的"风电停摆"问题(国家与地方以及地方之间的不合作)、"五个城市争夺一片云彩"(城市与城市之间的公共物品稀缺所致),甚至城市内部不同辖区之间的"断头路"问题,比比皆是的行政区经济的负面案例提醒我们既要关注行政区经济的负面效应,也要加快行政区划体制改革,完善区域合作机制,推动区域经济与行政区划耦合、协调、互动发展。[①]

二、研究综述

(一)研究现状

通过上述分析发现,市辖区、县或县级市作为行政空间,其研究离不开空间属性,也离不开行政属性。不同领域的专家学者往往都是从这两个属性入手,可将这两个属性视为引领上述三种县级行政区研究的主线。在对市辖区、县以及县级市的相关文献进行分别综述之后,下面针对区县变动这一主题展开综述分析。

---

① 刘君德,马祖琦.中国行政区经济理论的哲学思考[J].江汉论坛,2016(8):5-9.

区县变动作为一种行政区划调整现象,探讨的是上述三种县级行政区之间的变动关系,尤其侧重市辖区与县(县级市)之间的变动情况,不仅涉及空间属性也涉及行政属性,更多的是在对区县变动空间属性分析的基础上,进一步对其产生的影响效应进行分析研究。研究方法涉及地理学、经济学、社会学、行政管理等诸多学科,跨学科研究趋势日趋明显。

一是空间属性方面,涉及层级、面积、边界以及行政中心等。朱建华等分析了改革开放以来的中国行政区划的格局演变与驱动力。在阐述行政区划调整的阶段性特征与格局变化的基础上,总结出这一时期行政区划演变的五种类型,分别是建制变更、行政区拆分、行政区合并、建制升格以及新设立行政区。行政区划格局演变的驱动力包括城市化、中心城市空间拓展、人口集聚、交通改善以及政策因素等多个方面。[①] 罗震东等以1997年为起始年份,分析了城市化加速期以来的都市区行政区划调整的阶段与特征。研究发现:1997—2007年,属于都市区扩容与治理结构调整阶段;2008—2014年,属于都市区持续扩容与战略性空间调整阶段。[②]

左言庆、陈秀山将市辖区行政区划调整分为首次设区、撤县设区和区界重组三种,并分别对上述三种区县变动现象的时空格局进行了研究。[③] 殷洁、罗小龙对1983年以来我国县级政区的特征变化进行了统计分析,并认为随着我国城市化的深入推进,城市已经从规模扩张发展到功能与内涵提升的新阶段。区界重组是继撤县(市)设区和区县合并之后县级政区行政区划调整的新趋势。[④] 安海红对我国区县重组的空间模式、形成机制以及影响效应进行了研究,在分析阶段特征的基础上,总结出区县重组的三种类型:整体型、析置型和合并型,并进一步探

① 朱建华,陈田,王开泳,等.改革开放以来中国行政区划格局演变与驱动力分析[J].地理研究,2015(2):247-258.

② 罗震东,汪鑫,耿磊.中国都市区行政区划调整——城镇化加速期以来的阶段与特征[J].城市规划,2015(2):44-49.

③ 左言庆,陈秀山.城市辖区行政区划调整的时空格局研究[J].学习与实践,2014(9):13-24.

④ 殷洁,罗小龙.从撤县设区到区界重组——我国区县级行政区划调整的新趋势[J].城市规划,2013(6):9-15.

讨了区县重组对城市经济、管理、空间以及社会文化的多方面影响。①

此外，与空间属性密切相关的还有区县变动产生的影响、效应及其评估。李郇、徐现祥基于1990—2017年我国撤县(市)设区样本，运用倍差法测度了其对经济发展的影响效应，结果表明，撤县(市)设区对经济增长具有约五年的短期促进效应，并进一步以佛山市为例分析了短期促进作用的来源和长期激励消失的原因。② 冯艳君、李立勋以广州南沙地区为例探讨了行政区划调整对土地利用空间特征演变的影响。南沙地区原位于广州市番禺区内。1993年，南沙经济技术开发区设立。经过十几年的发展，2005年，南沙经济技术开发区由番禺区析置，完成了由开发区到行政区的转变。在这一过程中，行政功能区及其调整对土地利用空间特征产生了直接和间接的影响。③

刘志慧针对撤县设区这一类行政区划调整现象，分析了我国的发展现状，探讨了撤县设区可能产生的假性城市化、制度不健全以及影响管理效率等问题，并针对性地提出了相应的对策建议。④ 张蕾、张京祥以镇江市丹徒区撤县设区为例，探讨了区划兼并效应，并指出，其在推动治理模式改革、消解城乡二元结构、推动经济发展、增强土地管理和市场规范等方面产生了积极效应，但也存在规划权限交接不到位、整体竞争力提升不明显以及同城而不同待遇的矛盾等问题。同时，其提出要构筑分权治理的大都市区双层制管理体制。⑤

由于经济的基础性作用，区县变动的核心目标之一是推动经济发展。因此，对于区县变动的经济绩效的测度研究成果较多。专家学者们较多地使用经济学的模型方法对经济绩效给予准确识别，并选择不同的研究区域进行实证研究。于志强等运用合成控制法研究了大城市撤县

① 安海红.区县重组的空间模式、形成机制及影响研究[D].上海:华东师范大学,2011.
② 李郇,徐现祥.中国撤县(市)设区对城市经济增长的影响分析[J].地理学报,2015(8):1202-1214.
③ 冯艳君,李立勋.行政区划调整对土地利用空间特征演变的影响——以广州市南沙地区为例[J].热带地理,2013(1):40-47.
④ 刘志慧.撤县设区:现状·问题·对策[J].中共云南省委党校学报,2017(2):164-168.
⑤ 张蕾,张京祥.撤县设区的区划兼并效应再思考——以镇江市丹徒区为例[J].城市问题,2007(1):36-40.

设区的经济绩效的异质性,结果显示,撤县设区对萧山和余杭的经济绩效分别产生了不利和有利的影响。① 尹来盛则借助京津冀、长三角以及珠三角的经验数据,测度了以撤县(市)设区为代表的辖区合并对提升经济绩效的作用。② 高琳运用双重差分方法,测度了上海市黄浦区和南市区合并的经济绩效,结果显示,积极效应显著。③

同时,已有研究在行政属性方面,侧重体制改革、制度变迁等内容。涂志华等以南京市六合区为例,探讨了撤县设区型新市区城乡规划体系的构建。撤县设区过程中出于新老两级体制交替、磨合和稳定的考量,往往设置三至五年的过渡期。过渡期内由于体制过渡不完全,地级市与新设区往往容易在规划编制、规划成果等方面产生矛盾。据此,涂志华等尝试针对管理需求、地域分类、规划成果以及控规等方面构建规划体系。④ 罗小龙等从再领域化的视角出发,以南京市江宁区撤县设区为例,探讨了行政区划调整过程、影响以及权力斗争。⑤ 陈眉舞等以杭州为例对县级行政区划调整进行了分析,在此基础上,认为行政区划调整是都市区内部整合的开端,必须与政府职能转变、区域管制模式改革配套进行,才能实现区划调整的真正效果。⑥

甄峰等以常州市为例,从空间管治的角度出发,分析了行政区划调整下城市管治重构与空间整合。分析发现,行政区划调整在扩大城市规模以及缓解强大县级市与所属地级市之间的矛盾方面有一定效果,但未能有效减少地级市与下辖县级市的本质冲突。其从制度重构、空间整合以及政策导向等角度提出了需要构建市区管治模式,实现空间协调发展

① 于志强,吴建峰,周伟林.大城市撤县设区经济绩效的异质性研究——基于合成控制的实证分析[J].上海城市管理,2016(6):10-15.
② 尹来盛.辖区合并与经济绩效——基于京津冀、长三角、珠三角的经验研究[J].经济体制改革,2016(1):50-56.
③ 高琳.大都市辖区合并的经济增长绩效——基于上海市黄浦与南市区的合并案例研究[J].经济管理,2011(5):38-45.
④ 涂志华,汤伯贤,王珂,等."撤县设区"型新市区城乡规划体系构建研究——以南京市六合区为例[J].城市规划,2011(S1):152-156.
⑤ 罗小龙,殷洁,田冬.不完全的再领域化与大都市区行政区划重组——以南京市江宁撤县设区为例[J].地理研究,2010(10):1746-1756.
⑥ 陈眉舞,张京祥,赵伟.区划调整背景下的都市区内部整合研究——以杭州为例[J].规划师,2005(5):100-103.

与整合。① 李开宇等分析了广东番禺撤市设区以及析置南沙区两次行政区划调整，认为行政区划调整总体上是成功的，但受制于政府职能转变和管理体制改革滞后，行政区划调整的作用有限。创新管理体制、优化产业结构、推进城市化并提高城市化质量是发挥正常效应的重要途径。②

（二）文献述评

通过上述分析发现，当前对于区县变动的研究一般聚焦某一时段，对这一时段内发生的一种或多种行政区划调整类型进行多角度分析，例如撤县设市、撤县设区、区界重组等。这些类型都是约定俗成、较为常见的行政区划调整类型。然而，这些区划调整类型追根溯源是由于市辖区与县（县级市）变动而产生的，而这种变动不仅仅有上述几种方式，以撤建为例，也包括撤区设县（市）等。同时，区县变动还有析置、微调等其他特殊的行政区划调整。因此，当前研究未将市辖区与县（县级市）看作两个区县变动主体进而研究它们之间复杂的变动关系，而只是聚焦于相对比较常见的区县变动类型，研究的广度和深度有待拓展。

在梳理文献的过程中也不禁会产生这样的疑问：将市辖区与县（县级市）看作两个主体，除了撤县设区、区界重组等常见的类型，还有哪些变动方式？变动的导向是什么？当前研究不仅对区县变动类型的研究广度不足，其时间跨度也相对狭窄，主要偏重改革开放后尤其是21世纪以来的区县变动特征、过程与影响。而新中国成立至改革开放这一时期，我国行政区划格局不稳定，不同层级、不同类型的区县变动都比较频繁，包括省级、地市级以及区县级等。因此，对于区县变动研究的时间跨度有必要进一步向前推至新中国成立时期。

此外，在效应研究方面，当前研究侧重区县变动的经济、土地或体制等单一方面，没有形成相对成熟的区县变动或行政区划调整的效应评估

①　甄峰,简博秀,沈青,等.城市管治、区划调整与空间整合——以常州市区为例[J].地理研究,2007(1):157-167,216.
②　李开宇,魏清泉,张晓明.从区的视角对"撤市设区"的绩效研究——以广州市番禺区为例[J].人文地理,2007(2):111-114.

框架,导致当前研究比较零散,缺乏系统性和整体性。这也进一步折射出,当前不仅对区县变动,对其他类型的行政区划调整的评估研究也比较匮乏。这一方面可能由于行政区划调整涉及经济、社会、人文、环境等诸多方面,评估工作量和难度较大;另一方面可能受限于资料、数据的获取,无法进行行政区划调整的评估研究。鉴于此,本书尝试构建区县变动的效应评估框架,尝试从土地效应、经济效应和体制效应三大角度出发,探讨区县变动产生的多维效应。

第三章

区县变动脉络与格局演化：
地域型与城市型行政区

地域型行政区是一种具有悠久历史的、以城乡合治为本质特征的行政区类型，也是世界各国目前主要采用的行政区类型。[①] 一般而言，地域型行政区生产力发展水平较低，以农业为主，人口的非农化水平和集聚程度低，生产力呈面状分布，城市在整个区域中的地位并不突出。而城市型行政区是近代出现的以城乡分治为本质特征的一种行政区类型。相较于地域型行政区，城市型行政区是地区的政治、经济乃至文化中心，工商业比较发达，非农人口集聚水平高，生产力呈点状分布。下面分别选择地域型行政区中的县以及城市型行政区中的县级市、市辖区作为区县变动主体加以分析。

一、总体特征

如图 3-1 所示，新中国成立后，我国县级行政区的数量有明显的波动变化趋势，尤其在改革开放之前。分阶段看，新中国成立后至改革开放，县级行政区呈现先降后升的变化趋势，主要发生在 20 世纪 50 年代末。从 1957 年开始，县级行政区的数量开始大幅度下降，至 1960 年达

① 刘君德，靳润成，周克喻.中国政区地理[M].北京:科学出版社,2017:5-6.

到谷底,之后又逐步回升,保持相对稳定的态势至今。从数量上看,1949—1957 年,县级行政区数量波动下降,从 2749 个降至 2653 个,但趋势相对稳定。1958—1960 年,县级行政区数量持续大幅度下降,三年内总共减少了 547 个,1960 年最少,仅剩 2107 个。此后,县的数量逐步回升,至 1978 年,数量已经恢复至 2647 个,与 1957 年的 2653 个不相上下。

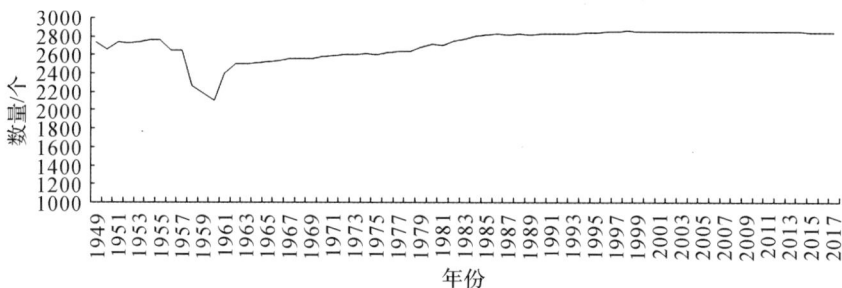

图 3-1 我国县级行政区数量变化

改革开放之后,县级行政区的数量变化极其平缓,除了在改革开放初期有轻微增加之外,近四十年来一直保持稳定态势,基本保持在 2850 个左右。由此可见,作为基层行政区,县级行政区一直发挥着国家稳定、政权建设、经济发展、民生服务的重大作用,稳定的县级行政区格局尤其重要。此外,从县级行政区的类型上看,已经实现了重大简化。据统计,新中国成立初期共有县级市、县、自治县、市辖区、旗、自治旗、县级镇、工矿区、林区、山区、特区、城关区、专区、办事处、军管会、管理局、设治区、督办区、设治局、中心区、组训处、区公所、宗、豁 24 种类型,至 2017 年底,仅剩县级市、县、自治县、市辖区、旗、自治旗、林区、特区 8 种类型。

在分析区县变动的空间特征与演化过程之前,本书先从时间和空间两个维度对县、县级市以及市辖区的总体发展情况进行简要概述,为后续展开深入研究奠定基础。从时间维度看,1949—2017 年,在不同发展阶段,3 种县级行政区的演变规律各不相同,各自具有明显的时间节点和阶段特征。从总量上看,县的数量最多,市辖区次之,而县级市最少。并且,这种相对数量关系自新中国成立后到 2017 年底没有发生改变。

从变化趋势看,县的数量基本处于总体下降的趋势,县级市呈现先升后降的趋势,而市辖区总体保持持续上升。

进一步分析发现,随着县的不断减少和市辖区的持续增加,在未来很长一段时间内,市辖区可能超越县成为县级行政区的主体。而县级市的缓慢减少将不会影响三者之间的相对位置关系。换句话说,我国县级层面的行政区划调整将以县和市辖区之间的变动为主要内容。上述现象的出现主要源于县级行政区之间存在多种方式的调整转换,导致县、县级市以及市辖区的演变趋势存在此消彼长、千丝万缕的关联。不同类型县级行政区数量的增减既有共同的原因,也有独特的因素。下面对三种县级行政区的演变趋势、变化特征及其发展脉络进行深入分析,并从中探寻县级行政区之间复杂的变动情况。

本部分对县、县级市以及市辖区的总体变动情况进行阶段划分,并在后续分别对不同时段区县变动的发展脉络与格局演化进行分析。

新中国成立后,县的数量总体呈现下降趋势,并伴有明显的阶段性特征(见图3-2)。从时序变化特征看,改革开放以前,除了"大跃进"和人民公社化运动导致县的数量发生明显波动以外,县的数量一直保持相对稳定的态势,维持在2000个左右。改革开放以后,伴随撤县设市和撤县设区等行政区划调整,县的数量开始出现明显下降。根据县的数量变化趋势,大致可以分为三个时期:第一个时期(1949—1977年)以短期波动和相对平稳为主要特征,第二个时期(1978—1997年)属于快速下降时期,第三个时期(1998—2017年)属于平稳下降时期。

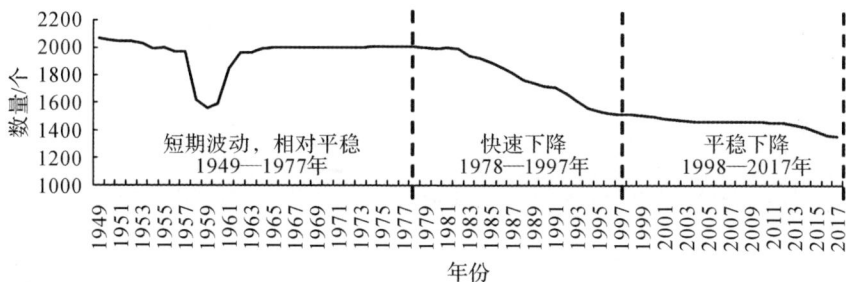

图 3-2　县的数量变化

新中国成立后,县级市数量总体呈现先增后减的演变趋势(见图 3-3)。1997 年前后,县级市数量达到历史峰值,因此,可将这一年看作县级市演变趋势的分界点。1949—1997 年,县级市数量以增加为主,1997 年之后,县级市数量缓慢减少。在整个研究时段内,县级市数量从 66 个波动增至 363 个,69 年内增加了 297 个,平均每年增加 4.3 个。相比县和市辖区,县级市的变化相对比较平稳,没有出现剧烈上下起伏的现象。具体来看,县级市的演变趋势大致可划分为三个时期:第一个时期(1949—1977 年)属于缓慢增长期,第二个时期(1978—1997 年)属于快速增长期,第三个时期(1998—2017 年)属于平稳减少期。

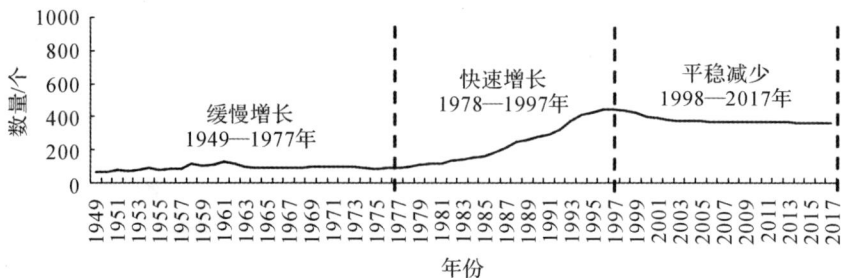

图 3-3　县级市的数量变化

相比县级市和县,新中国成立后市辖区的演变趋势与前两者明显不同。根据图 3-4,20 世纪 50 年代,市辖区数量波动幅度较大,存在明显的先增后减特征。60 年代以后至今,基本保持持续增长的态势,即使在行政区划调整几近停滞的"文化大革命"时期,市辖区数量也呈现稳步增长。作为城市的重要组成部分,市辖区数量的变动深刻反映了我国城市发展脉络,也生动反映了我国城市发展政策演变和制度变迁。根据市辖

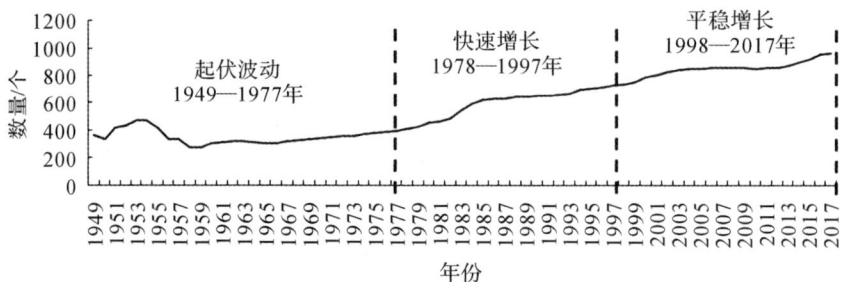

图 3-4　市辖区的数量变化

区的数量演变趋势,大致可以分为三个时期:第一个时期(1949—1977
年)属于起伏波动期;第二个时期(1978—1997 年)属于快速增长期;第
三个时期(1998—2017 年)属于平稳增长期。

通过上述分析发现,新中国成立后的县级行政区划调整历程主要有
1978 年和 1997 年两大时间节点。坚持改革开放是我党在社会主义初
级阶段基本路线的两个基本点之一,1978 年毋庸置疑是我国经济、社
会、体制等方面发生重大变化的分水岭。党的十一届三中全会之后,党
中央确立了对内改革、对外开放的发展战略。对内改革是在坚持社会主
义制度的前提下,调整生产力和生产关系、经济基础和上层建筑的关系,
进一步促进生产力的发展,推动社会主义各项事业全面进步,从而更好
地实现广大人民群众的根本利益。行政区划作为上层建筑的重要组成
部分,在改革开放前后发生了明显的变化,尤其是县级行政区区县变动
的空间特征、演化过程以及影响效应明显不同。因此,本书将改革开放
作为区县变动的节点之一。

将 1997 年作为县级行政区区县变动的另一个时间节点主要是基于
以下两点考虑:

一是城市化进程与地方政府的体制转变。1997 年,亚洲金融危机
爆发,我国政府在坚持人民币不贬值的同时努力扩大内需,刺激经济增
长,城市化作为扩大内需的重要抓手开始上升为国家战略。我国的城市
化水平从 1996 年的 30.48% 开始进入年均约 1.4 个百分点的加速发展
期。城市化发展进一步推动行政区划调整和行政体制变革。同时,1994
年的分税制改革使得政府的增长性体制和企业化模式日渐成熟,城市的
利益主体资格逐步确立,城市出于自身发展需要的自发性行政区划调整
逐渐增多。

二是县级行政区划调整的政策断面。1997 年,中央叫停了过热的
撤县设市,而以撤县设区甚至区界重组为主的区县变动成为县级行政区
划调整的主要内容。与之相对应,我国的城市数量也在这一节点发生逆
转。1997 年之后,我国城市数量从 668 个开始平稳递减,都市区化的区
县变动特征日益凸显。从行政区划调整历程来看,1978—1997 年,由

"市管县"体制推行所带来的撤地设市、撤县设市是当时行政区划调整的主要内容。而1997年之后,撤地设市基本完成,加之撤县设市的冻结,撤县设区和区界重组逐渐成为主流。由此可见,1997年也是区县变动的重要节点之一。

综上所述,无论从城市化发展进程,还是政府体制转变,抑或是县级行政区划调整历程,1978年以及1997年都是重要的时间节点。因此,将新中国成立后的区县变动划分为三个时期:新中国成立至改革开放(1949—1977年)、改革开放至20世纪末(1978—1997年)、20世纪末以来(1998—2017年)。

二、阶段分析

(一)新中国成立至改革开放

这一时期县的数量变化幅度最大,也是唯一呈现先降后升特征的时期。1949—1959年,县的数量一直在减少,尤其在1958年、1959年出现断崖式下跌,是新中国成立后县的数量下降最明显的一个阶段。之后,县的数量缓慢回升,至1963年底,恢复至1961个,基本恢复到1958年之前的水平。此后,一直到改革开放,县的数量始终保持在2000个左右。根据县数量的阶段性变化特征,本书将这一时期细分为三个阶段进行分析。

第一个阶段是1949—1956年,县的数量由2067个降至2019个,减少了48个,表现出平稳的递减趋势。这一阶段县数量减少的原因主要是根据面积、人口规模和县级行政区建设需要,撤并部分县。据记载,新中国成立前,在革命根据地和偏远山区,为有效凝聚革命力量和开展武装斗争,根据敌我情况和自然地理条件,在人口较多、面积较大的县或县域交界的边缘地区划设了一些小县,新中国成立后为理顺行政区划陆续撤并回原来的县或分划给相邻区县。[①] 这些撤并的县多数分布在黑龙江、云南、贵州、四川、广西、湖北、河南、甘肃等中西部地区。例如,云南

---

① 浦善新.中国行政区划改革研究[M].北京:商务印书馆,2013:118-119.

普洱撤销六顺县,划归思茅县(1953 年);陕西渭南撤销平民县,划归朝邑县(1950 年)。此外,也有个别撤县并入旗的情况,例如 1956 年:内蒙古赤峰撤销乌丹县,划归翁牛特旗;内蒙古锡林郭勒撤销宝昌县,拆分并划归太仆寺旗、正蓝旗、正镶白旗。

第二个阶段是 1957—1963 年,这一阶段主要由于"大跃进"和人民公社化运动的开展,将大量的县进行撤并导致县的数量急剧减少。当时的背景是,1955 年以后,在农业社会主义改造过程中,为了快速实现由社会主义向共产主义的过渡,在加速合作化进程中发起了"一大二公"的人民公社化运动,由此在我国农村出现了取代宪法规定的基层政权(即乡、民族乡)的新型组织形式——人民公社,成为当时农村基层政权和劳动群众集体所有制的政社合一的组织。[①] 人民公社强调规模大和公有制程度高,在发展过程中不断并村、并乡、并社,进而发展到并县,导致县的数量急剧下降。据记载,截至 1958 年 9 月底,在全国范围内基本上实现了人民公社化,除西藏外的 27 个省级单位共建立人民公社 23384 个,入社农户占总量的 90.40%,其中 12 个省份达到了 100%。河南、吉林等省份,共有 94 个县以县为单位建立起人民公社。

据统计,1952 年底,共有 2045 个县尚未设立自治县。国民经济第一个五年计划时期(1953—1957 年),部分县改设为自治县(1953 年开始设立第一个自治县,随后,自治县数量不断增加,由 1953 年的 1 个增至 1957 年的 53 个)。1957 年底,县数量降为 1972 个,加上 53 个自治县,县数量达 2025 个。可以认为,1953—1957 年,县数量没有发生明显的变化。然而,从 1958 年开始,随着"大跃进"和人民公社化运动的开展,大量的县被撤并,县县并县在全国蔓延。1958 年,县的数量由 1957 年的 1972 个骤降至 1623 个,1959 年又降至 1560 个,两年内减少了 412 个。1960 年降至"谷底",仅剩 1532 个县,扣除当年西藏撤宗、谿改设的 58 个县,实际比 1959 年又减少了 28 个县。可见,1958—1960 年,由于

① 范今朝.仁政必自经界始——中国现当代城市化进程中的行政区划改革若干问题研究[M].杭州:浙江大学出版社,2011:167-168.

人民公社化运动的开展,通过撤并和撤销等方式共减少 382 个县,约占当年县总数的五分之一。

在人民公社化运动的影响下,不仅大量的县被撤并,市辖区也受波及。虽不及县县并县猛烈,但区区并区,甚至区县并县时有发生。1957年,市辖区数量为 336 个,1958 年下降至 271 个,此后又缓慢增加,1959年、1960 年分别为 274 个、301 个,数量上逐渐恢复。以 1958 年为例:撤销北京市前门区,分别划归崇文、宣武区;撤销北京市石景山区,划归丰台区;撤销北京市西单、西四两区,合并设立西城区;撤销北京市东单、东四两区,合并设立东城区。撤销秦皇岛市汤河区,划归海港区。撤销承德市鹰手营子区,划归兴隆县。撤销长治市城郊区、黄碾区,长治市变为不辖区地级市。撤销阳泉市郊区,阳泉市变为不辖区地级市。撤销抚顺市五龙区,划归抚南区。此后,又撤销抚顺市抚南区。撤销上海市东郊区、东昌区,合并设立浦东县;撤销上海市西郊区、北郊区,分别划归嘉定县、宝山县、上海县和临近的市区。撤销徐州市王陵区、环城区、贾汪矿区、大黄山矿区、利国矿区,合并设立郊区。

值得注意的是,这一时期县县合并、区区合并导致县、市辖区的数量有所减少,但县级市的数量没有明显减少,保持相对稳定态势。可能的原因是,"大跃进"和人民公社化运动主要在农村开展,人民公社最早也是由农业合作社演变而来的,因此,县是合并的主要对象。并且,由于县级市发展水平相对较高,与县级市相关的撤并工作主要是县与县级市合并组成新的县级市,因此,县级市的数量没有明显减少。1957—1961年,县级市数量分别为 81 个、114 个、102 个、109 个、126 个。可见,该时期县级市数量不但没有减少,反倒有少量增加。以 1958 年为例:撤销完县、满城县,划归保定市(县级);撤销崇礼县,划归张家口市(县级);撤销榆次县,划归榆次市(县级);等等。

此后,人民公社化运动急于求成,忽视经济发展的客观规律以及"左"倾政策方面的失误导致了严重的经济危机,不仅扰乱了正常生产秩序,严重破坏了社会生产力,加之严重的自然灾害,还出现物资财力匮乏、粮食供应短缺、经济难以为继的严峻局面。在这种情况下,党中央于

1960年提出"调整、巩固、充实、提高"八字方针,以恢复和发展国民经济。与此同时,在"大跃进"时期撤并的县也大部分得到了恢复,部分市辖区也得到了恢复。1961年底,县数量增至1853个,至1963年底,增至1961个,基本恢复到"大跃进"运动开展之前的水平。

第三个阶段是1964—1981年,县的数量基本保持在2000个左右。截至1981年底,县数量为2070个,数量上没有太大变化。这一时期,县级市数量呈现上升趋势,但上升趋势极为平缓。1949年,县级市数量为66个,至1977年,全国县级市数量增至90个,接近三十年仅增加24个,增长极为缓慢。改革开放以前,我国尚未进入工业化与城市化的发展进程,城市发展相对缓慢。由于中、小城市并不具备区域发展与管理职能,主要管辖城市内部的市区与郊区,在空间上以点状形式出现,对周边地区的辐射带动能力有限,仅少数较大规模的城市才具备一定的区域发展和管理职能。因此,在改革开放以前,县级市设置相对缓慢,并没有在全国范围内大面积展开。

值得注意的是,县级市数量的增加必然牵扯到设市模式的问题。相比改革开放之后的整县改市,这一时期县级市的主要设置模式是传统的切块设市,即以县城的城关镇或县城之外的重要工矿区、交通枢纽、风景名胜区、边境口岸及其近郊为区域设置县级市,将原来的县(自治县、旗、市等)分划为两个以上县级行政区。[①] 例如:1952年,设立合川市(县级),以合川县城区为其行政区域;1961年,设立海勃湾市(县级),以原卓资山矿区的行政区域为其行政区域;1977年,设立郴州市(县级),以郴县郴州镇为其行政区域。

此外,还有一部分是以非县城(或旗)中心镇为基础切块设置,这类县级市的设置主要考虑特殊地理位置,为了满足特定的行政管理需要。虽然数量不多,但切块城市贯穿整个设市过程,从创立市制起一直沿袭至今。例如:1966年,以苏尼特右旗的部分行政区域设立二连浩特市(县级);2002年,新疆维吾尔自治区设立直辖的阿拉尔市、图木舒克市、

---

① 浦善新.中国行政区划改革研究[M].北京:商务印书馆,2013:95-96.

五家渠市等。① 2011 年,设立北屯市,为新疆维吾尔自治区直辖市,按照"师市合一"模式管理。2012 年,设立县级铁门关市,也由新疆维吾尔自治区直辖,与兵团二师实行"师市合一"管理体制。2014 年,设立县级双河市,也由新疆维吾尔自治区直辖,与兵团五师实行"师市合一"管理体制,由新疆生产建设兵团管理。据统计,1949—1977 年近三十年间,全国共有 99 项涉及切块设市的行政区划调整案例,但部分县级市建立后又撤销或者并入原属县,县级市数量净增加只有 25 个。

设市模式由切块设市向整县改市过渡,原因主要在于切块设市产生的"市县并存、城乡分离"矛盾日渐显现且难以协调,对经济社会发展造成严重影响。具体来看:第一,如果切块的部分是县城,切块设市之后县、市两级行政单位同驻一地,造成"市县同城"问题,市县之间的矛盾尖锐突出难以协调,例如原来的苏州市与吴县市、无锡市与锡山市、常州市与武进市等。第二,为了促进县级市发展,切块的部分往往是县域内经济、社会发展较快或最有发展潜力的部分。切块过大,县域经济发展处境艰难;切块过小,县级市发展缺乏足够空间,影响县级市的生长发育与功能发挥,例如原来的江苏省泰州市。第三,在县域范围内切块设市,必然增加县级政府的管理压力与财政负担,也给上级政府管理带来一定困难。同时,切块设市导致行政区划空间结构分割、破碎,不利于产业合理布局和区域经济一体化发展。②

改革开放以后,城乡经济的飞速发展使得切块设市产生结构性问题,从而导致城乡矛盾日益突出。在这种背景下,各地在实践中逐步酝酿出新的设市模式——整县改市,如 1979 年设立珠海市(县级)、深圳市(县级)、乐山市(县级),1980 年设立汉中市(县级)。经过试点与实践,根据当时地市州机构改革的要求,在实地走访调研的基础上,民政部、劳动人事部在 1983 年上报国务院的《关于地市机构改革中的几个重要问题的请示报告》中,肯定了整建制撤县设市的模式,并提出了县改市的具

---

① 浦善新.中国行政区划改革研究[M].北京:商务印书馆,2013:96-97.
② 刘君德,靳润成,周克喻.中国政区地理[M].北京:科学出版社,2017:216-217.

体标准。整县改市随即成为主要的设市模式,同时,也推动了整建制撤县设市的开展。在 1983 年设立的 44 个县级市中,整县改市达到 39 个,占比 88.63%。

　　此后,又经过实践、探索、比较,1986 年,民政部在上报国务院的《关于调整设市标准和市领导县条件的报告》中提议,将整县改市作为主导设市模式,国务院以国发〔1986〕46 号文件批转各地试行。在这一背景下,整县改市作为一种主导设市模式逐步取代传统的切块设市模式。从表 3-1 中可以看出,改革开放以来,切块设市逐渐减少,而整县改市逐步增加。1978—2004 年,共切块设市 71 个,整县改市 425 个。[①] 可见,整县改市已经取代切块设市,成为我国的主要设市模式。

表 3-1　切块设市与整县改市数量统计

年份	切块设市		整县改市		年份	切块设市		整县改市	
	数量/个	比例/%	数量/个	比例/%		数量/个	比例/%	数量/个	比例/%
1978	2	100	0	0	1992	0	0	38	100
1979	20	87.0	3	13	1993	0	0	53	100
1980	5	71.4	2	28.6	1994	0	0	53	100
1981	8	80.0	2	20.0	1995	0	0	19	100
1982	7	58.3	5	41.7	1996	3	11.5	23	88.5
1983	5	11.4	39	88.6	1997	0	0	3	100
1984	1	8.3	11	91.7	1998	0	0	1	100
1985	5	20.8	19	79.2	1999	0	0	0	0
1986	3	10.3	26	89.7	2000	0	0	1	100
1987	1	3.3	29	96.7	2001	0	0	1	100
1988	4	7.5	49	92.5	2002	4	66.7	2	33.3
1989	0	0	16	100	2003	0	0	3	100
1990	2	11.8	15	88.2	2004	0	0	1	100
1991	1	8.3	11	91.7	1978—2004	71	14.3	425	85.7

---

　　① 浦善新.中国行政区划改革研究[M].北京:商务印书馆,2013:101-102.

　　从市辖区的变动情况来看,新中国成立后至改革开放可以进一步分为两个时期进行分析。第一个时期是 1949—1962 年。这一时期市辖区变动幅度较大,大致呈现先增后减的演变趋势。据此,这一时期又可以分为两个阶段,第一个阶段是 1949—1954 年,市辖区数量由 368 个增至 471 个,六年内增加了 103 个。其中,1951 年增设市辖区最多,达到 80个,是迄今为止增设市辖区数量最多的一年,形成了新中国成立后市辖区增设的第一个高峰。新中国成立后,由于长期战争的影响,许多大、中城市原有辖区、分区、警区或租界被撤销,成为管辖范围广阔、区域划分模糊的类地域型行政区,与当今不辖区的直筒地级市类似。在上述背景下,为加强对城市的有效管理、巩固新生人民政权以及保障市民参政议政的机会,中央开始逐步出台文件规定市辖区设置条件和标准。

　　根据相关资料整理,原内务部部长谢觉哉于 1950 年在《关于人民民主建政工作报告》中就城市政权建设问题指出:"城市工作宜于集中、人口少的市,在市人民代表大会下不要有区人民代表大会一级。但较大的市若无区一级,就减少人民参政议政的机会,且有很多事不是市人民政府所能直接做了的。同时,大城市设区级,应该是使市人民政府因为有了区级而为市民办事更灵敏、更深入,决不应该有了区一级反增加办事的重复、麻烦。"[1]可以看出,新中国成立后,为了巩固国家根本政治制度,加强政府与人民的联系,协助政府各项工作开展,也为召集普选的人民代表大会做准备,区一级的民主建政工作受到重视。

　　1950 年 11 月,中央人民政府政务院正式公布《大城市区各界人民代表会议组织通则》《大城市区人民政府组织通则》[2],其中规定:"第一条,区各界人民代表会议,由区人民政府召集之;第二条,区各界人民代表会议的代表名额,依各区人民多寡而定,不满 10 万人口的区以不超过 159 名为原则,10 万人口以上的区以不超过 200 名为原则。"这里的区各

　　① 浦善新.中国行政区划概论[M].北京:知识出版社,1995:395;范毅,徐勤贤,张力康.城镇化进程行政区划调整与改革成效研究[M].北京:中国发展出版社,2017:24-25.
　　② 朱光磊,王雪丽.市辖区体制改革初探[J].南开学报(哲学社会科学版),2013(4):1-9;洪振华.市辖区行政管理体制的问题及对策[J].中国党政干部论坛,2008(8):31-32.

界人民代表会议是由于当时普选条件还不成熟而采取的一种临时代替人民代表大会的过渡形式,是当时民主建政的主要组织形式。1950—1952年,为团结全国各族各界人民,在全国范围内形成了民主建政的高潮,其主要内容就是召开各界人民代表会议。1951年4月,政务院发布了《关于人民民主政权建立工作的指示》,正式规定"10万人口以上的城市应该分设区,召开人民代表大会,成立区级人民政府"。在上述背景下,大、中城市的市辖区设置工作逐步展开,市辖区数量开始增加。表3-2列举了当时设置市辖区的部分城市。

表3-2 新中国成立后地级城市辖区设置示例(部分)

年份	省级	地级	所设区
1952	山西	阳泉	第一区、第二区
1950	黑龙江	哈尔滨	道里区、南岗区、太平区、东付家区、西付家区、新阳区
1951		齐齐哈尔	第一区、第二区、第三区、第四区、第五区、第六区、郊区
1949	浙江	杭州	上城区、中城区、下城区、西湖区、江干区、艮山区、笕桥区、拱墅区
1951		宁波	海曙区、镇明区、江东区、江北区
1953		温州	东区、西区、南区、北区、中区、郊区
1953	安徽	淮南	田家庵区、大通区、九龙岗区、八公山区
1951	福建	福州	鼓楼区、大根区、小桥区、台江区、仓山区
1952		厦门	开元区、思明区、鼓浪屿区
1951	广西	桂林	第一区、第二区、第三区、第四区、南郊区、东郊区、西郊区
1952		南宁	第一区、第二区、第三区、第四区、第五区、郊区
1950	甘肃	兰州	第一区、第二区、第三区、第四区、第五区、第六区、第七区、第八区、第九区
1952	新疆	乌鲁木齐	天山区、沙依巴克区、新市区、水磨沟区、头屯河区

值得注意的是,此时设立市辖区的城市是以人口规模为衡量标准的,而市辖区真正成为法律认可的一级地方行政建制是在 1954 年,第一届全国人民代表大会通过的第一部《宪法》。其中,第五十三条和五十四条规定:"直辖市和较大的市分设区;省、直辖市、县、市、市辖区、乡、民族乡、镇设立人民代表大会和人民委员会。"[①]由此,市辖区正式成为相当于县级的行政建制单位,设立人民代表大会和人民委员会。同时,首次使用市辖区这一概念。此外,之前一直有市辖区但市辖区人口和空间范围不合理的城市也集中在这一时期进行调整,主要表现为原有辖区析置新的市辖区。

第二个阶段是 1955—1962 年。这一阶段市辖区数量变化也主要是由政策变化引起的。由于新中国成立后没有充分考虑城市基础条件和发展阶段,缺乏明确的市辖区设置条件和标准,部分城市的市辖区出现设置过多、管理混乱的情况,一定程度上增加了人员编制、财政负担,也大大影响了办事效率。为此,1955 年,国务院发布《关于设置市、镇建制的决定》,提高了市辖区设置标准,明确规定:"人口在 20 万以上的市,如确有分设区的必要,可以设市辖区。人口在 20 万以下的市,一般不应设市辖区;已经设了的,除具有特殊情况,经省人民委员会或者自治区自治机关审查批准保留者外,均应撤销,分别设立街道办事处,作为市人民委员会的派出机关。需要设市辖区的,也不应多设。"[②]

为加强对城市的有效管理,提高城市运转效率,合理划分行政区域并配置相应的行政地位,推进城市与乡村的协调发展,中央收紧对市辖区的设置,秉承"不多设"原则。此外,1958 年以后,由于"大跃进"和人民公社化运动的开展,很多城市的郊区也进行了撤并,组建人民公社,这也是市辖区数量减少的一个原因。1954—1958 年,市辖区数量减少了200 个,1958 年跌至局部"谷底",仅剩 271 个。之后,市辖区数量又逐步

---

① 范毅,徐勤贤,张力康.城镇化进程行政区划调整与改革成效研究[M].北京:中国发展出版社,2017:25 - 26.

② 国务院关于设置市、镇建制的决定[EB/OL].(1955-06-09)[2019-03-01].https://law.lawtime.cn/d658529663623.html.

回升,至 1962 年恢复至 322 个。经历了上述短暂的波动变化,从新中国成立后至 1962 年,市辖区由 368 个减少至 322 个,至 1978 年又增加至 408 个。总的来说,这一阶段的市辖区的数量是相对稳定的,呈波动变化趋势。

第二个时期是 1963—1977 年。这一时期市辖区开始缓慢增加,由 321 个增至 396 个。这一时期市辖区数量缓慢增加的原因有多个方面:一是对于 20 世纪 50 年代各项政策变动导致市辖区设置比较混乱的情况进行梳理和调整,包括郊县析置市辖区、县级办事处或县级镇改建为市辖区以及个别区面积过大而析置一个或多个市辖区等。二是部分地区改为地级市,下辖的县或县级市设为市辖区,例如:1964 年,撤销县级洛阳市,设立洛阳市(地级),洛阳市辖涧西区、洛北区、瀍河回族区、郊区;1969 年,撤销平顶山特区,设立平顶山市(地级),平顶山特区设立新华区、卫东区;1977 年,撤销县级邵阳市,设立邵阳市(地级),设立邵阳市东区、桥头区、西区、郊区;1971 年,撤销宝鸡地区和县级宝鸡市,设立宝鸡市(地级),宝鸡市设立金合区、渭滨区;1975 年,撤销银北地区和县级石嘴山市,设立石嘴山市(地级),石嘴山市设立一区、二区、三区。

另外,先前设立的、不辖区的地级市(直筒地级市)设立市辖区,例如:1963 年,恢复阳泉市站上区、荫营区;1969 年,设立濉溪市(地级)相山区、郊区;1972 年,设立黄石市黄石港区、胜阳港区、石灰窑区、黄思湾区、陈家湾区、铁山区;1975 年,设立长治市城区、郊区;1976 年,设立萍乡市城关区、湘东区、上栗区、芦溪区;1976 年,设立渡口市东区、西区、郊区。1964 年 6 月 23 日,中共中央、国务院批准,撤销地级伊春市,设置伊春特区,试行"政企合一"的体制,实行双层领导制度,有关企业工作以林业部为主,有关地方工作以黑龙江省人民委员会领导为主。同年 12 月,在原有 10 个市辖区基础上又设置乌敏河、上甘岭、友好、东风、红星 5 个区,全市共为 15 个行政区,基本上是 1 个林业局 1 个区。

(二)改革开放至 20 世纪末

这一时期县的数量处于快速减少的状态,并在 1997 年之后仍不断延续这种趋势。与前后两个时期相比,这一时期县的数量减少最为明显,也就是从这一时期的 1982 年开始,县的数量从 2067 个的高位逐渐下降至 1997 年的 1637 个,十六年内减少了 430 个,平均每年减少 26.9 个。这种变化是源于改革开放之后,城市化的快速推进带来的工业社会对农业社会强烈冲击的直接结果,县在工业化、城市化以及政策引导下逐渐向城市过渡,从而数量急剧减少,而县级市和市辖区的数量不断增加。1980 年,国务院批转了全国城市规划工作会议提出的"控制大城市规模,合理发展中等城市,积极发展小城市"的方针。此后,随着市管县体制的推行,撤县设市开始逐渐兴起。

同时,随着农村改革的推进,农村经济发展迅速,限制城乡人口流动的户籍制度开始松动,农村剩余劳动力开始大量转入非农生产领域,市场经济加速推进城乡结合、协调发展。[①] 此外,1986 年,中央在切块设市的基础上提出整县改市的设市模式。在经济指标上对非农人口、经济总量等进行优化,以更好地符合客观现实,并且为进一步推进撤县设市,兼顾了民族地区、重要科研基地、著名风景名胜区、交通枢纽、边境口岸等特殊地区的设市需要。总体来看,这一阶段的撤县设市和我国区域经济发展的特征和需要比较吻合,不仅有效推动了县域经济发展,实现了从县到县级市的建制转变,还进一步促进了县域经济的发展模式、管理体制、产业结构、人民意识由农村向城市转变。

这一时期县级市数量增加明显,从 1978 年的 92 个迅猛增至 1997 年的 442 个,二十年内增加了 350 个,平均每年增加 17.5 个,属于新中国成立后县级市增加最为迅速的时期。1978 年,十一届三中全会胜利召开,标志着我国迈入社会主义现代化建设的新时期。家庭联产承包责任制、以经济建设为中心和对内改革、对外开放等一系列方针、政策的落实,有效调动了农民的生产积极性,农业生产获得快速发展,随之而来大量农副产品开始流向第二、第三产业,农村剩余劳动力也开始逐步向城市转移,农村经济的繁荣推动了商品经济和城市建设,工业化与城市化

---

① 范毅,徐勤贤,张力康.城镇化进程行政区划调整与改革成效研究[M].北京:中国发展出版社,2017:18–19.

成为这一阶段行政区划调整的核心动力。在上述背景下,县域经济的发展壮大相应地要求管理模式的升级、发展方式的转变以及行政权力的扩大,为此,撤县设市成为这一阶段行政区划调整的主要内容。

进一步分析发现,这一时期可进一步细分为四个阶段:一是平稳启动阶段(1978—1982年)。这一阶段是"文化大革命"之后的改革开放初期,各项工作开始拨乱反正,城乡经济走上正轨并推动行政区划体制变革,撤县设市逐步展开。1980年,全国城市规划工作会议提出"控制大城市规模,合理发展中等城市,积极发展小城市"的方针。这一变化也体现在1981年的国务院政府工作报告中,报告指出,我国经济体制改革的基本方向是"以大中城市为依托,形成各类经济中心,组织合理的经济网络"。这一阶段县级市数量开始增加,由92个上涨至130个,增加38个,比改革开放前增长了近一半。

二是加速推进阶段(1983—1992年)。1983年,民政部制定了县改市标准(内部掌握),明确了人口数量、适用范围、经济总量等内容,从政策层面进一步推动县域经济向城市建设过渡。同年,撤县改市序幕正式拉开,县级市数量开始显著增加。此后,由于城乡经济的蓬勃发展,城市的空间布局、产业以及人口结构发生了重大变化,为了更好地适应城乡经济合理发展的需要,遵循"控制大城市规模,合理发展中等城市,积极发展小城市"的政策方针,1986年,国务院批转民政部的《关于调整设市标准和市领导县条件的报告》,进一步放宽了设市要求,并肯定了整建制撤县设市模式。由此,县级市的设立工作在全国范围内大面积铺开,进入加速推进阶段。这一阶段县级市数量由142个猛增至323个,增加181个,超过以往任何一个时期的县级市数量,平均每年增加18.1个。

三是平稳发展阶段(1993—1997年)。伴随着设市标准以及设市模式的逐步落实,撤县设市数量进一步增加。1993—1997年短短的五年间,县级市数量由371个增至442个,增加71个,平均每年增加14.2个,并于1996年达到了新中国成立后县级市数量的峰值445个。1997年及以后,由于撤县设市的冻结,加之撤地设市的同时撤县级市设区,县级市数量开始出现下降趋势。总体来看,改革开放以后至 20 世纪 90 年代末是撤县设市快速发展的井喷期,城市化与行政区划调整的关系日益紧密,以城市化为代表的经济力量开始取代行政力量逐步成为行政区划调整的主要动力,而行政区划调整也为城市化的迅速推进提供空间供给和制度保障。

此外,通过数据分析进一步发现,这一时期县级市数量的变化除受到撤县设市的影响之外,还受到与之密切相关的撤地设市(地级市)的影响。撤地设市是以地级市调整为主的行政区划调整类型,通过地级市调整影响县级市数量,主要方式有两种:一种是将地区(盟)改为地级市,地区(盟)行政公署所在的县级市改为市辖区;另一种是县级市直接升格为地级市,地级市政府所在地改为市辖区。这两种方式都直接导致这一时期县级市数量的减少。

据初步统计,1978—1997 年,通过撤建和析置等方式新增县级市452 个,加上 1977 年的 90 个,单纯从增加的县级市来看,截至 1997 年底,县级市的数量应该高达 542 个。而同时期的撤地设市导致县级市减少 95 个,加之其他方式减少 5 个,从而县级市的实际数量降为 442 个。换句话说,如果抛开撤地设市等导致县级市数量减少的行政区划调整,截至 1997 年底,县级市数量将比实际多 100 个。部分撤地设市情况如表 3-3 所示。

表 3-3 部分撤地设市资料统计(1978—1997 年)

省级	年份	地级	细目
河北	1978	唐山	撤销县级唐山市,设立唐山市(地级),唐山市设立路南区、路北区、东矿区、郊区
	1983	邢台	撤销县级邢台市,设立邢台市(地级),邢台市辖桥东区、桥西区、郊区
	1983	沧州	撤销县级沧州市,设立沧州市(地级),沧州市辖新华区、云河区、郊区
	1988	廊坊	撤销廊坊地区和县级廊坊市,设立廊坊市(地级),廊坊市设立安次区

续表

省级	年份	地级	细目
吉林	1983	四平	撤销四平地区和县级四平市,设立四平市(地级),四平市设立铁东区、铁西区
	1985	通化	撤销通化地区和县级通化市,设立通化市(地级),通化市设立东昌区、二道江区
	1992	松原	撤销县级扶余市,设立松原市(地级),松原市设立扶余区
黑龙江	1993	黑河	撤销黑河地区和县级黑河市,设立黑河市(地级),黑河市设立爱辉区
江苏	1996	泰州	撤销县级泰州市,设立泰州市(地级),泰州市设立海陵区
浙江	1985	衢州	撤销县级衢州市,设立衢州市(地级),衢州市设立柯城区、衢县
安徽	1996	阜阳	撤销阜阳地区和县级阜阳市,设立阜阳市(地级),阜阳市设立颍州区、颍东区、颍泉区
江西	1983	鹰潭	撤销县级鹰潭市,设立鹰潭市(地级),鹰潭市设立月湖区
山东	1997	聊城	撤销聊城地区和县级聊城市,设立聊城市(地级),聊城市设立东昌府区
湖北	1993	孝感	撤销孝感地区和县级孝感市,设立孝感市(地级),孝感市设立孝南区、孝昌县
湖南	1988	张家界	撤销县级大庸市,设立大庸市(地级),大庸市设立永定区、武陵源区(1994年,大庸市更名为张家界市)
四川	1985	绵阳	撤销绵阳地区和县级绵阳市,设立绵阳市(地级),绵阳市设立市中区
云南	1997	玉溪	撤销玉溪地区和县级玉溪市,设立玉溪市(地级),玉溪市设立红塔区
陕西	1996	延安	撤销延安地区和县级延安市,设立延安市(地级),延安市设立宝塔区
新疆	1982	克拉玛依	撤销县级克拉玛依市,设立克拉玛依市(地级),克拉玛依市设立克拉玛依区、独山子区、白碱滩区、乌尔禾区

结合图 3-5,二十年时间内,市辖区数量由 408 个猛增至 727 个,净增加 319 个,增长接近 1 倍,是新中国成立后市辖区数量增长最多的时期。其中,仅 1983 年净增加 64 个市辖区,形成新中国成立后市辖区增设的第二个高峰。还可以看出,20 世纪 80 年代市辖区数量增长比较迅猛,年均增加 20.4 个,而 90 年代相对平稳,年均增加 10.9 个。究其原因,主要是 80 年代以后市领导县体制全面铺开,从而将地级市做实,撤销地区设立地级市的同时带来撤县(市)设区(一个区或多个区),还包括原县(市)直接升格地级市,其行政范围分设市辖区的情况。这都源于 1954 年《宪法》的规定,即直辖市和较大的市分设区,市又分为设区的市和不设区的市两种,所以地级市作为较大的市在设立之初便需要配置不同数量的市辖区。

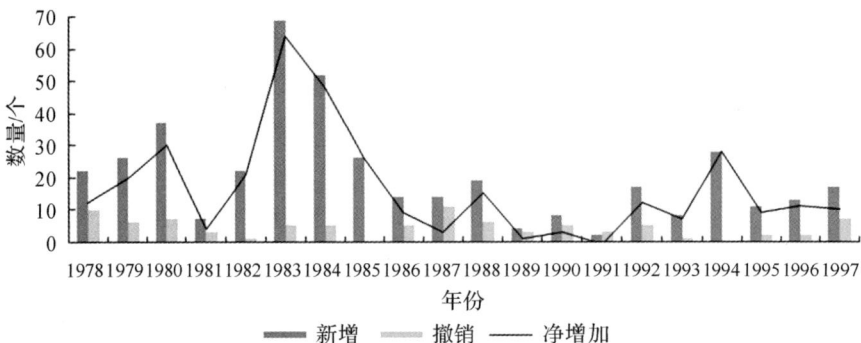

图 3-5　市辖区的数量变化

1983 年,根据辽宁等沿海省市实行市领导县体制的成功经验,中共中央国务院发布《关于地市州党政机关机构改革若干问题的通知》,明确指出:"随着社会主义现代化建设事业的发展,现行地区管理体制弊端日益显现。在政治、经济紧密相连的一个地区和城市内,往往存在着地、市、县、镇几套领导机构,层次重叠、部门林立,行政工作人员越来越多,人为地造成城乡分割、条块分割的局面,工作中互相矛盾、抵消力量,严重地阻碍着城乡相互支援,束缚着经济、文化事业的协调发展。"[①]为此,

---

① 中共中央国务院关于地市州党政机关机构改革若干问题的通知[EB/OL]. (1983-02-15)[2019-03-01]. http://znzg.xynu.edu.cn/a/2017/07/15567.html.

明确规定以经济发达城市为中心,以广大农村为基础,逐步实行市领导县体制,使城市和农村紧密地结合起来,促进城乡经济、文化事业的发展。

同时,该通知规定,地区党政领导机关不作为一级领导实体,改为名副其实的派出机构,精简干部名额和机构编制,由当时的1500人左右压缩至300人以下,地级市则不受此限制。1983年初,国务院批准在江苏全省试行市领导县体制,并在全国试点。[①] 因此,各省份撤地设市的积极性非常高,随着地级市数量的增多,市辖区也相应增加。据统计:1978—1982年,新增75个市辖区,由408增至483个;1983年,市辖区数量出现爆发式增长。据初步统计,除9个新设地级市未在当年设置市辖区之外,当年新增25个地级市(包括一个地级神农架林区),通过撤县(市)分设市辖区的方式增加64个市辖区,市辖区数量达到547个(见表3-4)。至1986年,市辖区数量达629个,四年时间内增加了146个。1986—1997年,市辖区数量增长逐步放缓,由629个增至727个,十二年时间增加了98个。

表 3-4　地级市与市辖区设立数量统计(1983 年)

省级	被撤销地区和县级市	设立区县
河北	撤销县级秦皇岛市,设立秦皇岛市(地级)	海港区、山海关区、北戴河区、郊区
	撤销县级邯郸市,设立邯郸市(地级)	邯山区、丛台区、复兴区、郊区、峰峰矿区
	撤销县级邢台市,设立邢台市(地级)	桥东区、桥西区、郊区
	撤销县级保定市,设立保定市(地级)	新市区、北市区、南市区、郊区
	撤销县级沧州市,设立沧州市(地级)	新华区、运河区、郊区
	撤销县级承德市,设立承德市(地级)	双桥区、双滦区、鹰手营子矿区
	撤销县级张家口市,设立张家口市(地级)	桥东区、桥西区、茶坊区、宣化区、下花园区、庞家堡区

① 浦善新.中国行政区划改革研究[M].北京:商务印书馆,2013:67.

续表

省级	被撤销地区和县级市	设立区县
内蒙古	撤销昭乌达盟、县级赤峰市、赤峰县,设立赤峰市(地级)	元宝山区、松山区、红山区
吉林	撤销四平地区和县级四平市,设立四平市(地级)	铁东区、铁西区
	撤销县级辽源市,设立辽源市(地级)	龙山区、西安区
黑龙江	撤销县级佳木斯市,设立佳木斯市(地级)	向阳区、永红区、前进区、东风区、郊区
江苏	撤销盐城县,设立盐城市(地级)	城区、郊区
	撤销县级淮阴市,设立淮阴市(地级)	清浦区、清河区
	撤销县级扬州市,设立扬州市(地级)	广陵区
	撤销县级镇江市,设立镇江市(地级)	城区、郊区
浙江	撤销嘉兴地区和县级嘉兴市,设立嘉兴市(地级)	城区、郊区
	撤销嘉兴地区和县级湖州市,设立湖州市(地级)	城区、郊区
	绍兴地区与县级绍兴市地市合并,设立绍兴市(地级)	越城区
福建	撤销三明地区和县级三明市,设立三明市(地级)	梅列区、三元区
江西	撤销新余县,设立新余市(地级)	渝水区
	撤销县级鹰潭市,设立鹰潭市(地级)	月湖区
山东	撤销济宁地区和县级济宁市,设立济宁市(地级)	市中区
	撤销烟台地区和县级烟台市,设立烟台市(地级)	芝罘区、福山区
	撤销县级潍坊市和潍县,设立潍坊市(地级)	潍城区、坊子区、寒亭区
陕西	撤销县级咸阳市,设立咸阳市(地级)	秦都区、杨凌区

此外,这一时期大、中城市的撤县设区也对市辖区数量的增加有一定贡献。这种类型的区划调整受当时政治、经济发展环境影响:一方面,

经济社会的不断发展、城市化的不断推进激发地级市城区的扩张冲动,撤县设区成为一个重要突破口;另一方面,20世纪90年代分税制改革和后续的省直管县体制改革刺激地级市施行撤县设区的政策。这一政策所产生的影响一直延续至今,所以对于这种政策动力的分析将主要放在最后一个时期进行分析。

（三）20世纪末以来

这一时期县的数量持续减少,由1998年的1633个下降至2017年的1472个,二十年时间内共减少161个。这一时期县数量减少的原因与上一时期不同,主要在于撤县设区。在城市化深入推进的大背景下,大、中城市的经济社会发展比较迅速,原有的市域空间不同程度地束缚了城市的持续发展,且有的城市市域空间结构不合理,市辖区与周边郊县格局混乱、错位,从而激发城市扩大辖区面积、调整辖区结构的需要。同时,由于1997年国务院叫停了发展过热的县改市,自此我国城市设置进入严格管控的阶段,而撤县设区不仅能满足城市持续发展需要,又能够巧妙避开县改市冻结的限制。

我国从1992年开始逐步试行省直管县体制改革,2009年,财政部要求全国（自治区除外）在2012年底前推行省直管县财政改革。党的十八大、十八届三中全会又进一步提出"优化行政层级和行政区划设置,有条件的地方探索省直管县体制改革"。据此,省直管县改革开始由财政领域进入行政领域。省直管县推动撤县设区的根本原因在于,地级市希望在省直管县改革实施之前,将代管的县（县级市）撤建为市辖区,由此实现完全控制。[1]综上所述,上述种种因素导致撤县设区成为继撤县设市之后县数量减少的主要原因。相比撤县设市,撤县设区的广度和深度相对较小,主要集中在经济发达的长三角、珠三角、京津冀、山东半岛等地区的大、中城市,没有像设立县级市一样在广大中西部地区全面铺开。

与县类似,这一时期县级市数量也呈现缓慢减少的趋势,从1998年的437个减至2017年的363个,二十年间减少了74个。1997年,国务

① 南人.中国"撤县设区"潮再起[J].中国地名,2016(2):6-8.

院紧急叫停了实施了十多年的县改市政策,撤县设市由此进入冻结期。原因在于,撤县设市超出常规发展而出现过热趋势,许多县自身条件尚不成熟但盲目追求撤县设市,导致部分县级市出现大量农田被侵占、农业人口比重过大、产业结构失衡、城郊比例失调、城乡概念模糊、行政管理混乱等假性城市化问题。1997 年,出于保护耕地的急切需要,中共中央国务院下发《关于进一步加强土地管理切实保护耕地的通知》,指出"为保障粮食生产和农业发展,也为了整个国民经济的发展和社会的稳定,严格控制城市建设用地规模,自本通知下发之日起,冻结县改市的审批"。

因此,为进一步规范地方行政区划,合理有序推进城市化、工业化进程,国家冻结了县改市的审批。之后,直到 2010 年,国务院批复同意 3 个县级市的设立;2013 年,国务院又批复同意 2 个县改为县级市,标志着冻结十余年的县改市出现松动,开始进入缓慢复苏阶段。据此,可以将这一时期具体划分为两个阶段进行分析。

一是收紧冻结阶段(1997—2009 年)。1997 年,由于撤县设市的紧急叫停,当年仅有 5 个县(自治县)改为县级市,分别是宁国市(安徽省宣城市)、汉川市(湖北省孝感市)、洪江市(湖南省怀化市)、贺州市(广西壮族自治区)、东方市(海南省)。其中,洪江市是由原县级洪江市和黔阳县合并设置而来。1998—2009 年,没有撤县设市行政区划调整发生。其间,新疆新设 3 个省直辖的县级市,分别是阿拉尔市、图木舒克市和五家渠市,其均由县析置而来,不是真正意义上的撤县设市。二是缓慢复苏阶段(2010—2017 年)。2010 年,国务院批复同意新设立 3 个县级市,分别是云南省蒙自、文山两个县撤县设市,江西省德安县部分区域设立共青城市。2013 年,国务院批复同意吉林省扶余和云南弥勒 2 个县改为县级市,标志着撤县设市缓慢复苏。2010 年以来,共设立 29 个县级市,包括撤县设市 20 个,撤区设县级市 1 个,县析置县级市 8 个。

究其原因,这一时期县级市数量的缓慢减少主要是由于新设县级市数量少于被撤销县级市数量。从不同层级行政区划调整案例来看,这一时期也是撤地设市和撤市设区的重要时期,这两种行政区划调整直接导致县级市数量减少,而撤地设市的影响更大。据初步统计,这一时期共有 59 例撤地设市,同时伴随县级市改为市辖区。例如,晋中、运城、鄂尔多斯、绥化、丽水、池州、伊春、吕梁、亳州、滨州、菏泽、聊城、驻马店、遵义、毕节等都是在该时期通过撤地设市而设立的地级市。例如:1999 年,撤销山西省晋中区和县级榆次市,设立晋中市(地级),晋中市设立榆次区,以原县级榆次市的区域为其行政区域;2003 年,撤销内蒙古自治区乌兰察布盟和县级集宁市,设立乌兰察布市(地级),乌兰察布市设立集宁区,以原县级集宁市的行政区域为集宁区的行政区域;2011 年,撤销毕节区和县级毕节市,设立毕节市(地级),毕节市设立七星关区,以原县级毕节市的行政区域为七星关区的行政区域;2015 年,撤销吐鲁番区和县级吐鲁番市,设立吐鲁番市(地级),吐鲁番市设立高昌区,以原县级吐鲁番市的行政区域为高昌区的行政区域;2016 年,撤销哈密区和县级哈密市,设立哈密市(地级),哈密市设立伊州区,以原县级哈密市的行政区域为伊州区的行政区域。

此外,随着城市化、工业化的快速推进,诸多城市面临市域范围狭小、发展空间受限、空间结构不合理等问题,尤其是大、中城市对解决上述问题的需要更为迫切,将周边代管的县或者县级市撤建为市辖区成为解决上述问题的不二选择。据初步统计,这一时期共有 49 例撤县级市设区,主要分布在河北、山东、江苏、浙江、广东等东部沿海省份的大中城市。例如,石家庄市藁城区、鹿泉区,无锡市锡山区、惠山区,杭州市萧山区、余杭区、富阳区、临安区等都是这一时期撤县级市设区而来。

与县、县级市变化趋势恰好相反,这一时期市辖区数量保持持续增长。1998—2017 年,市辖区增加了 225 个,平均每年增加 11.3 个,相比上一时期 319 个的巨大增加量,这一时期市辖区的增长趋势相对平稳。对比来看,同是二十年的时间,这一时期市辖区的增量和增速都不及上一时期。根据市辖区数量变化可将其演变趋势划分为三个阶段:第一阶段是 1998—2004 年,市辖区数量增长较快,七年内增加 125 个,平均每年增加 17.9 个;第二阶段是 2005—2013 年,市辖区设置缓慢,九年内增加 8 个;第三阶段是 2013—2017 年,市辖区增长开始加速,五年内增加

102 个,平均每年增加 20.4 个。这一时期市辖区数量变化的动力机制
与上一时期明显不同,上一时期主要是地级市的设立同步带来撤县(市)
设区,而这一时期绝大多数地区已经改为地级市,市辖区数量的增长主
要依靠单纯的撤县(市)设区。

1997 年,由于部分地区盲目实行县改市,导致假性城市化问题,国
务院紧急叫停了实施了十多年的撤县设市,此后,在工业化、城市化的深
入推动下,撤县(市)设区成为城市健康、快速、可持续发展的又一突破
口。撤县(市)设区有助于拓展城市发展空间,优化产城发展格局,完善
基础设施建设,提高公共服务水平,进而推动城市和区域经济的一体化
发展,是上层建筑不断调整以适应经济基础的一种具体表现。[①] 在此期
间,除了城市化这一核心动力之外,中央和地方出台的一系列政策措施
也对撤县(市)设区产生了直接推动作用。具体来看:

第一,分税制改革。1994 年,我国实行分税制改革,将改革开放以
来逐渐形成的财政包干制改为分税制,通过划分税权,将税收按照税种
划分为中央税、地方税(包括共享税)进行分类管理。普遍认为,分税制
改革作为一种财政集权化象征,是为了扭转两个比重失衡的问题,一是
财政收入在国内生产总值中的比重过低,二是中央财政收入在财政总收
入中的比重过低。[②] 分税制改革的主要内容在于将部分地方税种划归
地方与中央共享税种,按照一定的比例在中央政府和地方政府间进行分
配,例如企业增值税(中央分享 75%,地方分享 25%)、企业所得税(地方
金融企业所得税上缴中央,其他企业所得税中央分享 60%,地方分享
40%)、个人所得税(中央分享 60%,地方分享 40%)、资源税(海洋石油
资源缴纳的资源税归中央,其他资源缴纳的资源税归地方)、证券交易税
(中央分享 97%,地方分享 3%)等。

由此可见,规模大、收入高的税种基本都划归地方与中央共享,留给
地方的主要是营业税、契税、印花税、农业税、屠宰税、城市维护建设税、

① 高祥荣.“撤县(市)设区”与政府职能关系的协调[J].甘肃行政学院学报,2015(3):29-40.
② 殷洁.大都市区行政区划调整:地域重组与尺度重构[M].北京:中国建筑工业出版社,
2018:114-115.

城镇土地使用税、国有土地有偿出让收入等规模相对较小的税种，地方税收收入被大幅度压缩。然而，财权上移的同时，更多的事权却留给地方，加重了地方政府的负担。即使考虑税收返还和转移支付等调节措施，地方政府仍难以实现收支平衡，导致事权、财权、税权的错位，影响城市发展和职能发挥。^①在这种背景下，地方政府只能在现有税制体制下通过扩大预算内税收收入扩大自身收入来源，主要包括工业企业增值税、建筑业和第三产业的营业税。为此，政府推动建设各类工业区、开发区、城市新区以及高新技术产业园区等，同时加大教育、医疗、交通等基础设施投资，以此刺激建筑业和第三产业的发展。

值得注意的是，1994 年的分税制改革将土地出让金（国有土地使用权出让收入）作为预算外收入全部划归地方所有，这在很大程度上导致地方政府可以通过出让国有土地获得收入。^②然而，现有辖区土地资源数量有限，建设工业区、开发区以及新区等已将现有土地资源消耗殆尽，通过行政区划调整（撤县设区）扩大城区面积进而获得更大范围土地资源的使用调配权，成为地方政府增加财政收入、推动工业化、城市化以及现代化发展的现实选择。现有研究发现，近年来，我国建设用地总量大幅增长。据统计，2001—2012 年，城市建成区面积从 24027 平方公里猛增至 45566 平方公里，而其中 90% 以上的建设用地是通过征收农村土地获得的，只有不到 10% 的土地源于原城市辖区内未开发利用的土地。^③

按照《土地管理法》，征地补偿包括土地补偿费、安置补助费以及农村村民住宅土地附着物和青苗等的补偿费用。^④虽然规定土地补偿费和安置补助费的标准采取产值倍数法计算，土地附着物和青苗补偿费按照当时的市价给予补偿，但政府在征地过程中通常按照最低标准给予补偿，且往往是一次性完成的。在这种情况下，政府以较低的价格从农民

---

① 罗必良.分税制、财政压力与政府"土地财政"偏好[J].学术研究,2010(10):27-35.
② 殷洁.大都市区行政区划调整:地域重组与尺度重构[M].北京:中国建筑工业出版社,2018:114-117.
③ 何安华,孔祥智.中国城镇化进程中的地价"剪刀差"成因及测算(2002—2012 年)[J].河北学刊,2015(1):117-123.
④ 薄小奇.城镇化过程中失地农民问题产生的原因及对策[J].经济研究导刊,2018(3):47-48,57;郑涛.城镇化进程中失地农民利益诉求问题研究[D].上海:华东师范大学,2013.

手中征得土地,经过必要的前期投入(七通一平)再以较高的价格出让给土地使用者,如房地产开发商等。农村土地经过低价征用和高价出让形成两种高低鲜明的价格,这种"剪刀差"即是政府从中获取的高额利润。根据何安华、孔祥智的研究成果,2003年,征地补偿和土地出让差额为3752.9亿元,2012年达到23902.6亿元,即使扣除政府征地后的前期投入和出让业务等费用,政府征地仍具有较大利润空间。①

第二,省直管县体制改革。省直管县是在原市管县体制基础上对市县关系的进一步优化调整,主要目的在于消除市县合治背景下地级市与下辖县(市)的矛盾和冲突,提高行政管理效率和县域经济社会实力,以促进县域经济发展。根据王雪丽的研究成果,市管县体制实施过程中主要存在以下问题:一是地级市对下辖县(市)经济发展的辐射和带动作用有限,难以实现市管县体制所预期的地级中心城市的经济扩散带动周边地区经济社会发展;二是县(市)虽然行政层级上隶属于地级市,但地级市主要发挥代管作用,两者依然是相对独立的利益主体,这种制度设计在一定程度上不利于城乡统筹发展,甚至可能出现"市刮县"的现象;三是市管县体制降低了纵向政府间权力系统的运行效率,由于省与县之间多了一个行政层级——地级市,无形中降低了信息传递的速度和准确性,也影响了行政运行效率。②

为了有效协调市县之间由市管县体制带来的矛盾和冲突,同时培育和壮大县域经济,省直管县体制应运而生。2005年,时任国务院总理温家宝在全国农村税费改革工作会议上提出,"具备条件的地方,要开展省直管县体制改革"③。之后,省直管县开始在江苏、山东、浙江等省份开展试点并逐步在全国范围内推开。实际上,省直管县体制改革是通过市县分治,由省直接对县(市)进行管理,由目前的"省-市-县"三级体制转变为"省-市、县"二级体制,由省直接管理的内容涉及人事、财政、计划、

---

① 何安华,孔祥智.中国城镇化进程中的地价"剪刀差"成因及测算(2002—2012年)[J].河北学刊,2015(1):117-123.

② 王雪丽.目标、条件与路径:"省直管县"体制改革研究[D].天津:南开大学,2013.

③ 刘志慧.撤县设区:现状·问题·对策[J].中共云南省委党校学报,2017(2):164-168.

项目审批等原由市管理的所有方面,并通过向县级政府下放经济社会管理权限,激发县域经济发展活力,在市县关系协调共进的基础上推进区域经济一体化发展。

2009 年,为进一步理顺省以下政府间财政分配关系,推动市县政府加快职能转变,更好地提供公共服务,财政部发布了《关于推进省直接管理县财政改革的意见》,要求 2012 年底前,力争全国除民族自治地区外全面推进省直接管理县财政改革。① 党的十八大、十八届三中全会提出,优化行政层级和行政区划设置,有条件的地方探索省直管县改革,省直管县开始从财政领域进入行政领域。② 在这场利益博弈中,县级政府获益最大,省级政府基本不受影响,而地级市政府的利益流失使其成为"受害者"。一方面,由于权力的丧失,地级市不再能够从实施省直管县体制的县(市)中吸取财政收入,只能依靠城区的贡献,而所承担的事权没有相应减少,无形中加大了财政负担;另一方面,随着省直管县改革的不断推进,地级市政府不仅失去了下辖县(市)的财政权力,经济社会管理权、行政审批权、组织人事权等也相应受到损害。

在上述改革背景下,地级市政府为了能够保证现有权力,同时将自身"损失"降到最低,往往采取撤县设区等行政区划调整以应对省直管县带来的负面影响。具体来看:一方面,撤县设区能够将下辖县(市)变成名副其实的地级市的组成部分,行政、财税、规划、审批、土地、人事、城市管理等事项均受地级市的直接领导和管理,区政府也成为市政府的派出机构。另一方面,省直管县导致地级市担心其代管的县或县级市"脱离管辖",在一定程度上加快了撤县(市)设区的步伐。撤县设区之后能够保证原县(市)的利益留在地级市层面,而不被省级政府收走,这种现象在不同行政层级利益主体之间也时有发生。此外,撤县设区对于地级市优化空间结构、调整产业布局、拓展发展空间、改善公共服务、提高发展能级等方面均具有积极的影响。

---

① 财政部关于推进省直接管理县财政改革的意见(全文)[EB/OL]. (2009-06-22)[2019-03-01]. http://china. huanqiu. com/roll/2009～07/510354. html.
② 南人. 中国"撤县设区"潮再起[J]. 中国地名,2016(2):6-8.

第四章

区县变动脉络与格局演化：
民族型与特殊型行政区

地域型与城镇型行政区是我国行政区划体系的主要内容，民族型与特殊型行政区是我国行政区划体系的重要组成部分。特殊型行政区是国家在特定地域为满足发展需要或解决一定矛盾而在一般行政建制之外设置的特殊建制单位，是对国家行政区划体系的有效补充，在维护统治秩序、推动地区稳定和发展方面发挥着重要作用。新中国成立后，区县级民族型与特殊型行政区的变动虽不及地域型与城市型行政区频繁，但也时常发生，尤其在具有特定目的、在特定地区和时段内时常发生，因此，有必要将民族型与特殊型行政区的发展脉络和格局演化进行单独分析。

一、总体特征

民族型行政区是在地域型行政区基础上，在少数民族集中的地区，以实行民族区域自治制度为主要特征的一种政区类型。通过前期研究发现，与民族型行政区有关的称谓主要有两个，一是民族自治地方，二是民族地区（少数民族地区）。民族自治地方是在民族区域自治政策指导下，在少数民族聚居的地方设立自治机关并行使自治权的地方行政建制单位，具备一般行政区的基本要素，具体包括自治区、自治州、自治县。

民族自治地方这一说法早在 1954 年颁布的《宪法》(以下简称五四宪法)第五十三条已经明确,"自治区、自治州、自治县都是民族自治地方"。现行的《宪法》依然保持这种说法①。五四宪法总纲中还规定:"各少数民族聚居的地方实行区域自治,设立自治机关,行使自治权。各民族自治地方都是中华人民共和国不可分离的部分。"

可见,自治区、自治州、自治县及其下辖各级行政单位均属于民族自治地方,即使没有"自治"字眼,如果上级行政单位属于民族自治地方,则下辖的行政单位一律属于民族自治地方。可见,我国民族自治地方分为三级:一是类似于省、直辖市的省级自治区;二是类似于地级市的自治州;三是类似于县、市辖区、县级市的自治县。当然,也包括乡、民族乡、民族镇等基层政区单位。划分三级行政层级的主要依据是少数民族聚居区人口、区域面积以及自治必要性等。

相比民族自治地方,民族地区是一个相对宽泛的地域性概念,一般认为它既可以指代少数民族聚居的地区,也可以指代正式的、具备一定层级的行政建制单位。新中国成立后的很长一段时间内,民族地区与民族自治地方的提法均出现在一些法律法规及政策文件中,两者的含义也基本相同。但在 1984 年的《民族区域自治法》和 2005 年的《国务院实施〈中华人民共和国民族区域自治法〉若干规定》出台后,民族自治地方作为正式的表述语言使用逐渐增多,成为在官方文件中的标准提法。

根据相关资料,我国民族自治地方行政区划统计数据如表 4-1 所示。截至 2016 年底,民族自治地方的分布涉及 20 个省级行政区,占所有省级单位的一半以上。其中,包括 5 个自治区、77 个地级单位和 711 个县级单位。

从省级单位来看,除 5 个自治区外,民族自治地方的分布还涉及河北、辽宁、吉林、黑龙江、浙江、湖北、湖南、广东、海南、重庆、四川、贵州、云南、甘肃、青海 15 个省份。从地级单位来看,包括 33 个地级市、11 个

---

① 国家民族事务委员会经济发展司,国家统计局国民经济综合统计司.中国民族统计年鉴[M].北京:中国统计出版社,2018:182.

地区、30 个自治州以及 3 个盟。从县级单位来看,包括 81 个市辖区、74 个县级市、383 个县、49 个旗、117 个自治县、3 个自治旗,上述县级单位共下辖 7752 个乡级单位。从区域来看,东南沿海和中部地区的民族自治地方分布较少,而西北、西南以及东北地区则分布较多,属于少数民族集中分布区。

表 4-1　民族自治地方行政区划统计(2016 年)

省级	地级			县级		
行政区划单位	数量		行政区划单位	数量		行政区划单位
河北				6	6	自治县
内蒙古	12	9	地级市	103	23	市辖区
					11	县级市
					17	县
		3	盟		49	旗
					3	自治旗
辽宁				8	8	自治县
吉林	1	1	自治州	11	6	县级市
					2	县
					3	自治县
黑龙江				1	1	自治县
浙江				1	1	自治县
湖北	1	1	自治州	10	2	县级市
					6	县
					2	自治县
湖南	1	1	自治州	15	1	县级市
					7	县
					7	自治县
广东				3	3	自治县

省级	地级			县级		
行政区划单位	数量		行政区划单位	数量		行政区划单位
广西	14	14	地级市	111	40	市辖区
					7	县级市
					52	县
					12	自治县
海南				6	6	自治县
重庆				4	4	自治县
四川	3	3	自治州	51	1	县级市
					46	县
					4	自治县
贵州	3	3	自治州	46	4	县级市
					31	县
					11	自治县
云南	8	8	自治州	78	11	县级市
					38	县
					29	自治县
西藏	7	5	地级市	74	6	市辖区
		2	地区		68	县
甘肃	2	2	自治州	21	2	县级市
					12	县
					7	自治县
青海	6	6	自治州	35	3	县级市
					25	县
					7	自治县
宁夏	5	5	地级市	22	9	市辖区
					2	县级市
					11	县

续表

省级		地级		县级		
行政区划单位	数量	数量	行政区划单位	数量	行政区划单位	
新疆	14	4	地级市	105	13	市辖区
		5	地区		24	县级市
		5	自治州		62	县
					6	自治县
总计	77	33	地级市	711	81	市辖区
		11	地区		74	县级市
		30	自治州		383	县
					49	旗
		3	盟		117	自治县
					3	自治旗

注:乡级行政区划单位不包括街道办事处。

二、阶段分析

新中国成立后,民族型行政区作为行政区划的重要部分随着行政体制改革和经济社会发展发生了巨大变化。根据重要事件的发生节点,本书将新中国成立后民族型行政区的发展脉络大致分为五个阶段:一是新中国成立至五四宪法实施前(1949—1953 年),属于草创和探索期;二是五四宪法实施至"大跃进"和人民公社化运动前(1954—1957 年),属于改革期;三是"大跃进"和人民公社化运动至改革开放前(1958—1977年),属于曲折发展期;四是改革开放至邓小平南方谈话前(1978—1991年),属于恢复发展期;五是邓小平南方谈话以来(1992—2017 年),属于创新期。

(一)新中国成立至五四宪法实施前

1949 年 9 月,中国人民政治协商会议第一届全体会议召开,宣告了中华人民共和国的成立,并通过了具有临时宪法作用的《中国人民政治协商会议共同纲领》(以下简称《共同纲领》)。其中第六章民族政策的第五十一条规定:"各少数民族聚居的地区,应实行民族的区域自治,按照聚居的人口多少和区域的大小,分别建立各种民族自治机关。凡各民族杂居的地方及民族自治区内,各民族在当地政权机关中均应有相当名额的代表。"[①]《共同纲领》以法律的形式将民族区域自治确定为新中国解决民族问题的基本政策,并从 1950 年开始在全国范围内开展建立民族自治机关,实施民族自治的工作。

1951 年 2 月,政务院发布《关于民族事务的几项决定》,要求各大行政区军政委员会(人民政府)须指导各有关省、市人民政府和各地区行政公署认真推行民族区域自治及民族民主联合政府的政策和制度。[②] 同年 4 月,政务院发布《关于人民民主政权建设工作的指示》,第六条要求:"少数民族聚居地区的各级人民政府,应根据当地的具体情况,认真地推行民族区域自治,适时地建立民族自治机构。"为了贯彻党的民族区域自治政策,一方面,在社会主义改造和建立人民政权的过程中,结合各地的实际情况,组建各级民族民主联合政府,据不完全统计,仅 1949 年 10 月至 1950 年 6 月,全国就建立了包括新疆、宁夏在内的 200 多个各级民族民主联合政府。另一方面,开始筹建作为一级地方政府的民族自治地方,当时主要是不同层级的自治区。

1952 年 8 月,中央人民政府颁行《中华人民共和国民族区域自治实施纲要》(以下简称《纲要》)。其中,第四条规定:"各少数民族聚居的地区,依据当地民族关系、经济发展条件,并参酌历史情况,分别建立下列各种自治区:(1)以一个少数民族聚居区为基础而建立的自治区;(2)以一个大的少数民族聚居区为基础,并包括个别人口很少的其他少数民族聚居区所建立的自治区,包括在此种自治区内的各个人口很少的其他少数民族聚居区,均应实行区域自治;(3)以两个或多个少数民族聚居区为基础,联合设立自治区,此种自治区内各少数民族聚居区是否需要单独

---

　　① 中国人民政治协商会议共同纲领[EB/OL]. (1949-09-29)[2019-03-01]. http://www.jlfxhw.com/fzwh/3653.html.

　　② 田烨.新中国民族地区行政区划研究[D].北京:中央民族大学,2009.

建立民族自治区,应视具体情况及少数民族的志愿而决定。"①在《纲要》的指导下,民族地区的行政区划开始不断调整和完善

值得注意的是,本阶段建立的民族自治地方,除个别情况外,大多数都称之为自治区,尽管行政地位和层级不尽相同,包括省级及以上、地级、县级、乡级等多种。这种情况是在新中国成立后根据《共同纲领》为迅速贯彻和落实民族区域自治政策而推行的相对简单、易行的一种做法。为此,《纲要》第七条还规定:"各民族自治区的行政地位,即相当于乡(村)、区、县、专区或专区以上的行政地位,依其人口多少及区域大小等条件区分之。"这种不论大小、级别,将民族地区统称为自治区的做法过于粗糙,易于混淆,不利于行政管理,于是五四宪法进行了相应的明确和区分,具体将在后面分析。

根据民政部公布的相关资料,1949—1954 年共建立了 102 个县级及县级以上民族自治地方(包括建立后被撤销的),其中包括 28 个地级及地级以上自治单位、60 个县级自治单位、9 个准县级单位(扁担山布依族自治区、格朗和哈尼族自治区、易武瑶族自治区、布朗山布朗族自治区、宝丰回族自治区、灵沙回族自治区、阿尔顿曲克哈萨克族自治区、凯里苗族自治区、猴场苗族自治区)和 5 个城市民族区(归绥市回民自治区、齐齐哈尔卧牛吐达斡尔族自治区、包头市回民自治区、郑州市回族区、开封市回族区)。

我国现有的 5 个城市民族区有 4 个在这一时期建立,另外一个建立于 1957 年,5 个城市民族区的前身都是民族自治区,属于民族区域自治的组成部分,后经过多次变更,城市民族区演变为一般市辖区,但依然享有与一般市辖区不同的、作为在城市内部少数民族聚居区的特殊优惠政策和待遇。② 可以认为,城市民族区是新中国成立初期为保障聚居在城市的少数民族权益而做出的一种制度性安排。此后,《宪法》规定,乡、区级民族自治区和城市民族区改为民族乡(镇)和城市民

---

① 中华人民共和国民族区域自治实施纲要[EB/OL]. (1952-08-09)[2019-03-01]. http://www.npc.gov.cn/wxzl/wxzl/2000-12/10/content_4259.htm.
② 张勇.中国城市民族区的研究[D].北京:中央民族大学,2008.

族区,不再作为一级民族自治地方,而是作为民族区域自治的一种补充形式而存在。[①] 实践证明,城市民族区是保障城市内少数民族权益的重要形式之一。

（二）五四宪法实施至"大跃进"和人民公社化运动前

1954 年 9 月,中华人民共和国第一届全国人民代表大会第一次会议举行并通过了五四宪法。其总纲的第三条提出:"中华人民共和国是统一的多民族的国家。……各少数民族聚居的地方实行区域自治。各民族自治地方都是中华人民共和国不可分离的部分。"五四宪法与 1949 年颁行的《共同纲领》对民族地区的政策一脉相承,并将民族区域自治政策正式以法律的形式确定下来,进一步保障了少数民族参政议政的权利,也巩固和发展了中国共产党的民族区域自治政策。

同时,五四宪法对我国行政区划的设置进行了详细规定和说明,包括民族地区。行政区域划分如下:(1)全国分为省、自治区、直辖市;(2)省、自治区分为自治州、县、自治县、市;(3)县、自治县分为乡、民族乡、镇。直辖市和较大的市分为区。自治州分为县、自治县、市。自治区、自治州、自治县都是民族自治地方。五四宪法改变了上一阶段将民族地区不论大小、级别统称为自治区的做法,首次根据行政级别将其划分为自治区、自治州以及自治县,并将自治区、自治州以及自治县统称为民族自治地方。据统计,五四宪法实施后,从 1955 年 1 月到 1956 年 4 月一年多的时间里,几乎所有的民族自治区都按照五四宪法的要求进行了更名。[②]

此外,这一阶段民族地区的行政区划调整以省级为主,共成立了 2 个省级自治区——新疆维吾尔自治区(1955 年)、宁夏回族自治区(1957 年)。1955 年,西藏自治区筹备委员会和筹备处在拉萨正式成立。截至 1957 年底,我国现有的 5 个省级自治区已经成立 4 个(内蒙古自治区于 1947 年成立),西藏自治区也在筹备中;现有的 30 个自治州中已经成立

①　金炳镐,张勇.中国城市民族区运行现状的调研报告[J].中南民族大学学报(人文社会科学版),2007(4):25-31.
②　田烨.新中国民族地区行政区划研究[M].北京:中央民族大学出版社,2005:78-79.

28 个(1981 年黔西南布依族苗族自治州成立,1983 年鄂西土家族苗族自治州,即恩施土家族苗族自治州成立);现有的 120 个自治县已经成立46 个。至此,我国民族地区的行政区划格局基本形成。

此外,这一阶段撤销自治县设县的现象逐渐增多。这种现象在其他阶段的民族自治地方的行政区划调整中也比较常见,绝非这一阶段特有。一般而言,当本级民族自治地方的上一层级行政建制单位(如自治区、自治州等)设立后,与上一级单位主体少数民族相同的、本级民族自治地方(如自治县等)则恢复为普通县,但本民族享有的各项自治权并没有发生改变。举例如下:

①1954 年,在云南省怒江傈僳族自治区(地级,1956 年改为自治州)成立后,撤销福贡县傈僳族自治区,恢复福贡县;撤销碧江县傈僳族自治区,恢复碧江县;撤销贡山县傈僳族自治区,恢复贡山县。

②1956 年,在贵州省黔东南苗族侗族自治州成立后,撤销炉山苗族自治县,设立炉山县;撤销台江苗族自治县,设立台江县;撤销雷山苗族自治县,设立雷山县。

③1956 年,在甘肃省临夏回族自治州成立后,撤销广通回族自治县,设立广通县。

④1956 年,在划归海西蒙藏哈萨克族自治区管辖后,撤销都兰蒙古族自治区,设立都兰县;撤销天峻藏族自治区,设立天峻县;撤销卓尼自治区,设立卓尼县。

（三）"大跃进"和人民公社化运动至改革开放前

这一阶段我国民族地区行政区划受外部环境干扰发生较大变动,很多民族自治地方经历了从建立到撤销,从再建立到再撤销的反复过程。这一时期,由于受"反右倾"扩大化和"左"倾错误思想的影响,在全国范围内兴起了"大跃进"和人民公社化运动,新中国成立之后陆续颁行的《共同纲领》《纲要》以及五四宪法等相关法律法规也受到严重干扰。"文化大革命"期间,民族自治地方的行政区划受到很大冲击,走了很多弯路,少数民族的权利保障和法制建设进程均出现了严重倒退。

1958 年,人民公社化运动开始在全国范围内铺开,全面撤销了乡体制,普遍实行政社合一的人民公社体制。随着人民公社化运动的深入发展,乡镇政府被人民公社所代替,人民公社不仅是经济组织,而且是政治组织,不仅管理经济事务,还管理政治、社会事务,推行政社合一。前期建立的民族乡,除了个别的保留了民族人民公社的名称外,统统被取消了。同时,为适应人民公社"一大二公"的需要,受全国政治环境的影响,1958—1960 年连续三年对县进行大规模撤并,共撤并 448 个县。这三年内民族自治地方的行政区划调整主要是撤销一部分县级民族自治地方并与其他普通县或县级民族自治地方合并,成立行政范围较大的县级民族自治地方。

1960 年以后,三年困难时期加上之前的体制缺陷,中共中央提出"调整、巩固、充实、提高"八字方针,纠正人民公社时期的一些错误做法,被撤销的县级民族自治地方得到恢复或重新调整。相比上一阶段,这一阶段民族自治地方的行政区划调整以县级为主,共设立 25 个自治县(旗)(包括后来被撤销的),有 13 个自治县存在至今。这一阶段,民族自治地方行政区划变更频繁,缺乏稳定性,存在同一个民族自治单位反复撤建的情况。这种情况的出现一方面是民族自治地方行政区划体制尚不健全,缺乏制度保障和规范,导致民族地区与非民族地区行政区划之间交替变换;另一方面是受人民公社化、"大跃进"运动、"文化大革命"等政治事件的外部环境干扰,民族自治地方行政区划调整撤建频繁,稳定性较差。下面选择部分案例进行分析。

①广东省清远市连山壮族自治县、连南瑶族自治县。1959 年,撤销连南瑶族自治县、连山僮族瑶族自治县、连县、阳山县,合并设立连阳各族自治县;1960 年,从连阳各族自治县的行政区域中恢复阳山县,连阳各族自治县改为连州各族自治县;1961 年,撤销连州各族自治县,改设连南瑶族僮族自治县,同时,恢复连县;1962 年,撤销连南瑶族僮族自治县,恢复连山僮族瑶族自治县、连南瑶族自治县。1965 年,连山僮族瑶族自治县更名为连山壮族瑶族自治县。

②贵州省黔南布依族苗族自治州惠水县。1963 年 5 月,撤销惠水

县,改为惠水布依族苗族自治县,1963 年 10 月,撤销惠水布依族苗族自治县,改为惠水县。

③云南省红河哈尼族彝族自治州屏边苗族自治县、河口瑶族自治县。1960 年,撤销河口瑶族自治县、屏边苗族自治县,合并设立河口瑶族苗族自治县;1962 年,撤销河口瑶族苗族自治县,恢复屏边苗族自治县、河口瑶族自治县。

④广东省韶关市乳源瑶族自治县。1959 年,撤销乳源县和韶边瑶族自治县,分别划归乐昌和韶关市管辖;1963 年,合并原乳源县和韶边瑶族自治县区域,成立乳源瑶族自治县。

⑤四川省阿坝藏族羌族自治州茂县。1958 年,撤销茂县、汶川县,合并设立茂汶羌族自治县,以茂县、汶川县及理县的部分行政区域为其行政区域;1963 年,恢复汶川县和理县,以合并茂汶羌族自治县的原汶川县行政区域和原理县行政区域分别为汶川县和理县的行政区域,茂汶羌族自治县继续存在。

(四)改革开放至邓小平南方谈话前

改革开放以来,民族地区的行政区划进入创新发展期,最为重要的表现是民族区域自治政策开始向规范化、制度化以及法制化方向迈进。这一阶段,颁布实施了《民族区域自治法》《民族乡行政工作条例》《城市民族工作条例》《国务院实施〈中华人民共和国民族区域自治法〉若干规定》等一系列与民族地区相关的法律法规,民族自治地方也在国家政策框架下制定了自治条例和各种单行条例。这对发挥各族人民当家作主的积极性,发展平等、团结、互助的社会主义民族关系,巩固国家的统一,促进民族自治地方和全国社会主义建设事业的发展,发挥了巨大的作用。①

改革开放以后,伴随着十一届三中全会的召开,国家的工作重心转移到经济建设上来,民族地区与非民族地区都围绕这一重心集中精力加

---

① 中华人民共和国民族区域自治法(1984 年)[EB/OL]. (1984-05-31)[2019-03-01]. http://www.npc.gov.cn/wxzl/gongbao/2001-03/03/content_5004447.htm.

快发展。在这一背景下,非民族地区开启了城市化进程,与之相伴随的行政区划调整以改革人民公社体制以及撤地设市、撤县设市、撤县(市)设区为主,并在全国范围内大面积铺开。民族地区也在非民族地区的带动下开启了城市化实践,撤地区设自治州、撤县设自治县成为行政区划调整的主要内容,同时,在中国共产党的领导下,民族区域自治的法制化进程不断加快,也取得了丰硕的成果。

地级层面民族自治地方的行政区划调整除了更名之外,还有两例变动幅度较大。这两例由地区改设为自治州,成为正式的民族自治地方,分属贵州、湖北两省:1981 年,撤销兴义地区,设立贵州省黔西南布依族苗族自治州(地级),下辖兴义县、兴仁县、普安县、晴隆县、望谟县、册亨县、贞丰县、安龙县;1983 年,撤销恩施地区,设立湖北省鄂西土家族苗族自治州,下辖恩施市(县级)、利川县、建始县、咸丰县、巴东县、宣恩县、来凤县、峰峰县。

1984 年 5 月 31 日,第六届全国人民代表大会第二次会议通过《民族区域自治法》,自 1984 年 10 月 1 日起施行。《民族区域自治法》在《宪法》框架下以国家基本法律的形式对民族区域自治制度做了详细、全面的设计和安排,包括:民族自治地方设立的条件与程序、民族自治机关的性质和组成原则、自治机关享有的自治权利、民族自治地方内的民族关系、上级国家机关保障民族自治权利的职责等。[①]《民族区域自治法》的诞生,是在《宪法》基础上民族区域自治法制化的重要成果,标志着民族区域自治走上了"有法可依、依法办事"的新阶段。

《民族区域自治法》进一步规范和保障了民族自治地方的各项权利,进而在全国范围内掀起了新一轮撤县设自治县的热潮。据统计,从1983 年开始,自治县数量开始明显增加,1983—1990 年分别成立了 8个、5 个、13 个、8 个、10 个、2 个、7 个、2 个。1990 年 12 月 29 日《人民日报》报道,截至当年 12 月底,民族自治县(旗)和民族自治地方管辖的民

---

① 雷振扬,王明龙.改革开放 40 年民族区域自治制度的发展与完善[J].中南民族大学学报(人文社会科学版),2018(5):10-16.

族自治县(旗),共计 589 个,占全国县总数的 31%。民族自治地方占全国总面积的 64.5%,民族自治地方的人口约占全国少数民族人口总数的 90%,民族地区行政区划设置基本上覆盖绝大部分少数民族人口,基本实现了少数民族的区域自治。[①]

(五)邓小平南方谈话以来

邓小平的南方谈话在总结了十多年改革开放经验的基础上,对经济社会发展面临的一系列重大理论和实践问题,提出了新观点、新思路、新想法,破除了思想障碍,将建设有中国特色社会主义理论与实践向前推进了一大步,标志着改革开放第二次浪潮的掀起。此后,在继续深化改革开放的道路上,城市化逐渐成为我国行政区划改革和发展的主要推动力,撤县设市、撤县(市)设区成为这一阶段行政区划调整的主要内容,民族地区也在城市化的推动下逐渐开启了以经济社会发展为主线的行政区划调整。

1991 年 12 月,国务院发布了《关于进一步贯彻实施〈中华人民共和国民族区域自治法〉若干问题的通知》,指出在新的形势下,民族地区要继续贯彻"自力更生、艰苦奋斗、勤俭办一切事业"的方针,发挥资源优势,增强自我发展能力。国家要大力支援、帮助民族地区加速发展经济文化事业,逐步改变其相对落后的状况,使之与全国的经济和社会发展相适应,促进各地区的协调发展和各民族的共同繁荣。[②] 这一文件针对民族自治地方,在资源开发、财政投入、优惠措施、科技进步、教育医疗等方面提出了更加详细、明确的政策措施,助推民族自治地方的经济与社会快速发展。

这一阶段,民族自治地方对城市化的响应不仅涉及县级,也涉及地市级。从地市级层面来看,这一时期共有两例行政区划调整,均是地区改为一般地级市,下辖自治县同时撤建为市辖区,不再是民族自治地方。一例是广西壮族自治区防城港市。1993 年,撤销防城各族

---

① 田烨. 新中国民族地区行政区划研究[M]. 北京:中央民族大学出版社,2010:117 - 118.
② 国务院关于进一步贯彻实施中华人民共和国民族区域自治法若干问题的通知[EB/OL].
(1991-12-08)[2019-03-01]. http://www.chinalawedu.com/falvfagui/fg21752/3713.shtml.

自治县和防城港区（地级），设立防城港市（地级），并将钦州地区的上思县划归防城港市管辖，防城港市下辖防城区、港口区和上思县。另一例是撤销丽江地区和丽江纳西族自治县，设立丽江市（地级），丽江市设立古城区，下辖原丽江纳西族自治县的大研镇、龙山乡、七河乡、大东乡、金山白族乡、金江白族乡。设立玉龙纳西族自治县，下辖原丽江纳西族自治县的黄山镇、石鼓镇、巨甸镇、白沙乡、拉市乡、太安乡、龙蟠乡、金应乡、鲁甸乡、塔城乡、大具乡、宝山乡、奉科乡、鸣音乡、石头白族乡、仁和傈僳族乡、黎明傈僳族乡、丸河白族乡。丽江市下辖原丽江地区的永胜县、华坪县、宁范彝族自治县和新设立的古城区、玉龙纳西族自治县。

从县级层面来看，相比之前的撤自治县设县，这一阶段开始出现了撤自治县设县级市或市辖区的现象。民族自治地方在经济社会发展到一定阶段后，达到了国家规定的撤县设市或市辖区的标准，主动放弃自治权而追求城市化发展道路。1994年，撤销凤城满族自治县，设立辽宁省丹东市凤城市；1995年，撤销北镇满族自治县，设立辽宁省锦州市北宁市；1997年，撤销东方黎族自治县，设立海南省东方市（直辖县级市）；2000年，撤销黔江土家族苗族自治县，设立重庆市黔江区。

此外，新疆维吾尔自治区还出现了自治区直辖县级市的情况。2002年，设立阿拉尔市、图木舒克市、五家渠市；2011年，设立北屯市；2012年，设立阿拉山口市、铁门关市；2014年，设立双河市、霍尔果斯市；2015年，设立可克达拉市。与整县改市不同，这类县级市多以非县城中心镇进行切块设置，且多位于边境口岸处，区位条件、地理位置比较重要。设置的目的一方面是提升当地城市化水平，辐射带动周边地区经济社会发展；另一方面是考虑到国防建设需要，市制便于加强行政管理，维护边境地区经济社会稳定和促进边贸经济发展。

新中国成立后，我国曾设置数量众多、类型多样、功能不一的特殊型行政区，包括设治局、督办区、军管会、办事处、特区、工矿区、林区等。随着时间的推移，特殊型行政区在持续变动中数量逐渐减少，或被撤销，或演变为一般的行政区。但特殊型行政区均曾发挥过重要作用,且曾在我国行政区中占据特殊位置。截至目前,我国的特殊型行政区共有 4 个,分别是香港和澳门 2 个特别行政区以及六枝特区、神农架林区。系统梳理新中国成立后特殊型行政区的设置、发展、演变情况,根据设置的目的和功能,其主要分为政治驱动型和资源驱动型两大类。

政治驱动型行政区以维护地方和中央的政治统治为主要目的,通过设置特殊型行政区确保当地政治稳定,为行政区设置创造条件,营造良好的政治环境,也加强了中央对地方的有效监督和管理,例如设治局、督办区、军管会、办事处等。资源驱动型行政区以加快当地经济社会发展为主要目的。一般设置在煤、铁、森林等自然资源丰富的地区,为了能够在资源保护、资源开发与利用以及行政管理、社会发展等方面创造和提供更便利的条件,采取政企合一的体制进行开发建设,有利于破除一般性行政区的体制障碍,助推经济社会的快速发展,例如特区、工矿区、林区等。从特殊型行政区的数量特征来看,1949 年,特殊型行政区共有 41个,包括特区、工矿区、林区、设治局、军管会、督办区、办事处 7 种类型,分别有 3 个、3 个、0 个、24 个、2 个、2 个、7 个,其中,设治局的数量最多。至 20 世纪 50 年代末期,各种特殊型行政区在经历不同程度的波动后归于平静,1960 年所有类型均为 0。60 年代至 70 年代末,特区、工矿区、林区、办事处又开始设立,数量在 1 个至 5 个不等。设治局、军管会、督办区 3 种特殊型行政区在 1952 年之后再也没有出现过。80 年代初期,办事处和工矿区逐渐消失,仅剩特区和林区。截至 2017年底,特殊型行政区仅剩 2 个,包括 1 个特区和 1 个林区,即六枝特区和神农架林区。

三、民族型行政区

(一)现存:自治县、旗

从自治县的数量演变趋势来看,新中国成立后自治县数量波动较大,从 1949 年的 0 个经历"二级跳"增至 2017 年底的 117 个,六十九年间增加了 117 个(见图 4-1)。分阶段来看,1949—1952 年,我国尚未有自治县这一行政区划建制。直到 1953 年 2 月 19 日，原西康省木里藏族自治县成立，我国开始有了第一个自治县。五四年宪法颁布后，要求原县级自治区一律更名为自治县，当年及后续几年的自治县数量呈现明显的上升趋势，从 1954 年的 8 个增至 1965 年的 66 个，十二年间增加了 58 个，实现了自治县发展历史上的第一次跃升。此后，经历"文化大革命"，自治县数量没有发生明显变化，1965—1977 年，自治县一直保持 66 个。

改革开放以来，党和国家更加重视少数民族地区的经济社会发展和行政区划体系的完善，相继颁布了《民族区域自治法》《民族乡行政工作条例》《城市民族工作条例》《国务院实施〈中华人民共和国民族区域自治法〉若干规定》等一系列与民族自治地方相关的法律法规，民族自治地方也在国家政策框架下制定了自治条例和各种单行条例。这对发挥各族人民当家作主的积极性，发展平等、团结、互助的社会主义民族关系，巩固国家的统一，促进民族自治地方和全国社会主义建设事业的发展，发挥了巨大的作用。在这一背景下，自治县数量由 1978 年的 65 个增至 1993 年的 120 个，十六年间增加了 55 个，达到了新中国成立后自治县数量的峰值，实现了第二次跃升。

1993 年以后，自治县的数量趋于稳定，没有出现大幅度变动，由 120 个平稳变动至 2017 年底的 117 个。1994—2000 年，自治县数量由 120 个降至 116 个，共减少了 4 个，分别撤建为县级市或市辖区。具体来看：1994 年，撤销凤城满族自治县，设立凤城市（辽宁省丹东市）；1995 年，撤销北镇满族自治县，设立北宁市（辽宁省锦州市）；1997 年，撤销东方黎族自治县，设立东方市（海南省直辖）；2000 年，撤销黔江土家族苗族自治县，设立黔江区（重庆市）。2001 年和 2002 年，自治县数量未发生变化，2003 年，增加 1 个，即撤销北川县，设立北川羌族自治县（四川省绵阳市），自治县数量增至 117 个。至此，我国自治县数量稳定下来，直至 2017 年底，一直保持 117 个没有发生变化（见图 4-1）。

从空间分布来看，117 个自治县分布在 17 个省级单元中，占所有省级单元的一半以上（54.8%）。自治县的空间分布表现出明显的省际差

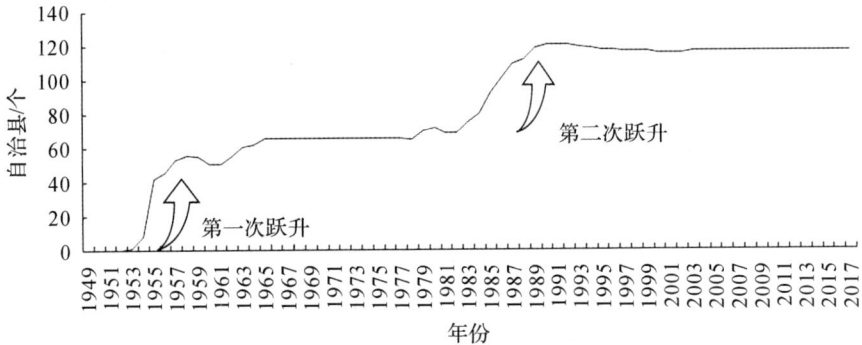

图 4-1　新中国成立后自治县的数量变化

异特征。从全国来看,自治县主要集中在我国的三大区域,即西南、西北以及东北地区,华中以及东南沿海地区自治县数量较少,部分省份没有设置自治县。具体来看,除重庆有 5 个自治县外,北京、天津、上海 3 个直辖市均不存在自治县。在 5 个自治区中,宁夏、内蒙古以及西藏也不存在自治县,广西和新疆分别有 12 个和 6 个自治县。此外,山东、河南、陕西、山西、安徽、江苏、江西、福建等东部和中部地区的省份均不存在自治县。

　　云南自治县数量最多,达到 29 个,约占总数的四分之一(24.8%)。广西、贵州属于第二梯队,分别有 12 个、11 个。其余省份的自治县均在 10个以下。相比之下,辽宁、湖南、甘肃、青海、新疆、海南、河北等 7 个省份的自治县数量属于第三梯队,分别有 8 个、7 个、7 个、7 个、6 个、6 个、6个。吉林、黑龙江、浙江、湖北、广东、广西、重庆、四川等 8 个省份的自治县数量在 5 个及以下,分别有 3 个、1 个、1 个、2 个、3 个、2 个、5 个、3 个。从四大区域来看,西部地区自治县数量最多,共有 80 个,占 68.4%。其次是东部和东北地区,分别有 16 个、12 个,合计占 23.9%。中部地区最少,仅有 9 个,占 7.7%。

　　盟、旗是内蒙古特有的行政建制单位,层级分别为地级和县级,相当于地区和县。盟、旗制度历史悠久,最早可追溯至元朝,是内蒙古少数民族传统的行政组织形式。盟在旗的基础上设立,旗在行政层级上相当于县,在今天看来,除了具有少数民族的特征之外,与县没有太大区别,但在产生初期,旗是伴随着王公贵族的特权而产生的。新中国成立后盟、旗以及自治旗的数量变化见图4-2。可以发现,旗的数量最多,且呈现平缓下降趋势。

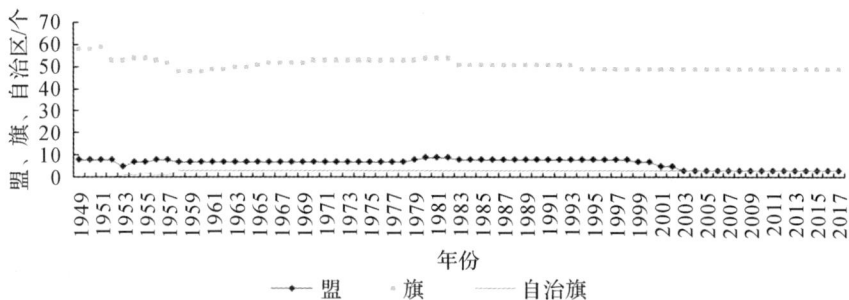

图 4-2　新中国成立后盟、旗、自治旗的数量变化

　　新中国成立后,有些地方并用旗、县两种称谓,为尊重蒙古族习惯,废止县名而保留旗的称谓,或将县并入旗,或将县改为旗,并对原有的旗根据人口、面积、区位等进行了调整。1954 年,绥远并入内蒙后,绝大部分旗分布在内蒙古。此后,辽宁、吉林、黑龙江的 9 个旗先后改为自治县。[①]

　　至 1957 年,辽宁喀喇沁左旗改为喀喇沁左翼蒙古族自治县后,所有的旗都集中分布在内蒙古。至 1958 年,旗数量下降至 48 个,1982 年,又升至 54 个,1996—2017 年,一直保持在 49 个。从省际差异来看,1949 年,58 个旗分布在内蒙古(31 个)、黑龙江(2 个)、吉林(1 个)、宁夏(2 个)、绥远(18 个)、热河(4 个)。至 2017 年,黑龙江、吉林、宁夏三省份的旗全部撤销,加之绥远和热河的撤销,现存的 49 个旗全部位于内蒙古。此外,截至 2017 年底,我国现存 3 个自治旗,为县级民族自治建制单位,均位于内蒙古呼伦贝尔市,分别是鄂伦春自治旗(1951 年)、鄂温克族自治旗(1958 年)和莫力达瓦达斡尔族自治旗(1958 年)。

---

　　① 浦善新.中国行政区划概论[M].北京:知识出版社,1995:505 - 506.

(二)消亡:宗、豁、版纳

新中国成立后,本着尊重传统、尊重少数民族意愿、实现各民族环节互助和共同发展的美好意愿,在很长的一段时间内保留了相当数量的传统的具有地域特色的民族型行政区,例如宗、豁、基巧、版纳、盟、旗等。这类行政区主要分布在我国的西藏、内蒙古以及西北、西南等少数民族聚居的地区。后来,随着经济社会不断发展和行政体制的改革,这类特殊的民族型行政区逐步演化为一般的行政区,仅有盟、旗、自治旗等少数类型尚存至今。下面分别对这几种特殊的民族型行政区进行梳理和分析。

1.宗、豁

宗、豁是西藏特有的民族型行政区,在政令上传下达、巩固国防和保障边疆稳定以及维持行政体制正常运转方面起到了重要作用。宗,即藏文"rdzong"的音译,本意为"要塞、堡垒、山寨等",实际上是西藏封建农奴制背景下各地大小酋长的驻地。宗豁制度最早产生于元代。当时,西藏纳入中央王朝的直接统治范围,不再以独立的地方政治实体出现。元代设宣政院直接管理西藏地方事务,并在当地设置了3个宣慰使司都元帅府,其下为13个万户府。其中,帕竹万户的第八任万户长绛曲坚赞时期,随着家族势力的不断强大,于至正十四年(1354年)推翻了受中央政府扶持的萨迦政权,建立了帕竹政权。14世纪后期,为了更好地管理地方事务,也为了进一步壮大实力,帕竹万户兼并了其他几个势力较弱的万户后,开始封赐家臣,并推行宗豁制度。[①]

宗的设置一般选择居高临下、地形险要、群众聚居的要冲地带,发挥护疆守土、保境安民的防御功能。西藏历史曾出现过的雍布拉康、日喀则桑珠孜宗堡以及著名的布达拉宫均具有这类典型特点。宗豁制度建立后,首先在贡嘎、桑珠孜、仁蚌等枢纽地带设了13个宗,各宗设有宗本,管理宗内大小军、政事务,任期三年。并且,根据面积、地理位置、事

---

① 刘永花.浅谈民国时期西藏的宗和豁卡[J].四川民族学院学报,2017(3):14-18;贺冬.民国时期青藏地区基层政权建设研究[J].青藏高原论坛,2018(3):55-63.

务繁闲、户口和收入、品级,宗分为大宗、边宗、中宗、小宗4类。自此,西藏地区出现了以宗为基层行政单位的行政组织,地位相当于县。宗本由帕竹政权的法王或第巴任命,采用流官形式,后期改为世袭制。至此,宗豀制度逐渐被确定并日益完善,一直延续至近代。

豀,又叫豀卡,为藏文"gzhis-ka"音译,本意为"庄园、采邑",出现时间比宗早。据记载,约在11世纪早期,西藏地方首领古格拉德为了表彰仁钦桑布修建寺院、翻译佛经及为佛教在西藏的传播与复兴做出的其他重要贡献,将自己领地内部的谢尔等领土分封给仁钦桑布,为其采邑或庄园,并将其称为豀卡,这是"豀卡"一词最早的由来。管理豀卡的个人称为豀堆,即豀卡的领主或代理人。14世纪,帕竹万户在建立13个宗的同时,将豀卡作为一种补充形式向周边地区以及雅鲁藏布江中游地区推行。

17世纪后期,甘丹颇章政权完成对卫藏、阿里地等的统一后,将豀卡与宗并称为宗豀制度,进一步加以完善和推广。豀卡根据领主的地位、实际领地的大小以及多寡,被分为雄豀(政府庄园)、格豀(贵族庄园)、却豀(寺庙庄园)三大类,被后世称为三大领主庄园。此后,与宗类似,豀卡以领主经营领地的形式逐渐发展为西藏的另一种基层政权组织。与宗相比,豀卡地位略低,面积略小,数量上也不及宗。

根据周伟洲的研究成果,清代,以达赖喇嘛为首的西藏地方政府(又名噶厦)和以班禅额尔德尼为首的喇章,是西藏地方的最高行政机构,分别管理前藏拉萨和后藏日喀则,下辖的行政组织即为宗或豀卡。宗本或豀堆在清代称为营官,噶厦将宗、豀大致分为三等,品级规定如下:一等宗(大宗)和在边境地区设置的边宗,由五品官任宗本,一般是2名,僧、俗官各1名;二等宗、豀(中等宗豀),由六品官任宗本,一般是2名,僧、俗官各1名;三等宗(小宗)、豀,由七品官担任宗本,一般为1名,僧、俗官均可——体现了西藏地方鲜明的政教合一的体制特色。[1]

---

① 周伟洲.清代西藏的地方行政建制研究[J].中国边疆史地研究,2012(4):65-76,149.

宗本或谿堆由噶厦提名后,再经达赖喇嘛或驻藏大臣审查并予以委派。以宗为例,其主要承担承上启下、行政管理的职能,包括传达噶厦公文指令,收、派差税,处理案件,解决民事纠纷等。由于宗、谿本身没有分设民政、司法、财粮、文教等机构,所以上述事务都有宗本会同几名办事人员处理。[①] 例如:内务方面,设列仲(管理文书)、康涅(管理房产财粮)、概巴(执行衙役等任务)等办事人员;外勤方面,设佐扎、定本、根保等,主要负责收、派差税,手法粮食,管理粮仓等。

新中国成立后,西藏和平解放,根据中央人民政府与西藏地方政府达成的协议,西藏暂不改变原有体制,仍由西藏地方政府承担当地军、民事务的管理职责,西藏地方也成为特有的"准省级"地方行政建制单位。当时,西藏下辖 41 个宗、37 个谿,1955 年昌都地区并入后,增至 83 个宗、64 个谿,宗与谿均类似县级。在宗与谿之上,全藏分设 3 个基巧进行管理,类似地级行政单位。1955 年,中共中央决定建立西藏自治区,并成立筹备委员会负责领导西藏地方事务。1959 年,西藏发生叛乱,平定以后,西藏地方随之撤销,自治区筹委会代行政权机关职责。

1960 年,西藏进行民主改革,撤销宗、谿,统一推行县制,基巧在此之前包括拉萨在内已全部改为 8 个办事处,至此则相应改为专区公署,初步构建起"自治区-专区-县"的三级行政管理体制。据统计,1959 年,西藏自治区筹备委员会下辖 8 个办事处、83 个宗、64 个谿。8 个办事处分别为拉萨办事处、黑河办事处、昌都办事处、山南办事处、日喀则办事处、江孜办事处、阿里办事处、塔工办事处。

1960 年,8 个办事处全部撤销,拉萨办事处改为地级拉萨市,其余办事处分别改为那曲专区、昌都专区、山南专区、日喀则专区、林芝专区、江孜专区、阿里专区。83 个宗和 64 个谿分别通过撤建或撤并的方式全部演变为县,共计 72 个县,行政区域调整细目见表 4-2。至此,西藏自治区筹备委员会下辖 7 个专区、1 个地级市、72 个县,存在了数百年的宗谿制度退出历史舞台。1965 年 9 月 9 日,西藏自治区正式成立。2017 年,西

---

① 周伟洲.清代西藏的地方行政建制研究[J].中国边疆史地研究,2012(4):65-76,149.

藏自治区下辖拉萨市、日喀则市、昌都市、林芝市、山南市、那曲市、阿里地区,共 6 个地级市、1 个地区、72 个县(区)。

表 4-2　西藏地方宗、豁行政区划调整(1960 年)

所属地市	调整方式	方式	调整细目
拉萨	宗豁并县	撤并	撤销林周宗和旁多、撒拉、朗塘、卡孜 4 豁,合并设立林周县、旁多县
	宗豁并县	撤并	撤销当雄、羊八井、宁中、纳木湖 4 豁,合并设立当雄县
	宗豁并县	撤并	撤销达孜、德庆两宗和蚌堆豁,合并设立达孜县
	撤宗设县	撤建	撤销墨竹工卡宗,设立墨竹工卡县
	宗豁并县	撤并	撤销曲水宗和色豁、南木、协仲、聂当 4 豁,合并设立曲水县
	宗豁并县	撤并	撤销尼木门喀、麻江两豁,合并设立尼木县
	宗豁并县	撤并	撤销堆龙德庆、东嘎两宗和列乌豁,合并设立堆龙德庆县
	宗豁并县	撤并	撤销折布林、洛麦、朗如、蔡豁、曲隆、札什、白仓、达波错斯、达木曲柯尔 9 豁,合并设立拉萨市(地级)
林芝	撤豁设县	撤建	撤销白玛桂豁,设立墨脱县
	撤宗设县	撤建	撤销江达宗,设立工布江达县
	宗豁并县	撤并	撤销曲宗、倾多、易贡 3 宗,合并设立波密县
	撤建	撤宗设县	撤销桑昂曲宗,设立桑昂曲县(1966 改称察隅县)
	撤并	宗豁并县	撤销朗宗和金东、古如朗木杰 2 豁,合并设立朗县
那曲	撤宗设县	撤建	撤销嘉黎宗,设立嘉黎县
	宗豁并县	撤并	撤销黑河、朗如两宗和恩果、新格尔 2 豁,设立黑河、安多、班戈 3 县

续表

所属地市	调整方式	方式	调整细目
那曲	宗谿并县	撤并	撤销达木萨迦、南木错、曲柯尔 3 谿,合并设立达木萨迦县
	撤宗设县	撤建	撤销申扎宗,设立申扎县
	撤宗设县	撤建	撤销巴青宗,设立巴青县
	撤宗设县	撤建	撤销比如宗,设立比如县
	撤宗设县	撤建	撤销聂荣宗,设立聂荣县
	撤宗设县	撤建	撤销索宗,设立索县
昌都	宗谿并县	撤并	撤销昌都、拉多 2 宗,合并设立昌都县
	宗谿并县	撤并	撤销江达、西邓柯 2 宗,合并设立江达县
	宗谿并县	撤并	撤销贡觉、三岩 2 宗,合并设立贡觉县
	撤宗设县	撤建	撤销察雅宗,设立察雅县
	撤宗设县	撤建	撤销左贡宗,设立左贡县
	宗谿并县	撤并	撤销江卡、盐井 2 宗,合并设立宁静县(1965 年改称芒康县)
	宗谿并县	撤并	撤销洛隆、硕督 2 宗,合并设立洛隆县
	宗谿并县	撤并	撤销边坝、沙丁 2 宗,合并设立边坝县
	宗谿并县	撤并	撤销丁青、色札、尺牍 3 宗,合并设立丁青县
	撤宗设县	撤建	撤销类乌齐宗,设立类乌齐县
山南	宗谿并县	撤并	撤销乃东宗和泽当谿,合并设立乃东县
	宗谿并县	撤并	撤销温宗、桑日、沃卡 3 宗,合并设立桑日县
	撤宗设县	撤建	撤销拉加里宗,设立拉加里县(1965 年改称曲松县)
	宗谿并县	撤并	撤销隆子宗和觉拉、嘉玉 2 谿,合并设立隆子县
	撤宗设县	撤建	撤销错那宗,设立错那县

续表

所属地市	调整方式	方式	调整细目
山南	宗谿并县	撤并	撤销哲古、达马 2 谿,设立哲古县(1965 年改称错美县)
	撤宗设县	撤建	撤销琼结宗,设立穷结县
	宗谿并县	撤并	撤销多宗、僧格 2 宗和拉康谿,合并设立洛扎县
	宗谿并县	撤并	撤销贡嘎宗和堆谿、札谿、隆巴、昌谷、杰得秀五谿,合并设立贡嘎县
	宗谿并县	撤并	撤销札囊、桑耶 2 宗和札期谿,合并设立札囊县
	宗谿并县	撤并	撤销加查宗和拉绥谿,合并设立加查县
	宗谿并县	撤并	撤销浪卡子、白地 2 宗,合并设立浪卡子县
	宗谿并县	撤并	撤销打隆、岭谿 2 谿,合并设立打隆县
日喀则	宗谿并县	撤并	撤销日喀则宗和兰伦饶谿,合并设立日喀则县
	宗谿并县	撤并	撤销南木林宗和拉布、嘉措、领噶尔 3 谿,合并设立南木林县
	宗谿并县	撤并	撤销定结、康巴 2 宗和金龙谿,合并设立定结县
	宗谿并县	撤并	撤销萨迦谿和色仁孜宗,合并设立萨迦县
	宗谿并县	撤并	撤销拉孜和彭错林 2 宗,合并设立拉孜县
	宗谿并县	撤并	撤销定日谿和谐嘎尔宗,合并设立定日县
	宗谿并县	撤并	撤销昂仁宗和梅康萨谿,合并设立昂仁县
	宗谿并县	撤并	撤销谢通门、打那仁钦孜 2 谿,合并设立谢通门县
	宗谿并县	撤并	撤销聂拉木宗、绒辖谿,合并设立聂拉木县
	宗谿并县	撤并	撤销吉隆、宗嘎 2 宗,合并设立吉隆县
	撤宗设县	撤建	撤销萨嘎宗,设立萨嘎县

续表

所属地市	调整方式	方式	调整细目
日喀则	撤宗设县	撤建	撤销江孜宗,设立江孜县
	撤宗设县	撤建	撤销仁布宗,设立仁布县
	宗豀并县	撤并	撤销白朗、杜穷 2 宗和汪丹豀,合并设立白朗县
	宗豀并县	撤并	撤销亚东豀、帕里宗,合并设立亚东县
	撤豀设县	撤建	撤销仲巴洛强豀,设立仲巴县
阿里地区	撤宗设县	撤建	撤销噶尔宗,设立噶尔县
	撤宗设县	撤建	撤销日土宗,设立日土县
	撤豀设县	撤建	撤销革吉豀,设立革吉县
	撤豀设县	撤建	撤销改则豀,设立改则县
	撤宗设县	撤建	撤销普兰宗,设立普兰县
	宗豀并县	撤并	撤销札布让、达巴 2 宗,合并设立札达县

注:所属地市以 2017 年底西藏自治区行政区划为准。

2.版纳

1953 年 1 月,云南将思茅专区所辖的车里、佛海、南峤、镇越 4 个傣族人聚居的县划出,设置西双版纳傣族自治区(地级),自治区首府设为允景洪,由云南省人民政府委托普洱专员公署(1955 年后改称思茅专员公署)领导。同年 5 月 6 日,自治区人民政府第二次(扩大)会议根据中央及省批复文件,决定撤销 4 个县的建制,按照傣族原有的管理体制,将辖区重新划分为 12 个区级版纳及 2 个民族自治区、1 个区和 1 个生产文化站,即景洪、勐养、勐龙、勐旺、勐海、勐混、勐阿、勐遮、西定、勐腊、勐棒、易武 12 个区级版纳,格朗和哈尼族自治区(归版纳勐海管辖)、易武瑶族自治区(归版纳易武管辖),布朗山区(归版纳勐混管辖),基诺洛克生产文化站(归版纳勐养管辖)。

1955 年 6 月,根据五四宪法,西双版纳傣族自治区改为西双版纳傣族自治州。1957 年 7 月,在扩大自治州辖域的同时,国务院批复同意将 12 个区级版纳合并为 5 个县级版纳,分别为版纳景洪、版纳勐海、版纳勐遮、版纳易武、版纳勐腊。1960 年,受"一大二公"的人民公社化运动影响,在全国的并县运动中,5 个版纳进一步合并为 3 个:撤销版纳易武,并入版纳勐腊;撤销版纳勐遮,并入版纳勐海。且 3 个版纳改为县制,版纳勐腊、版纳勐海、版纳景洪分别改为勐腊县、勐海县、景洪县。至此,版纳作为一种县级地方行政建制单位结束了多年(1953—1960 年)的存在历史。[①]

四、特殊型行政区

(一)政治驱动型:设治局、督办区、军管会、办事处

1.设治局、督办区

民国时期,边疆地区经济社会发展滞后,土司势力日益强大威胁中央统治,加之边疆地区地广人稀,少数民族众多,政治、经济、社会以及人民生活等诸多方面仍不能与国内其他地区实现统一。为便于管理和加强统治,国民政府更加注重行政区划的作用,兼顾地理条件、风俗习惯、历史传统、经济联系、人口多寡、民族分布等实际状况,对行政管理区域进行再划分与再调整,开始有目的地设置一些特殊行政区划,例如设治局(又称设治区,以下统称设治局)和督办区。[②] 设治局最早出现于清朝末年,凡是某地方预备成立新的县级单位,总督署、巡抚署或省政府可预先成立设治局,以筹备之,主官为设治委员,权限相当于知县(清朝时期)、县知事(北洋政府时期)或县长(国民政府时期)。

据统计:1949 年,全国共有 24 个设治局;1950 年、1951 年、1952 年设治局数量逐步下降,分别为 18 个、17 个、2 个。至 1953 年,设治局全部撤销。从省际差异来看,设治局主要分布在青海(2 个)、甘肃(2 个)、西康(4 个)、云南(16 个)(见表 4-3)。其中,尤以云南设置最多,16 个设治局分属不同的行政督察区管辖。与设治局类似的一种特殊型行政区是督办区。其设置数量远少于设治局,新中国成立后仅在云南有 2 个,分别是河口对汛督办区和麻栗坡对汛督办区。1950 年,督办区全部撤销,存在时间较短。

[①] 田穗生,罗辉,曾伟.中国行政区划概论[M].北京:知识出版社,1995:96-97.
[②] 王文光,李丽双.略论近代云南的边防建设及特别政区设置[J].西南边疆民族研究,2015(1):83-89.

表 4-3　设治局、督办区演变情况

省份	数量	地级单位	名称	设置年份	升县年份
青海	2	省直辖	祁连设治局	1939	1953
		省直辖	曲麻莱设治局	1940	1953
甘肃	2	酒泉专区	肃北设治局	1937	1955
		岷县专区	卓尼设治局	1939	1953
西康	4	第一行政督察区	金汤设治局	1932	1950 年划归康定县管辖
		第三行政督察区	普格设治局	1946	1952
		第三行政督察区	宁东设治局	1938	不详
		第三行政督察区	沪宁设治局	1946	不详
云南	16	第十二行政督察区	潞西设治局	1932	1950
		第十三行政督查区	泸水设治局	1932	1952
		第十二行政督察区	梁河设治局	1932	1959
		第十二行政督察区	莲山设治局	1932	1952
		第十二行政督察区	陇川设治局	1932	1952
		第十二行政督察区	盈江设治局	1932	1952
		第十二行政督察区	瑞丽设治局	1932	1952
		第十三行政督察区	碧江设治局	1932	1954
		第十三行政督察区	福贡设治局	1932	1954
		第十三行政督察区	德钦设治局	1932	1959
		第七行政督察区	宁江设治局	1932	1950
		第十三行政督察区	贡山设治局	1932	1954
		第九行政督察区	耿马设治局	1939	1952
		第九行政督察区	沧源设治局	1934	1952
		第五行政督察区	龙武设治局	1932	1952
		第十行政督察区	宁蒗设治局	1936	1952
	2(新中国成立后)	第四行政督察区	麻栗坡对汛督办区	1897	1950
		第五行政督察区	河口对汛督办区	1897	1950

注:曲麻莱设治局原名为星川设治局。

2.军管会

1949 年 9 月,第一届中国人民政治协商会议通过的《共同纲领》规定:"凡人民解放军初解放的地方,应一律实行军事管制,取消国民党反动政权机关,由中央人民政府或前线军政机关委任人员组织军事管制委员会和地方人民政府领导人民建立革命秩序,镇压反革命活动,并在条件许可时召集各界人民代表会议";"军事管制时间的长短,由中央人民政府依据各地的军事政治情况决定之"。自此,军管制度以法律形式固定下来。

新中国成立后,济南、长春、沈阳、北京、南京、上海、广州、杭州、天津等大城市以及广大中小城市曾广泛实行军管制度。但由于性质特殊,作为正式建制名称被民政部列入行政区划系列进行统计的仅有 2 个,分别是浙江省嵊泗列岛军事管制委员会和湖北省新堤军事管制委员会。嵊泗列岛军事管制委员会设置于 1950 年嵊泗解放之际,1951 年即被撤销设置嵊泗县,今为浙江省舟山市嵊泗县。新堤军事管制委员会设置于 1949 年 5 月,1950 年并入沔阳县,后又析置设立洪湖县,今为湖北省荆州市代管县级市洪湖市。

3.办事处

除设治局之外,办事处是新中国成立后数量相对较多的一种特殊型行政区。办事处与设治局具有相似之处,属于临时性行政建制单位,是运用相对广泛且至今仍在使用的一种特殊型建制。办事处本是政府或单位内部处理事务的部门或机构,作为一种特殊型行政区具有代指一级政府的意味。一般而言,当需要建立一级地方政府时(尤以县级居多),经常性地设置办事处作为筹建机构,并赋予其一定的管理权限和管辖范围,配备类似正式一级地方政府的下辖机构和单位,从而成为一种普遍设置的临时性地方行政建制单位。

作为临时性建制单位,办事处根据其拟筹建单位的行政层级有地级与县级之分,但地级办事处较少,县级办事处相对较多。研究发现,办事处作为一种临时性行政建制并不一定必然演变为正式建制,常有撤销办事处而没有正式建制的实例发生。此外,办事处也常应用于城市型建制之中,作为市辖区的筹建单位进行设置。新中国成立后,地级办事处共建立 4 个,分别是西康省的理塘办事处、甘孜办事处和河南省的五羊工区办事处、济源工区办事处。

以深圳市为例,1979 年,撤销宝安县,设立深圳市。此后,由于深圳面积较大,人口较多且工商业发达,加之后续又被确立为经济特区、副省级市,为便于行政管理和加快经济社会发展,于 1983 年分别设置罗湖、上埗、南头、沙头角 4 个区办事处(县级)。后又设立蛇口办事处,办事处数量达到 5 个。1990 年,5 个办事处全部被撤销,成立罗湖、福田、南山 3 个市辖区。其中罗湖、沙头 2 个管理区合并组建罗湖区。

再以青海省海南藏族自治州的龙羊峡镇为例。龙羊峡镇位于海南藏族自治州东部,黄河上游第一个梯级水利枢纽工程龙羊峡水电站所在地。1978 年,由于龙羊峡镇水电建设需要,上级政府在龙羊峡设立办事处,1988 年改为龙羊峡行委(县级),2002 年,随着大坝正式投入运营,龙羊峡实行撤委建镇,与曲沟乡合并纳入共和县,正式更名为龙羊峡镇。

(二)资源驱动型:特区、工矿区、林区

1.特区

(1)丰满特区

丰满特区现为丰满区丰满街道,位于吉林市丰满区东南部。丰满特区在设置后曾改为市辖区,最终又演变为丰满街道划归丰满区。根据有关资料,丰满特区主要凭借其特殊的地理位置和区位条件,因巩固和加强统治的需要而被设置。

从历史沿革来看,1948 年,吉林市解放后,设立丰满特区,驻丰满街道,直接隶属于吉林省人民政府。1951 年,省直辖的丰满特区划归吉林市管辖。1953 年,吉林市将原辖的 11 个市辖区调整为 9 个,同时,丰满特区由特区演变为正式的市辖区,命名第七区。1955 年,经国务院批准,设立吉林市九站区,同时,吉林市所辖的第一区、第二区、第三区、第四区、第五区、第六区、第七区、第八区、第九区分别更名为昌邑区、通天区、船营区、龙潭区、江南区、白山区、丰满区、哈达湾区、大屯区。1957年,撤销吉林市江南区、白山区、大屯区、九站区,设立吉林市郊区。至此,吉林市辖昌邑区、通天区、船营区、龙潭区、丰满区、哈达湾区、郊区、共 7 个市辖区。

1959 年,撤销吉林市通天区,其行政区域分别并入昌邑区和船营区。1964 年,撤销吉林市哈达湾区,并入昌邑区。同年,撤销丰满区,设立丰满街道办事处,一部分并入船营区。至此,吉林市辖昌邑区、船营区、龙潭区、郊区,共 4 个市辖区。此后,由于丰满街道面积较小,加之处于不同辖区的边界之间,曾多次划归不同的市辖区。1969 年,丰满街道划归市郊区,与丰满公社合并。1975 年,丰满街道重新划归船营区。1992 年,吉林市郊区更名为丰满区,丰满街道最终划归丰满区。

（2）石黄特区

大冶县内铁、铜、煤、石灰石储量丰富,长期以来形成采矿、冶炼、建材等产业,素有“江南聚宝盆”的盛誉。其中,当今的大冶有色金属属于我国六大铜基地之一。1949 年 10 月,原大冶特区办事处被撤销,设立石黄特区,作为正式的县级行政单位由大冶专区领导。大冶特区办事处由石灰窑和黄石港组成,新中国成立前由大冶县析置。石黄特区的名称即取石灰窑和黄石港首字命名。1950 年,经政务院批复撤销县级石黄特区,升格地级黄石市,由湖北省直辖,不设区县。至此,仅存在一年的石黄特区演变为其他行政区。

1959 年,原黄冈专区大冶县划归黄石市领导,至此,黄石市仅辖 1 个县。1960 年,撤销大冶县,并入黄石市域范围内,黄石市又不辖区县。1962 年,以原大冶县并入黄石市的行政区域复置大冶县,仍属黄石市。1972 年,设立黄石市黄石港区、胜阳港区、石灰窑区、黄思湾区、陈家湾区、铁山区。1979 年,撤销黄石市胜阳港区,划归黄石港区,撤销黄石市黄思湾区、陈家湾区,划归石灰窑区,同时,设立黄石市下陆区。1979 年底,黄石市下辖黄石港区、石灰窑区、下陆区、铁山区以及大冶县。1994 年,撤销大冶县,设立县级大冶市,由黄石市代管。1996 年,阳新县划归黄石,形成黄石市现有市境。

系统梳理发现,自 1949 年 5 月湖北省人民政府成立后,湖北省全境行政区划进行了一系列的调整,形成了现在 12 个省辖市、1 个自治州、3 个省直管市、1 个林区的格局。在湖北省成立至今的近七十年里,黄石市位于湖北省东南部,长江南岸,面积 1850 平方公里,堪称湖北省最稳定的省辖市,黄石市自 1950 年设立一直保持建制,尽管辖地有所变更。

(3)七台河特区

七台河市位于黑龙江省东部,佳木斯市南侧,完达山山脉西端。东与宝清县、密山市接壤,西与依兰县毗邻,南与鸡东县、林口县交界,北与桦南界相连。七台河是一座因煤而生、缘煤而兴的新兴工业城市,已探明的矿产资源有煤炭、黄金、石墨、大理石、氟石、膨润土等。七台河煤田累计探明储量 22.2 亿吨,保有储量 17.3 亿吨,是国家保护性开采的 3 个稀有煤田之一,也是黑龙江省重要的主焦煤和无烟煤生产基地。

1958 年,国家开始对七台河煤田(原称勃利煤田)进行大规模开采,勃利县自筹资金修建的全国第一条民办铁路告竣通车,这给长期属勃利县管辖的七台河这个偏远山区带来了勃勃生机。由于经济社会快速发展,矿产资源的开采带来大量人口集聚,1965 年 3 月 1 日,经国务院批准撤销勃利县七台河镇,建立七台河特区(县级),实行政企合一管理体制。七台河特区和七台河矿务局合署办公,隶属黑龙江省合江地区。1970 年,撤销七台河特区,设立县级七台河市,为地辖市,隶属关系不变。

1983 年,撤销县级七台河市,升格为省辖地级七台河市,不辖市辖区。同时实行市管县新体制,合江地区管辖的勃利县和宝清县的宏伟、岚峰两公社划归七台河市辖。1984 年,七台河市设立新兴区、桃山区、茄子河区。2007 年 12 月,经省政府批准,勃利种畜场正式划归七台河市管辖。2009 年 12 月,勃利县长兴乡划归七台河市新兴区管辖。截至2017 年底,七台河市辖新兴区、桃山区、茄子河区,人口约 92 万人,面积为 6221 平方公里。

(4)六枝特区

20 世纪 60 年代,国家大规模开展三线建设,贵州西部地区丰富的煤、铁、锌、铜、汞等矿产资源成为服务三线建设的重要支撑。这一时期矿区设置比较频繁,贵州省更在同一年设立 5 个县级特区,随着经济社会的不断发展和行政体制的不断完善,特区这一特殊类型的行政建制逐渐消失。具体来看,1966 年,中共中央、国务院批准,设立六枝、盘县、水城、万山、开阳,共 5 个县级特区,分别隶属安顺专区、兴义专区、毕节专区、铜仁专区以及地级贵阳市。其后,盘县特区、水城特区、万山特区以及开阳特区相继被撤销或恢复县建制,仅有六枝特区经历数轮行政区划调整仍作为县级政区隶属六盘水市至今。

2. 工矿区

(1)口泉矿区

口泉位于山西省大同市云冈区西南,曾为县级行政区,现为大同市云岗区下辖的一个街道,俗称口泉街,包含现隶属大同市云冈区的口泉乡。口泉矿区矿产资源丰富,探明地下矿藏有煤炭、石灰岩、高岭岩等,属于资源开发带动发展的类型。口泉矿区的行政区沿革与大同市密切相关。口泉矿区虽经历隶属关系变更、建制名称更改等变化,但自新中国成立作为县级行政区一直存在。

新中国成立后,口泉矿区作为具有明确行政边界的县级行政区隶属于察哈尔省大同市,大同市辖第一区、第二区、第三区和口泉矿区,共 4 个市辖区,不辖县。1952 年,撤销察哈尔省,大同市划归山西省管辖。1953 年,设立大同市第四区。1954 年,撤销大同市第一区、第二区,合并设立城区。同时,撤销大同市第三区、第四区,合并设立郊区。大同市下辖 3 个市辖区。1955 年,经大同市人民委员会批准,口泉矿区更名为口泉区。1958 年,山西省辖的大同市托晋北专区代管。1960 年 3 月,撤销大同市郊区,设立怀仁区、云冈区、古城区。同年 9 月,撤销云冈区,划归古城区、口泉区。1960 年底,大同市辖城区、口泉区、古城区、怀仁区。

1961 年,撤销晋北专区,大同市改为省直辖。1964 年,大同市撤销古城区和怀仁区,恢复大同县、怀仁县。1965 年,大同县、怀仁县划归雁北专区。1966 年,设立大同市郊区,以城区、口泉区所辖农业区域为郊区的行政区域。1966 年,大同市下辖城区、郊区、口泉区。1970 年,撤销大同市口泉区,设立矿区,成为县级行政区,由大同矿务局领导,与矿区政府实行政企合一的管理体制。同年,撤销大同市郊区,设立南郊区、北郊区。1971 年,大同市北郊区更名为新荣区。1980 年,矿区改变政企合一管理体制,与大同矿务局脱离隶属关系,直属大同市管辖,成为一个独立的县级行政区。1980 年,大同市下辖城区、矿区、南郊区、新荣区。

1993 年,撤销雁北地区,将原属雁北地区的左云县、大同县、阳高县、天镇县、浑源县、广灵县、灵丘县划归大同市管辖,大同市共辖 4 区、7 县。2018 年 2 月,经国务院批准,撤销大同市城区、南郊区,设立大同市云冈区,包括原城区的西花园街道、老平旺街道,原南郊区的高山镇、云冈镇、口泉乡、平旺乡、西韩岭乡、鸦儿崖乡,以及原城区的行政区域为云冈区的行政区域。至此,原县级矿区撤销建制,成为云岗区的一部分。

(2)峰峰矿区

峰峰矿区位于河北省南部,邯郸市境内,地处晋、冀、豫三省交界地带。南北长 22.2 公里,东西宽 18 公里,土地面积为 353 平方公里。峰峰矿区自然资源丰富,境内已探明的矿产资源有煤炭、铁矿石、铝矾土、石灰石、大理石、石膏等。其中,煤炭资源储量高达 35.0 亿吨。

相比其他矿区经过一段时间发展后才逐渐演变为行政区的现实情况,峰峰矿区在 1950 年即从磁县划出,单独设立县级行政区,下设峰峰、彭城、和村、胡峪、南大峪 5 个区公所,下辖 57 个镇,人民政府驻彭城镇,由邯郸专区管理。1952 年,由于峰峰矿区的产业快速发展,人口不断集聚,经华北行政委员会批准,升格为地级单位,由河北省直接管辖。1955年 2 月,河北省人民政府遵照国务院电示,将峰峰矿区改为地级峰峰市,同时对峰峰矿区的行政区划进行调整。主要是将周边县的部分区域划归峰峰市,扩大范围以支撑峰峰市的快速发展。同年 3 月 11 日,磁县的韩家庄、东固义、西河、韦武庄、北羊台、羊角铺等村以及成安县的马头镇、流西村等划归峰峰市。

1956 年 10 月,国务院第 39 次会议通过《国务院关于撤销河北省峰峰市的决定》,撤销峰峰市,其所辖行政区域全部划归邯郸市,设立邯郸市峰峰矿区,并将所属的马头办事处所辖村镇划归邯郸市郊区。峰峰矿区作为市辖区,虽后续历经多次行政区划的局部调整,但作为邯郸市的市辖区之一存在至今。截至 2017 年底,峰峰矿区为河北省邯郸市市辖区之一,人口约 53 万人,辖 9 个镇、148 个行政村、68 个社区,城市人口 41 万人,是一个工农交叉、城乡交错的资源型老工矿区。

(3)井陉矿区

井陉矿区位于石家庄市西部的井陉盆地,地势西高东低,南北较长,东依青石岭山,西面丘陵和盆地,海拔为 250~888 米。井陉矿区因位于太行山脉地区,矿产资源极为丰富,列入国家和省级资源的矿产近 10 种。矿区内部储量最大的矿产资源是石灰岩,已探明储量高达 3.9 亿吨。并且,井陉煤田已探明地质储量为 2.5 亿吨,可开采总量约 1.7 亿吨,盛产优质主焦煤享誉中外。

1947 年 4 月,井陉矿区解放,随之成立井陉矿区管理委员会。新中国成立后,随着工业生产的迅速恢复和发展,煤炭需求量不断增加。为了加强煤炭资源保护,保障煤炭生产供应,支援国家和地方建设,经中央政务院批准,华北行政委员会决定将井陉煤矿及周围 40 个行政村从井陉县析出,设置井陉矿区,作为县级地方行政建制单位,归石家庄市管辖。这一过程实现了因经济发展需要设置的功能区向正式的行政区转变。1958 年,在"大跃进"和人民公社化运动的推动下,全国掀起联乡、并社、合县的热潮,井陉矿区与井陉县合并,由井陉县统一管辖。

1959 年,时任国务院总理周恩来视察井陉矿区,了解到矿区与县合并后,煤矿职工蔬菜粮油等基本生活用品供应存在困难,随即提出保障煤矿职工生活供应、确保煤矿安全生产的意见。1960 年,从井陉县划出 85 个生产大队和矿市镇,恢复井陉矿区,并与矿务局成立政企合一的井陉煤矿人民公社管理委员会,归石家庄市管辖。公社下辖 6 个分社、5 个管理区。1963 年,为保障煤矿生产和矿区行政事务的有效管理,撤销井陉煤矿人民公社,井陉矿区与矿务局实行政企分开。1989 年,撤销井陉矿区,划归井陉县管辖,引发驻区企业大规模上访。1992 年,井陉矿区又从井陉县析出,恢复原体制运行,同时恢复井陉矿区建制,区政府驻矿市南街,作为功能型的市辖区由石家庄市管辖至今。截至 2017 年底,井陉矿区下辖 2 个街道、2 个镇、1 个乡、30 个行政村、8 个居委会。土地面积为 69.98 平方公里,人口约 10 万人。

3.林区

神农架林区位于湖北西部边陲,东与湖北省襄阳市保康县接壤,西与重庆市巫山县毗邻,南面兴山、巴东县而临三峡,北依房县、竹山县且近武当。

1959年,湖北省设置开发神农架指挥部。20世纪60年代末,为了更好地进行林业资源开发和保护,成立了神农架林区管理局,并在巴东、兴山、房县3县交界处筹建林区建制。1970年,国务院批准建制,将房县、保康县、兴山县和巴东县的24个公社与2个药材场划出,设置神农架林区,区政府驻木鱼坪,行政等级为县级,由湖北省直辖。神农架林区是我国唯一以林区命名的行政区。1971年,省直辖的神农架林区划归宜昌地区。1972年,改由省直辖,政府驻地由木鱼坪迁至松柏镇。1976年,省直辖的神农架林区划归郧阳地区。1983年,改由省直辖,升格为副地级单位。

第五章
区县变动方式及其案例分析

一般而言,行政区划由四大要素构成:一是具有一定规模人口和面积的地域空间;二是设有相应行政机构的行政中心;三是明确的上下级隶属关系的行政等级;四是与行政建制相对应的行政名称。① 相比之下,具有一定规模人口和面积的地域空间是行政区划的基本要素,也是其他三个要素能够具象表征的空间载体。因此,延伸到本书,对于区县变动这一类行政区划调整行为,整建制与非整建制区县变动是从行政区划的基本要素出发对地域空间发生变化的直接反映。行政边界的变动直接影响行政区划空间载体的大小,进而对附着在空间载体上的各类生产要素、生产关系、城市结构、空间布局等隐性内容产生影响,最终影响地区经济社会发展。边界的变动只是表象,背后的关系变化才是实质内容。

一、区县变动方式

通过对新中国成立后县级行政区划调整资料的系统梳理和分类,根据调整前后行政边界是否发生变化,区县变动大致可分为整建制调整与非整建制调整两大类。整建制调整主要是指行政单元在调整前后边界

① 刘君德,靳润成,周克喻.中国政区地理[M].北京:科学出版社,2017:31-32.

范围没有发生变化,而建制类型发生变化;非整建制调整则是行政单元在调整前后边界范围和建制类型都发生变化。一般而言,非整建制调整涉及县级单位下辖的乡镇或街道进行跨县级行政区边界的区划调整,从而导致县级行政区的行政边界发生非整建制变化。进一步细分:整建制调整包括撤建、撤并和撤销3种类型;非整建制调整包括撤建、撤并、撤销、析置以及微调5种类型。

具体来看,撤建是指撤销原县级单位并设立新的县级单位,根据方向不同划分为撤县(市)设区、撤区设县(市)2个亚类。需要说明的是,在撤县设区的同时设立地级市的情况不属于严格意义上的撤县设区,在这里暂不做统计。撤并是指县(市)与区合并而生成新的县级单位,如市辖区。撤销是指撤销原县级单位,划归其他县级单位,包括撤区划县(市)、撤县(市)划区2个亚类。撤销与撤并具有一定的相似性,但撤并是撤销2个县级单位生成一个新的县级单位,而撤销是指撤销一个县级单位,划归其他县级单位,所以将其看作2种类型分别讨论。

以上3种类型在整建制和非整建制区县变动中都存在,而析置和微调则只存在于非整建制。析置是指原县级单位划出部分乡镇或街道设立新建制,分为县(市)析置区、区析置县(市)2个亚类;微调是指县级单位之间下辖乡镇或街道之间的行政区划调整。从建制数量来看,撤建和微调的建制数量没有发生变化,撤并和撤销的建制数量一般是减少的,而析置则是增加的。

基于上述分类,本书统计了1949—2017年不同类型区县变动的数量和比例(见表5-1)。结果显示,新中国成立后,整建制与非整建制区县变动共计415例,其中,整建制231例,非整建制184例。从5种类型来看,撤建数量最多,共242例,占58.31%,占所有区县变动类型数量总和的一半以上。其中,撤县设区200例,撤区设县42例。可见,我国区县变动的主要方式是整建制,主要类型是撤建,主要亚类是撤县设区。其次是析置,共61例,占14.70%。再次是微调,共59例,占14.22%。析置与微调之和共120例,合计占28.92%,数量不及撤建的一半。撤销排名第四位,共37例,占8.92%。撤并数量最少,仅有 16 例,占 3.86%。

表 5-1　区县变动方式划分及数量比例

大类	小类	小类计数	小类占大类的比重/%	亚类	亚类计数	亚类占小类的比重/%
整建制	撤建	198	85.72	撤县设区	161	81.31
				撤区设县	37	18.69
	撤并	15	6.49	县区合并	15	100.00
	撤销	18	7.79	撤区划县	17	94.44
				撤县划区	1	5.56
	合计	231	100.00	合计	231	100.00
非整建制	撤建	44	23.91	撤县设区	39	88.64
				撤区设县	5	11.36
	撤并	1	0.54	县区合并	1	100.00
	撤销	19	10.33	撤区划县	2	10.53
				撤县划区	17	89.47
	析置	61	33.15	县析置区	47	77.05
				区析置县	14	22.95
	微调	59	32.07	县区之间	59	100.00
	合计	184	100.00	合计	184	100.00

注:县包括县、县级市两类。

进一步分类来看,在整建制区县变动中,撤建数量最多,共 198 例,占比高达 85.72%。其中,撤县设区较多,共 161 例,占 81.31%,撤区设县则较少,仅 37 例,占 18.69%;撤销数量次之,共 18 例,占 7.79%。其中,撤区划县 17 例,撤县划区仅 1 例;撤并的区县变动数量最少,仅 15 例,占 6.49%。撤销与撤并之和仅 33 例,占 14.28%,不及撤建的 1/5。可见,在整建制区县变动中,县或县级市与市辖区之间的相互撤建是主要类型,尤以撤县设区为主要亚类。

在非整建制区县变动中,数量最多的不再是撤建,而是析置,共 61 例,占 33.15%。其中,县析置区较多,共 47 例,占 77.05%,区析置县共 14 例,占 22.95%。其次是微调,共 59 例,占 32.07%。撤建排名第三位,共 44 例,占 23.91%。与整建制撤建相似,撤县设区较多,共 39 例,撤区设县较少,仅 5 例。撤销排名第四位,共 19 例,占 10.33%,其中,撤县划区较多,共 17 例,撤区划县较少,只有 2 例。数量最少的是撤并,排名末位,仅 1 例,占 0.54%。可见,在非整建制区县变动中,析置和微调是主要方式,以县析置区为主要亚类,这与整建制区县变动明显不同。

本书统计了 1949—2017 年整建制与非整建制区县变动历年发生数量(见图 5-1)。总体来看,整建制与非整建制区县变动数量都呈现波动起伏的变化特征,没有相对明显的上升或下降趋势。并且,在"文化大革命"时期前后,整建制与非整建制区县变动数量都处于相对低位,历年变动数量都在 5 例以下。综合来看:改革开放之前接近三十年的时间内,区县变动数量共 112 例,占 26.99%,平均每年约 4 例;改革开放之后四十年的时间里,区县变动数量共有 303 例,占 73.01%,平均每年约 8 例。可见,改革开放之后,伴随着城市化的深入推进,与城市发展密切相关的区县变动逐渐增多。

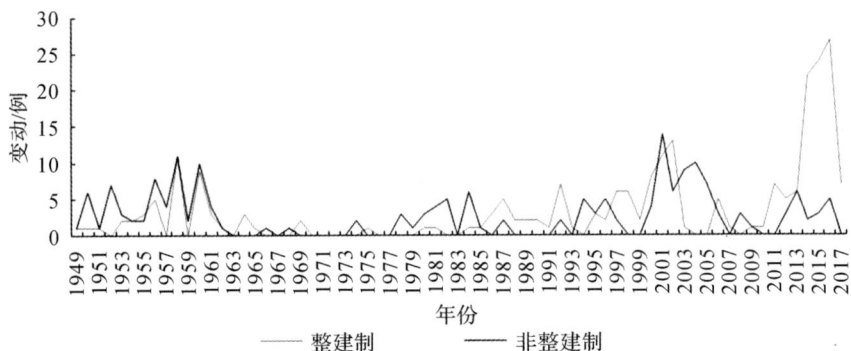

图 5-1　整建制与非整建制区县的变动

从分类来看:改革开放之前,以非整建制区县变动为主,以整建制区县变动为辅,非整建制 66 例,整建制 46 例,两者相差 20 例;改革开放之后,两种类型的主导地位发生互换,以整建制调整为主,以非整建制调整为辅,整建制高达 185 例,而非整建制只有 118 例,两者相差 67 例,差距变大。

从波动幅度来看,改革开放之前,整建制与非整建制区县变动波动幅度相对较小,而改革开放之后,两者的波动幅度都比较大。新中国成立后至"文化大革命"时期,整建制与非整建制都表现出波动特征,但历年数量均为5～10例,波动幅度相对较小。改革开放之后,整建制与非整建制区县变动幅度逐渐变大,并在2000年前后形成第一个高峰期。非整建制区县变动在2001年发生14例,整建制区县变动在2002年发生13例,两种方式都达到了新中国成立后的局部峰值。这一时期整建制与非整建制区县变动没有明显的优劣势,数量不相上下。此后,非整建制区县变动数量开始波动下降,基本维持在5例以下。与之相反,整建制区县变动逆势上升,迎来了第二个高峰期,2014年、2015年以及2016年分别发生22例、24例以及27例。

（一）主类:撤建

基于上述分析,5种类型中,撤建数量最多,共242例,占58.31%,占所有区县变动类型数量总和的一半以上。其中,撤县设区200例,撤区设县42例。在系统梳理有关资料基础上,本书总结、归纳并绘制了撤县设区的整建制与非整建制区县变动示意图(见图5-2)。需要说明的是,撤建作为一种行政区划调整方式,存在明确的方向性。前面已经提到,撤县设区生命力旺盛,一直延续至今,作为城市化的重要动力已经成为当前我国城市行政区划调整的主要内容,而撤区设县与城乡统筹、区域一体化的发展大势相背离,且在21世纪以来鲜有发生,因此,本书重点分析撤建的一种方向,即撤县设区。

整建制撤县设区空间模式单一,是指地级或地级以上城市将下辖县或县级市撤建为市辖区,建制类型发生变化而行政边界没有发生变化。本着本级行政单元增减平衡的原则,被撤销的县(市)与新设立的市辖区通常是一一对应的关系。这种整建制撤县设区的方式能够更好地维持政区稳定和文脉延续,便于县体制整体性过渡到区体制,更有利于行政管理工作的持续稳定运行。然而,这种相对简单、便捷的调整方式也容易出现仅仅是政区名称发生变化,而其他方面均未发生实质改变的情况,导致整建制撤县设区换汤不换药,流于形式而未能产生预期的效果。

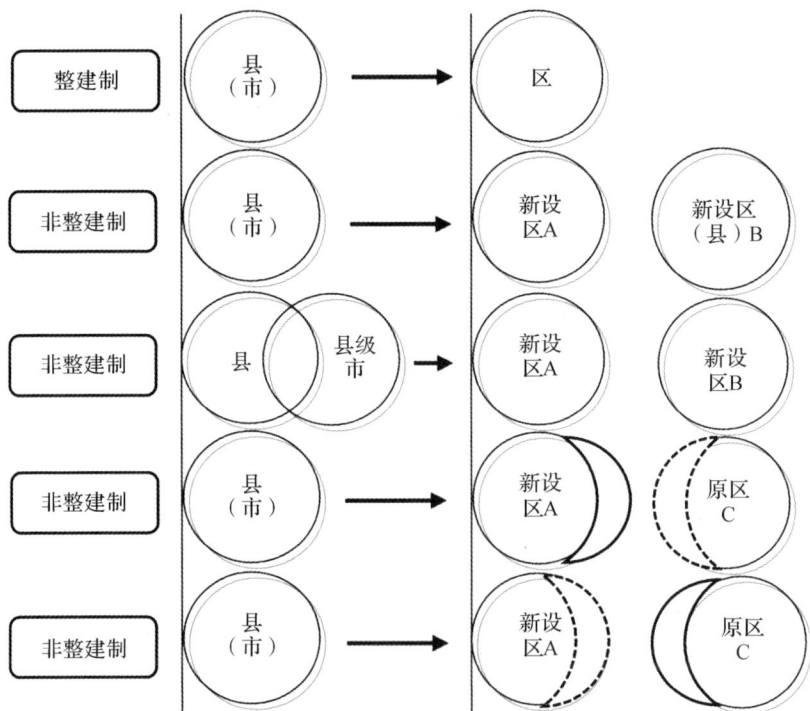

图 5-2 撤县设区的整建制与非整建制区县变动空间模式

相比整建制,非整建制撤县设区模式相对比较复杂。第一种是撤销县或县级市,分设两个或两个以上市辖区,或者分设市辖区和县。这种分设多个市辖区或者分设市辖区和县的情况一般发生在撤地设市的同时撤县设区的情况。例如:1953 年,撤销天津县,设立津东郊区、津南郊区、津西郊区、津北郊区;1983 年,撤销县级秦皇岛市,设立秦皇岛市(地级),秦皇岛市设立海港区、山海关区、北戴河区、郊区;1988 年,撤销肇庆地区和县级肇庆市,设立肇庆市(地级),肇庆市设立端州区、鼎湖区;1997 年,撤销曲靖地区和县级曲靖市,设立曲靖市(地级),曲靖市设立麒麟区、沾益县,麒麟区下辖原县级曲靖市的城关、三宝、越州、东山 4 个镇和环城、珠街、沿江等乡,沾益县下辖原县级曲靖市的西平、花山 2 个镇和沾益、盘江、白水等乡。

第二种与第一种类似,也是在撤地设市的同时撤县设区,即撤销地区及原隶属于地区的县和县级市,设立地级市,同时在原县和县级市基础上非整建制地设立多个市辖区。与第一种"一对多"不同,第二种类型的特点是将原县和县级市同时撤销,并在此基础上根据实际需要设立多个市辖区,属于"多对多"。例如:1992 年,撤销万县地区、县级万县市、万县,设立万县市(地级),万县市设立龙宝区、天城区、五桥区;1993 年,撤销南充地区、县级南充市、南充县,设立南充市(地级),南充市设立顺庆区、高坪区、嘉陵区;1994 年,撤销南阳地区、县级南阳市、南阳县,设立南阳市(地级),南阳市设立卧龙区和宛城区,宛城区下辖原南阳市的新华、东关 2 个办事处和环城乡,以及南阳县的部分区域,卧龙区下辖原南阳县的蒲山、石桥、潦河 3 个镇和小寨、潦河坡、谢庄等乡,以及原南阳市的剩余部分。

第一、第二种往往产生两个或两个以上县级单位,具有明显的分设特征,而第三、第四种主要是"一对一",建制数量在区县变动前后没有发生变化,只是在变动的同时划出一部分或者从其他县级单位划入一部分,共同构成新的县级单位。例如:1992 年,撤销川沙县,设立浦东新区,以川沙县为主体,同时将上海县的三林乡、黄浦区、南市区、杨浦区的浦东部分划归浦东新区;1994 年,撤销巴县,设立巴南区,巴南区下辖原巴县的鱼洞、鹿角、惠民等镇和清溪、清和、白鹤塘等乡,并从九龙坡区划入李家沱、土桥 2 个街道办事处和花溪、南泉 2 个镇。

又例如:2001 年,撤销湖北省宜昌县,设立宜昌市夷陵区,以原宜昌县的行政区域(不包括土城乡、桥边镇、艾家镇)为夷陵区的行政区域。将原宜昌县的土城乡、桥边镇、艾家镇划归宜昌市点军区管辖;2003 年,撤销陕西省宝鸡县,设立宝鸡市陈仓区,将原宝鸡县的胡店乡、虢镇、天王镇、拓石镇、坪头镇、贾村镇、县功镇、阳平镇、桥镇、千河镇、周原镇、香泉镇、凤阁岭镇、慕仪镇、新街镇、磻溪镇、赤沙镇、钓渭镇划归陈仓区管辖,将原宝鸡县的金河乡、陵原乡、硖石乡、蟠龙镇划归宝鸡市金台区管辖,晁峪乡、八鱼镇划归宝鸡市渭滨区管辖;2014 年,撤销县级文登市,设立威海市文登区,以原文登市(不含汪疃镇、苘山镇)的行政区域为文登区的行政区域,将原文登市的汪疃镇、苘山镇划归威海市环翠区管辖;2015 年,撤销洞头县,设立温州市洞头区,将温州市龙湾区灵昆街道划归洞头区管辖。

(二)亚类:撤并、撤销、析置、微调

1.撤并

根据上述分析可知,撤并在区县变动中数量较少,共有 16 例,仅占 3.86%,综合排名中位于末位。但其作为一种特殊的撤县设区类型并没有完全消失,而是在新中国成立后一直零星存在,最近的一次发生在 2016 年,即河北省张家口市宣化区与宣化县合并设立宣化区。从城市类型来看,县区合并一般发生在行政级别高、经济体量大的城市。这种城市发展能级较高,辐射带动能力强,在减少一套县级编制的情况下将县区合并为区,更加符合行政区划调整的精简、效能原则。梳理资料发现,与撤建存在撤县设区和撤区设县两个方向不同,撤并在方向上比较单一,主要是县(市)与区合并,设立新的市辖区,不存在县(市)与区合并而设立县(市)的情况。撤并的整建制与非建制区县变动空间模式见图 5-3。

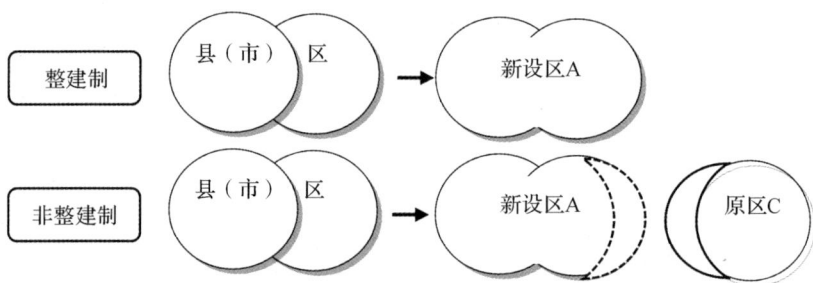

图 5-3　撤并的整建制与非整建制区县变动空间模式

整建制县区撤并共有 15 例,分布在北京(2 例)、上海(2 例)、重庆(3 例)、南京(2 例)、济南(1 例)、乌鲁木齐(1 例)、唐山(1 例)、青岛(1 例)、茂名(1 例)、石嘴山(1 例)等直辖市、省会城市或区域中心城市。其中,直辖市和省会城市共 11 例,占 70% 以上。

对于直辖市而言:1958 年,撤销大兴县、南苑区,合并设立北京市大兴区;1986 年,撤销房山县、燕山区,合并设立北京市房山区;1988 年,撤销宝山县和吴淞区,合并设立上海市宝山区;1992 年,撤销上海县、闵行区,合并设立上海市闵行区;1997年,撤销万县市及所辖龙宝区、天城区、五桥区,合并设立重庆市万县区;2011年,撤销双桥区、大足县,合并设立重庆市大足区;2011年,撤销重庆市万盛区、綦江县,合并设立重庆市綦江区。对于省会城市而言:2002年,撤销浦口区、江浦县,合并设立南京市浦口区;2002年,撤销大厂区、六合县,合并设立南京市六合区;1987年,撤销济南市郊区、历城县,合并设立历城区;2007年,撤销米泉市(县级)、东山区,合并设立乌鲁木齐市米东区。对于区域中心城市而言:2012年,撤销黄岛区、胶南市(县级),合并设立黄岛区;2014年,撤销茂港区、电白县,合并设立茂名市电白区;2002年,撤销丰润县、新区,合并设立唐山市丰润区;2003年,撤销惠农县、石嘴山区,合并设立石嘴山市惠农区。

非整建制撤并只在2016年的河北省有张家口市一例。这一例是在县区合并基础上,将县的部分乡镇划归其他市辖区。具体过程如下:撤销宣化区和宣化县,合并设立张家口市宣化区,政府驻地在原宣化区人民政府驻地。以原宣化区和宣化县的行政区域(不含沙岭子镇、大仓盖镇、姚家房镇、东望山乡)为新的宣化区的行政区域;将原宣化县的大仓盖镇、东望山乡划归张家口市桥东区管辖;将原宣化县的沙岭子镇、姚家房镇划归张家口市桥西区管辖。同时,撤销万全县、崇礼县,设立万全区、崇礼区,管辖范围和政府驻地不变。区划调整后,张家口市辖6区、10县,分别是桥东、桥西、宣化、下花园、万全、崇礼6个市辖区,张北、康保、沽源、尚义、蔚县、阳原、怀安、怀来、涿鹿、赤城10个县。①

2.撤销

在所有区县变动类型中,撤销共有37例,占8.92%,综合排名第四位。其中,整建制18例,非整建制19例,两种类型不相上下。具体来看:整建制中的撤区划县相对较多,共17例,撤县划区较少,仅1例,即

---

① 张家口市部分行政区划调整获国务院批复[EB/OL].(2016-01-27)[2019-03-01].http://www.hebei.gov.cn/hebei/11937442/10756595/10756620/13265756/index.html.

1958 年,撤销大仁县,划归大同市郊区;非整建制中的撤县划区较多,共 17 例,撤区划县较少,仅 2 例。根据数量及其比例,本书在整建制与非整建制中分别选取数量较多的撤区划县和撤县划区两种类型绘制撤销类型区县变动空间模式示意图(见图 5-4)。撤县划区是撤销原县级单位,分划给其他市辖区或县。撤区划县是将市辖区整建制撤销,并入原来的某个县级单位。两者的共同点是均减少了一个县级建制。

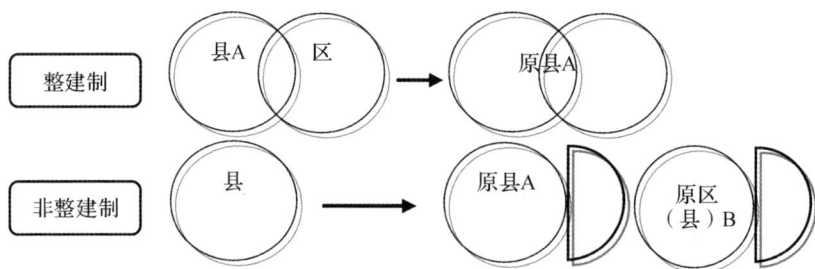

图 5-4 撤销的整建制与非整建制区县变动空间模式

从时序特征来看,整建制撤区划县的发生具有明显时间阶段性,主要集中在 20 世纪 50 年代,此后鲜有发生。例如:1954 年,撤销羊角沟区,划归潍坊市寿光县;1955 年,撤销第十三区、第十四区,划归长春市双阳县;1958 年,撤销牛心台区、南芬区、田师傅区,划归本溪市本溪县。最近一次整建制撤区划县是 1989 年,撤销庞家堡区,划归张家口市宣化县。非整建制撤县划区与整建制撤区划县在时序特征上极为相似,主要集中在 50 年代,此后,在 2003 年和 2016 年分别各有 1 例。

从空间模式来看,非整建制撤销在一定程度上与撤并有相似之处,但也存在明显的不同。撤并是县(市)与区合并为新的市辖区,同时从自身划出或者从其他县级单位划入部分乡镇或街道;撤销并不产生新建制,主要是将县拆分然后分别划给原有的其他市辖区或县。

由于撤县划区更加符合城市化发展进程,并在 2016 年发生过一次,下面重点分析非整建制撤县划区的情况。例如:1952 年,撤销长春县,划归长春市各辖区;撤销铜山县,分别划归徐州市辖区、兰陵县和藤县,1957 年,撤销贵筑县,划归贵阳市各辖区。1958 年,撤销邯郸县,分别划归邯郸市辖区、永年县;撤销宁河县,分别划归玉田县、天津市汉沽区;撤销清徐县、阳曲县,分别划归太原市辖区;撤销潞安县,分别划归长治市辖区、黎城县;撤销屯长县,分别划归长治市城郊区、黄碾区;撤销辽阳县,划归辽阳市各市辖区;撤销杭县,分别划归杭州市辖区、余杭县。2003年,撤销陶乐县,原陶乐县的红崖子乡、高仁乡、马太沟镇划归平罗县管辖,原邯郸县的月牙湖乡划归银川市兴庆区管辖。2016年,撤销邯郸县,原邯郸县的河沙镇、南堡乡、代召乡划归邯郸市邯山区管辖,原邯郸县尚璧镇、南吕固乡、兼庄乡、三陵乡划归邯郸市丛台区管辖。

一般而言,非整建制撤销的主要目的在于扩大中心城市的管辖范围,提升区域整体城市化水平,发挥中心城市对周边县市的辐射带动作用。多数由于局部空间结构调整的需要,选择非整建制撤销。以邯郸市为例:2016年,撤销邯郸市肥乡县、永年县,分别设立肥乡区、永年区;撤销邯郸县,分划邯山区和丛台区管辖;将磁县的部分乡镇划归邯山区、复兴区和丛台区管辖。

3. 析置

析置作为非整建制行政区划调整的特有类型,在区县变动中占有重要位置。在所有非整建制区县变动中,析置数量最多,共计61例,占33.15%。根据方向不同,析置分为县析置区和区析置县两种,前者有47例,而后者只有14例,部分列举见表5-2。

析置主要包含以下两种情况,一种是将县内部发展相对较好、与主城区毗邻的乡镇单独划出设立市辖区,增加市辖区面积、壮大市辖区的经济实力,为地级市的发展赢得空间和资源;另一种是区、县之间规模结构不合理,城市发展的结构性问题突出,通过析置理顺发展关系,实现格局优化、结构调整。通常认为,县析置区是农业社会向城市社会的过渡,符合当前城市化发展趋势,而区析置县则属于逆势而为,但本书认为,具体采用何种方式需要因地制宜,关键在于能否因地制宜地推动经济发展和社会进步,提高人们生活水平。

表 5-2　析置类型区县变动调整资料(部分)

地区	年份	细目
北京	1980	设立燕山区,以房山县部分区域为其行政区域,同时撤销石油化工办事处
天津	1962	设立北大港区,以北大港全部水面和黄骅县、静海县的部分区域为其行政区域
本溪	1959	设立牛心台区,以原本溪县南芬矿区、牛心台矿区和红星人民公社为其行政区域
锦州	1982	设立锦州市南票区,以锦西县的南票镇和沙锅屯公社为其行政区域
营口	1984	设立营口市鲅鱼圈区,以盖县鲅鱼圈公社为其行政区域
上海	1960	设立闵行区,以上海县的部分行政区域为其行政区域
	1960	设立吴淞区,以宝山县的部分行政区域为其行政区域
	1980	设立吴淞区,以宝钢地区办事处和宝山县的部分行政区划为其行政区域
苏州	1954	设立苏州市枫桥区、木渎区,分别以吴县的部分行政区域为其行政区域
台州	1949	设立海门区,以黄岩县部分区域为其行政区域
马鞍山	2012	设立马鞍山市博望区,将当涂县的博望镇、丹阳镇、新市镇划归博望区管辖
六安	2015	设立六安市叶集区,将霍邱县的叶集镇、三元镇、孙岗乡划归叶集区管辖
泉州	2000	设立泉州市泉港区,泉港区下辖惠安县的山腰、后龙、南埔、涂岭、埭港 5 个镇
南昌	1981	新建县、安义县和永修县析置,设立南昌市湾里区
青岛	1978	设立青岛市黄岛区,以胶县的黄岛、薛家岛、辛安 3 个公社为其行政区域
郑州	1958	设立郑州市上街区,以荥阳县、巩县铝业公司厂矿的行政区域为其行政区域
洛阳	1982	设立洛阳市吉利区,以孟县的部分区域为其行政区域
宜昌	1995	设立宜昌市猇亭区,以枝江县原猇亭镇为其行政区域
长沙	1960	设立长沙市岳麓区,以长沙县岳麓公社为其行政区域

续表

地区	年份	细目
广州	1985	设立广州市天河区、芳村区,均以番禺县部分区域为其行政区域
汕头	1994	设立河浦区,以潮阳市(县级)的河浦镇为其行政区域
茂名	2001	设立茂港区,茂港区下辖从电白县划出的羊角、坡心、七迳、小良、沙院、南海 6 个镇
梧州	2013	设立梧州市龙圩区,以苍梧县的龙圩镇、新地镇、广平镇、大坡镇的行政区域为其行政区域
重庆	1955	设立重庆市南桐矿区,以南川县的部分区域为其行政区域
	1974	设立重庆市双桥区,以大足县的部分区域为其行政区域
大理州	1950	设立下关区(县级),以凤仪县的下关镇和大理县的部分区域为其行政区域
西安	1966	设立西安市阎良区,以临潼县阎良镇的区域为其行政区域
宝鸡	1982	设立宝鸡市杨陵区,以武功县的部分区域为其行政区域
兰州	1955	设立兰州市河口区,以皋兰县的部分区域为其行政区域
乌鲁木齐	1987	设立乌鲁木齐市东山区,以乌鲁木齐县的部分区域为其行政区域
长治	1960	恢复屯长县,以长治市的部分区域为其行政区域
辽阳	1961	恢复辽阳县,以辽阳市的各市辖区的部分区域为其行政区域
松原	1995	设立扶余县,以扶余区的部分区域为其行政区域
青岛	1961	恢复崂山县,以崂山郊区的行政区域为崂山县的行政区域
云浮	1996	设立云安县,云安县下辖云浮市云城区的六都、高村、白石、镇安、富林、托洞、茶洞、南盛、(石达)石 9 个镇
防城港	1996	设立东兴市(县级),以防城港市防城区的东兴、江平、马路 3 个镇的行政区域为其行政区域

例如,2012 年,马鞍山市设立博望区,将当涂县的博望镇、丹阳镇、新市镇划归博望区管辖,这次区划调整就属于第一种情况。调整之前,马鞍山市面积仅 353 平方公里,占全市国土面积不到 1/10(8.73%)。随着经济社会的快速发展,产业、人口等各类要素不断向城市集聚,城市规划和建成范围也亟须扩大,狭小的市辖区已经成为限制马鞍山市持续发展的关键瓶颈。同时考虑当涂县主要以农业为主,工商业等发展相对

落后,城市化水平尚处于低级阶段,加之马鞍山市尚不具备辐射带动整个当涂县的能力,整建制撤县设区可能带来"小马拉大车"的发展困境,因此,仅从当涂县划出部分乡镇设立市辖区不失为一种稳健的调整策略。[①]

值得注意的是,析置是所有区县变动中唯一一种增加行政建制的类型,一般而言,同级行政单元调整遵循增减平衡的原则,被撤销的县(市)和新设市辖区的数量应当一致。因此,析置很可能同步伴随同级政区的撤并。仍以马鞍山市为例,在当涂县析置博望区的同时,撤销金家庄区、花山区,合并设新的花山区,这样"一增一减"的做法避免了增加一套县级行政编制的问题,同时有效控制了政府规模,做到了增减平衡。

另一种情况以2009年曾都区析置随县为例。2009年,在随州市曾都区区划范围内,划出部分乡镇成立随县,继续保留曾都区。研究发现,区划调整之前的曾都区,是2000年县级随州市升格为地级市时整建制由县级随州市撤建而来的,存在典型的"一市一区"结构性问题。并且,曾都区地域广阔,面积达6989平方公里,人口也超过160万人,曾被称为"中国第一区",但曾都区95%以上是农村地区,缺乏经济增长中心的辐射和带动。出于上述原因,随州市存在政府运作成本大、行政管理困难、基础设施建设滞后、公共服务水平低下等问题。此外,原随州市仅辖曾都区、广水市2个县级单位,属于独特的城乡二元结构,不利于统筹发展和相互激励。

在上述背景下,随州市在原曾都区的基础上析置随县,县域面积为5673平方公里,下辖19个镇(场)、1个开发区、2个风景区,总人口近百万人,有效解决了市辖区面积过大带来的各种问题。同时,随县的设立有效解决了"小城市带不动大农村"的问题,新设立的随县所辖区域大部分为农村地区,与县体制侧重农业发展的特征相符合,能够进一步加强随县的农业发展。新设立的曾都区则以城市发展为重点,准确的建制划

---

① 马鞍山行政区划调整:设博望区主城面积大一倍[EB/OL].(2012-09-10)[2019-03-01]. http://js.people.com.cn/html/2012/09/10/158315.html.

分和明确的职能定位使曾都区、随县的发展各有侧重,相互促进,相互协调,共同发展。此外,"一区一县一市"的格局消解了"一区一市"的体制障碍,在随州市内部建立起三足鼎立、竞相发展的新格局,大大激发了城市发展活力。

4.微调

1949—2017 年,微调类型的区县变动共计 59 例,占 32.07%,在所有区县变动类型中排名第二位。微调是指县级政区下辖的乡镇或者街道在不同类型行政区之间的调整,相比其他类型,微调既不增加建制数量,也不改变建制类型,只是通过局部调整达到行政区边界变化的目的。微调虽不如撤建、撤并、撤销等区划调整剧烈,但对于城市结构、产业布局、开发区与新城新区建设等方面的局部调整和优化有重要作用。此外,微调有助于行政区划与经济区、功能区、自然地理区域的局部协调与匹配,往往成为大范围区划调整的必要补充和修正。本书系统梳理有关资料发现,微调主要有以下几个主要特征:

一是微调的主要方向是县划归区。将县或县级市的部分乡镇、街道划归市辖区,这种类型共有 56 例,占 94.92%。例如:1984 年,将川沙县的洋泾镇和张桥、洋泾、严桥、六里、杨思 5 个乡,上海县的漕河镇、泾镇、龙华镇、北新泾镇和龙华、梅陇、虹桥、新泾 4 个乡,以及嘉定县的真如镇和长征、桃浦 2 个乡,宝山县的江湾镇、五角场镇和彭浦、庙行、江湾、五角场 4 个乡,划归上海市市区管辖;2016 年,河北省邯郸市将磁县高臾镇、光禄镇、辛庄营乡、花官营乡、台城乡划归邯郸市邯山区管辖,将磁县林坛镇、南城乡划归邯郸市复兴区管辖。然而,将区的部分划归县或县级市的情况极少,仅 3 例,占 5.08%。例如:1956 年,辽宁省抚顺市将抚西区、章党区的部分行政区域划归沈阳县、铁岭县和清原县;2005 年,上海市将宝山区的长兴乡、横沙乡划归崇明县管辖;2008 年,松原市将宁江区兴原乡孙喜窝堡村和前瓦房村所属的国道 G302 东北侧区域划归前郭尔罗斯蒙古族自治县管辖。

二是微调具有明显的时间阶段性。第一个阶段是 20 世纪 50 年代,共有 14 例微调类型的区县变动,并且主要集中在北京市和天津市,具体过程是将河北省内与北京和天津毗邻的县的下辖乡镇划归直辖市,以扩大直辖市的行政范围。涉及北京市的区县微调举例如下:1950年,将河北省昌平县黑龙潭划归北京市;1952年,将河北省宛平县及房山、良乡两县的部分行政区域划归北京市;1957年,将河北省顺义县的中央机场场区和进场公路划归北京市。涉及天津市的区县微调举例如下:1950年,将河北省宁河县第九区的北窑村、河头村、中心桥、五十间房、义和庄5个村划归天津市塘大区;1956年,将河北省静海县的薛家庄村划归天津市。

三是微调主要发生在同一个地级市内部下辖的区县之间,但也有个别区县微调发生在不同地市乃至不同省份之间,形成跨省区县微调。一类主要是新中国成立后为扩大北京、天津等直辖市的范围,将河北省与之毗邻的县部分乡镇划归直辖市管辖,前面已有举例,这里不再赘述;另一类是对功能区的局部调整,例如2008年,陕西省宝鸡市将扶风县揉谷乡划归咸阳市杨陵区管辖。调整原因主要是扶风县揉谷乡与杨陵区国家农业高新技术产业示范区毗邻,加之揉谷乡位于渭河之滨,面积广阔,土壤肥沃,交通便利,农业基础条件比较好,划归杨陵区有助于带动杨陵区经济社会发展,可有效提升国家农业高新技术产业示范区的发展。同时,原杨陵区4个乡1个街道仅有94平方公里,人口约9万人,而揉谷乡有44平方公里,人口约4万人,将揉谷乡划归杨陵区也是壮大咸阳市辖区实力、提升城市化水平、打造区域中心城市的有效举措。

二、区县变动方式案例分析

现有研究已经表明,行政区划调整绝不仅仅是层级变更、边界调整、政府驻地迁移或者行政名称改变等表象,更是发挥在城市或者区域层面的空间结构优化、产业布局调整、城市能级提升、区域统筹发展、强化生态保护以及支撑和配套国家、区域发展战略等更深层次的隐性作用,从而发挥上层建筑对经济社会发展的反作用力。由于行政区划调整涉及政治、经济、社会、人文、环境等诸多方面,案例分析是对其进行全面、细致解读的必要方法。因此,在搜集整理相关案例资料的基础上,本书选取具有典型性、代表性、引领性的行政区划调整案例进行分析,尤其聚焦行政区划调整比较频繁的大城市,据此分析探讨区县变动的动力机制。

（一）撤并：上海

上海市的行政区划沿革与我国近代历史发展脉络密切相关,是我国近代城市发展变迁的缩影。由于黄浦江、苏州河的天然界限,以往的区划调整主要以浦东与浦西、苏州河以南与以北为基本框架,以优化和调整上海空间结构的东西、南北关系为主要目的,但当前的城市空间格局已经悄然改变,跳脱自然环境约束在更大范围、更高层次进行优化重组的趋势日渐明显。静安区与闸北区的合并调整体现了打破长期以来苏州河的南北分异、优化和完善苏州河南北两岸的行政区划格局与功能的意图,这对于上海市其他区县的区划调整以及其他具有与上海类似特征的城市行政区划调整都具有一定的借鉴和参考意义。

1.规模结构方面

2014年底,上海市陆域面积为6340.50平方公里,常住人口为2415.20万人,辖16个区、1个县。其中,市辖区面积约为5155.00平方公里,常住人口为2345.40万人。中心城区中,黄埔区、徐汇区、杨浦区经过多次扩区,区域面积分别达到20.50平方公里、54.70平方公里、60.70平方公里,常住人口分别达到77.30万人、114.60万人、131.30万人。而与这3个区以及长宁区、普陀区等中心城区相比,闸北区和静安区一直存在规模结构不合理的问题。尤其是静安区由于行政区划面积小,一直以来饱受发展空间不足、产业布局受限等诸多问题困扰,在推动经济社会可持续发展以及提高人们生活水平和质量方面后劲不足。

根据表5-5,闸北区行政面积为29.68平方公里,常住人口为87.12万人,人口密度为29353.10人/平方公里,财政收入为202.90亿元,社会消费品零售总额为281.43亿元。而静安区行政面积仅为7.62平方公里,常住人口为23.69万人,人口密度为31089.24人/平方公里,财政收入为256.42亿元,社会消费品零售总额为295.62亿元。从人均地区生产总值来看,静安区高达309020.68元/人,而闸北区仅为65756.43元/人,约为静安区的 1/5。可见,静安区虽然经济实力雄厚,但人多地少,发展空间受限,政府管理成本较高,行政资源效能发挥不充分,而闸北区开发空间相对充足。两区合并能够有效缓解静安区的人地矛盾,还能够打破行政区划限制,进一步优化市辖区之间的资源配置。

表 5-5   静安区、闸北区行政区划调整前后统计数据

指标	2014 年		2016 年
	静安区	闸北区	新静安区
行政面积/平方公里	7.62	29.68	37.30
户籍人口/万人	29.31	68.04	95.00
常住人口/万人	23.69	87.12	106.78
人口密度/(人/平方公里)	31089.24	29353.10	28627.35
地区生产总值/亿元	732.07	572.87	1649.72
人均地区生产总值/(元/人)	309020.68	65756.43	154497.10
财政收入/亿元	256.42	202.90	648.94
社会消费品零售总额/亿元	295.62	281.43	623.16
绿化覆盖面积/平方公里	162.05	236.83	767.24
绿化覆盖率/%	21.27	23.51	22.94

根据 2016 年统计数据,新静安区(原静安区与闸北区合并为静安区,为与原静安区相区别,本书称之为新静安区)行政面积达到 37.30 平方公里,与上海市其他中心城区不相上下。同时,常住人口达到 106.78 万人,人口密度下降至 28627.35 人/平方公里,极大地缓解了原静安区突出的人地矛盾。地区生产总值达到 1649.72 亿元,人均地区生产总值也达到 154497.10 元/人的均衡水平,经济体量进一步扩大。静安区和闸北区跨越苏州河进行一体化规划与发展,借助静安区的雄厚财力和合理的规划布局,闸北区在公共服务、基础设施等方面均获得大幅改进,对民生改善有较好的促进作用。此外,两区合并带来的拆迁和重建使得当地居民的征地或拆迁补偿都获得较高的回报。

2.交通建设方面

在浦东区、南汇区合并之前,两区交界处曾有许多断头路,不但影响

市民出行,也阻碍城区交通的一体化建设。新浦东区成立之后,断头路现象逐步得到解决。静安区和闸北区虽不存在明显的断头路,但由于部分道路位于两个辖区,道路铺设、维护以及周边建设规划都缺乏统一。闸北区一直以来都是出入上海的要道,若不能与周边辖区进行有效衔接,必然影响城区整体交通建设水平。众所周知,由于政府是经济社会发展中的重要力量之一,行政壁垒的存在导致资源共享、优化配置等方面存在障碍。静安区和闸北区合并之后,将道路交通纳入统一发展规划,进一步提升互联互通程度。

　　3.教育资源方面

　　根据静安区、闸北区年鉴(2015年),两区在教育单位个数、学生数等方面都存在较大差距(见表5-6)。静安区包括幼儿园在内共有48所,而闸北区有130所,闸北区学生数比静安多接近一倍。静安区虽然教育单位总数少,但知名学校比重大,优质教育资源丰富,在48所教育单位中,重点中、小学包括示范园和一级幼儿园共有14所,公办重点小学有3所,重点初中有5所,并且曾先后获得"全国双基教育先进区""全国幼儿教育先进区""全国社区教育实验区"等荣誉称号。而闸北区知名学校少,尤其是没有示范园和市重点小学,优质教育资源匮乏,素有"教育荒漠"之称。

表 5-6　静安区、闸北区行政区划调整前教育资源统计数据

教育单位	静安区		闸北区	
	教育单位数	学生数	教育单位数	学生数
大专院校	1	556	1	3951
普通中学	15	11881	36	23664
小学	12	10018	33	23660
幼儿园	17	5634	55	15048
职业学校	1	969	1	838
特殊教育学校	1	32	4	716
工读学校	1	43	0	0
总计	48	29133	130	67877

两区合并之后,静安区优质的教育资源向闸北区辐射延伸,两区实现优质教育资源的共建共享,提升闸北区教育事业发展水平,推动实现中心城区教育资源与服务的均衡化。这一点在北京"四区合并"的行政区划调整中已有先例。2010年,国务院批复同意东城区、崇文区合并设立东城区,西城区、宣武区合并设立西城区。原崇文区和宣武区的教育资源水平经过东城区和西城区的合并,都获得了较大幅度提升。西城区原有示范高中9所,但宣武区只有6所,合并后,西城区有15所示范高中,总数甚至超过了此前示范高中数量最多的海淀区(11所)。对于原宣武区的考生而言,合并之后进入示范高中的机会大大增加,考取名校的机会也相应增加。

4.产业布局方面

静安区是上海市面积最小、人口密度最大的市辖区,但其高端服务比较发达,商贸流通业、专业服务业(投资管理、咨询服务业)、金融业、房地产业、文化创意服务业(信息服务、广告、设计、文体、娱乐等)是五大支柱产业,2014年税收合计79.91亿元,占地方税收总收入的91.77%。静安区现已经成为上海市高端品牌最集中的地区之一。截至2014年底,静安区南京西路沿线汇集国内外知名品牌1500多个,包括国际知名品牌900多个,国际顶级以及一线品牌95个。此外,静安区还拥有多条特色商业街,包括吴江路休闲街、陕西北路老字号一条街、梅龙镇广场、中信泰富广场、恒隆广场、久光百货、金鹰购物广场等,已经成为静安区乃至上海市高端商业的代表。

然而,闸北区不仅经济体量不及静安区,产业结构也相对落后,除交通物流服务业外其余均与静安区相去甚远。加之闸北区一直以来频繁、复杂的人口流动,大量棚户至今仍在,被认为是上海市木桶型经济中最明显的短板。可见,闸北区、静安区同属中心城区,在产业发展和城市建设上既存在功能重叠,又有较大的互补性。两区合并之后,新静安区必然对两个辖区市政建设进行重新规划设计,在此基础上大力推进辖区之间产业的融合与再次布局,有利于两区在产业要素布局和规划发展方面实现更大范围的统筹,有利于各区的产业结构调整和资源优化配置。尤其是闸北区,在"南高中繁北产业"的发展战略指引下,在两区合并之后更加自由和开放地接受静安区高端第三产业的辐射与带动,促进自身产业结构的调整和升级,向高端服务业、专业型服务业转型,通过克服短板,实现两区的优势互补与统筹发展。并且,闸北区繁重的旧区、棚户改造任务也在合并之后得以加快推进。

此外,从发展战略看,上海市长期注重"东西联动",在"打通南北"方面着力不够,中心城区核心区域长期局限于苏州河以南,苏州河以北一直未能成长为核心区域。实施两区合并,有利于加强南北联动,提升两区发展能级,推动苏州河南北两岸的统一规划和建设,加快苏州河两岸的协调发展。根据有关资料,两区内苏州河岸线长约 10 公里,是苏州河在上海市中心城区河湾最多、风景最美的黄金河段,合并后的统一规划和建设能够加快打造形成具有历史特色的苏州河两岸服务业集聚区与都市商业休闲水轴带,建设上海市中心城区发展的新轴线和新地标。

(二)微调:南京

当前,为消除各种城市病,推动城市可持续发展,新城、新区或者开发区等已经成为大多数城市的重要选择之一。这类城市区域由于肩负特殊的发展使命,往往与所在的行政区在行政层级、建设规划、职能分工或管理权限等方面存在难以协调的问题,尤其体现在城市新区分属多个行政区的情况。这种情况下,城市新区行政管理与服务碎片化,容易导致协调难度大、重复管理、多头管理、职能交叉等问题,难以形成统一、高效的行政环境,导致行政效率低,运行成本高,城市新区的政策优势难以发挥。

南京市河西新城在开发建设之始便充分认识到这个问题的严重性,虽然包括功能定位相近、产业结构趋同且分属不同行政区的多个区域,但通过行政区划调整,将分属于多个行政区的河西新城最大限度划归建邺区 1 个行政区,充分保障河西新城的开发、建设和管理在体制机制方面的一致性,为后续河西新城成长为建邺区乃至南京市的现代服务业发展中心奠定基础。因此,河西新城作为新区建设带动行政区划调整的典型案例,不仅理顺了新区与行政区在体制机制方面的复杂关系,也为其他城市在新区与行政区耦合协调、互动发展方面提供了宝贵经验。

为适应和满足城市更新、产业升级等的新需求,也因为当时现行的城市总体规划于 2010 年到期,为更好地协调城乡空间布局,改善人居环境,促进城乡经济社会协调发展,南京市开始启动城市总体规划修编工作。① 2001 年,时任南京市委书记李源潮在市第十一次党代会上指出,南京市城市总体规划将实施"一城三区"和"一疏散三集中"战略,提出了"老城做减法、新区做加法"的空间发展策略。"一城三区"是指河西新城、东山区、仙林区、江北区;"一疏散三集中"是指疏散老城人口和功能,同时建设项目向新区集中,工业向工业园区集中,大学向大学城集中。这一战略将成为引领南京市冲出老城束缚、拉开建设框架、提升城市能级的新旗帜。

在上述背景下,河西新城建设不断加快。为集聚区域资源,整合产业功能,将分布在不同行政区、发展基础相近、产业结构趋同的区域都纳入河西新城管理范围,形成开发区与行政区犬牙交错的局面,河西新城涵盖多个行政区的管辖范围。这种跨行政区的现象容易产生职能交叉、管理混乱的弊端,阻碍新城建设,影响行政办公效率。因此,通过行政区划调整为河西新城提供经济发展与行政管理完整统一的环境成为解决上述问题的有效措施。

2002 年,南京市进行区划调整,建邺区退出老城,进军河西,成为南京市河西新城的主体所在。建邺区的行政边界基本是在 2002 年区划调整时重新划定的,当时还涉及鼓楼区、白下区、雨花台区等市辖区,主要目的是疏散老城人口和部分职能,推动河西新城发展,从而优化城市结构,完善城市功能,提升城市品质。根据行政区划调整资料,2007 年 2月,南京市建邺区与鼓楼区进行过一次区划微调,调整后建邺区面积为80.83 平方公里。

通过资料分析发现,将河西新城作为南京市未来发展的主要区域,

---

① 南京市城市总体规划修编工作方案[EB/OL].(2018-04-24)[2019-03-01].http://ghj.nanjing.gov.cn/ghbz/ztgh/201804/t20180424_874090.html.

主要是基于以下三个方面的考虑:一是河西新城毗邻南京市老城区,与老城区仅一河之隔,基础设施建设完备,与老城交通联系密切,外接长江,内联陆地,空间位置条件优越且便利;二是相比老城区,河西新城开发强度低,可以最大限度地利用土地资源,加上长期的河漫滩堆积逐渐形成大面积的地势平坦、面积开阔的空地,待开发土地占陆地总面积的70%以上;三是河西新城开发与南京总体"沿江开发"和"城乡统筹"战略吻合,河西地区滨江岸线资源丰富,且当时基本没有永久性建设,可以通过高品质的规划建设构建南京市作为滨江城市独特的城市风貌,优化南京市的总体城市印象。[①]

为有效支持河西新城的建设开发,南京市政府于2002年2月筹备成立了河西新城区开发建设指挥部,其为市政府直属正局级事业单位,统一负责河西新城的组织协调、招商引资、开发建设等工作。在规划引领、体制改革、政策支持等的大背景下,河西新城的建设步伐开始加快。与此同时,南京市承办的第十届全国运动会的奥体中心项目开始选址,河西新城由于良好的区位、丰富的土地、便利的交通以及与老城的相依相偎,自然成为奥体中心建设的首选之地,并于2002年正式开工建设。这成为河西新城加快开发建设的有利契机,南京全市上下开始集中精力推动河西新城建设。

实际上,河西新城是一个地域概念,而非行政建制区域,包括三叉河以南、秦淮新河以北、长江夹江以东以及外秦淮河以西的区域,总面积约为94平方公里,其中陆地有56平方公里,江心洲有15平方公里,潜洲和江面有23平方公里。值得注意的是,与一般的城市功能区或新城、新区相比,南京市河西新城实际范围分属建邺、下关、鼓楼、雨花台4个市辖区管辖,即便成立了新城建设指挥部,毕竟是市政府的派出机构,不具备一级行政主体地位和资格,本质上是个建设单位,主要负责建设和运营,因此,河西新城分属的市辖区还要负责其具体的社会管理和行政事

---

① 殷洁.大都市区行政区划调整:地域重组与尺度重构[M].北京:中国建筑工业出版社,2018:227－228.

务,相互之间沟通协调工作量大,彼此之间难以凝聚合力。为了保证河西新城的正常建设以及第十届全国运动会的顺利进行,避免多头管理可能带来的效率降低、协调困难的弊端,南京市政府以河西新城为主体进行了较大规模的区界重组,为新城建设彻底扫清了体制障碍。

参考殷洁的研究成果,南京区界重组涉及建邺区、白下区、鼓楼区与雨花台区 4 个市辖区,并围绕将河西新城主体部分安置在 1 个市辖区的原则展开。① 具体来看:将建邺区靠近新街口最繁华地段的朝天宫、止马营 2 个街道划归白下区;将雨花台区的沙洲街道、双闸街道以及江心洲镇划归建邺区;调整建邺区与鼓楼区的行政边界,建邺区汉中门大街及其西延至长江段以北部分划归鼓楼区江东街道办事处管辖,鼓楼区汉中门大街及其西延至长江段以南部分划归建邺区兴隆街道办事处管辖。区界重组后,建邺区下辖南湖、兴隆、南苑、滨湖、沙洲、双闸、江心洲 7 个街道,辖区面积为 82.66 平方公里。河西新城由原来分属 4 个市辖区缩小至建邺、下关、鼓楼 3 个市辖区,其中 85% 以上位于建邺区管辖范围内,新城治理由碎片化走向整合。

经过十多年实践发现,南京市区界重组总体上比较成功。从经济社会发展来看,河西新城随着不断建设,逐渐成为吸纳老城人口和职能的发展高地,同时,也为老城腾出了发展空间,实现了有机更新。并且,伴随着南京市"退二进三"的产业调整策略,河西新城逐渐成长为集金融、商贸、会展、文体四大功能于一体的城市新中心,南京市作为大都市的城市建设框架逐步拉开,多中心复合型城市结构初步形成。从体制机制来看,区界重组为河西新城建设扫清了体制障碍,实现了功能区与行政区的有机统一,功能的充分发挥为市辖区的持续发展创造价值,市辖区也为功能区的顺利建设提供保障。指挥部与区政府在工作重点和职权划分方面分工明确,各司其职,为河西新城也为南京市的进一步发展奠定了重要基础。

---

① 殷洁.大都市区行政区划调整:地域重组与尺度重构[M].北京:中国建筑工业出版社,2018:228-229.

（三）撤销＋析置＋微调：广州

广州市城建历史悠久，从公元前 214 年秦始皇统一岭南建立任嚣城开始，迄今已有两千多年的历史。一直以来，广州市都是岭南地区的经济、政治以及文化中心。改革开放以后，凭借良好的区位优势和政策支持，广州市经济实力和社会发展水平持续提升，成长为东南沿海的大都市区和中心城市。随着经济社会的不断发展，作为上层建筑的行政区划也不断做出适应性调整。广州市在新中国成立后共进行了 22 次行政区划调整，其中改革开放以后有 8 次，在加快城市化进程和区域经济协调发展方面发挥了重要作用。① 本书由于侧重区县变动，为体现行政区划调整的传承性，选择极具战略意义和影响深远的 2000 年、2005 年的区划调整进行案例分析。

2000 年，撤销番禺市，设立番禺区，撤销花都市，设立花都区。这次区划调整主要是为了解决发展空间受限的问题和优化发展格局的需要。通过撤市设区，广州市正式从内陆城市变为沿海城市，实现海陆统筹，推动了港口与腹地的互动发展。广州市市区范围也获得大面积扩展，由 1443.60 平方公里增至 3718.50 平方公里，为越秀区、荔湾区等老城区的功能疏散、产业调整提供了空间。同时，为配合城市战略规划的需要，撤市设区使广州市"南拓""北进"成为可能，彻底改变了以往围绕老城区摊大饼式的扩展模式，确立了以组团式为主的多中心城市发展道路，为广州市向国际大都市迈进奠定了基础框架。

从市县关系来看，随着改革开放以来的经济全球化和快速城市化，城市之间的竞争日趋激烈。虽然番禺、花都由广州市代管，但它们属于一级独立行政建制，有相对较大且完整的决策自主权，基于地方各自经济发展和实际利益的考量，在建设项目、城市空间、市场开拓等方面与广州市不可避免地存在较多矛盾，协调起来比较困难。而撤市设区通过将独立的县级建制变为市政府派出机构，能够从根本上消除市县之间的利

① 谢涤湘.行政区划调整与大都市区发展——以广州市为例[J].现代城市研究,2007(12)：25－31.

益冲突,理顺管理体制,也有助于城市发展的统一规划和建设。

2005 年,广州市再次进行行政区划调整:一是撤销广州市东山区,将原东山区以及白云区的矿泉街道,天河区的登峰街道、天河南街道的杨箕和中山 2 个居委会、沙东街道部分区域划归越秀区管辖;二是撤销广州市芳村区,将原芳村区的行政区域划归荔湾区管辖;三是设立南沙区,将番禺区的南沙街道以及万顷沙、横沥、黄阁、灵山、东涌 5 个镇的部分区域划归南沙区管辖;四是设立萝岗区,将白云区的萝岗街道、钟落潭镇,黄埔的夏港街道、荔联街道的笔岗居委会、穗东街道的东基和西基 2 个自然村,天河区新塘街道的玉树村,增城市中新镇的镇龙居委会和镇龙、迳头、九楼等村,新塘镇的贤江、新庄、永岗、禾丰 4 个村划归萝岗区管辖。[①] 相比 2000 年,2005 年的区界重组涉及范围更广,内容也更丰富,共涉及广州市 12 个县级单位中的 9 个,包括行政区合并、开发区转型以及改变局部"插花地"隶属关系等,广州行政区划从此进入全新发展格局。

1. 资源整合,协同并进

与多数大城市一样,广州市老城区也存在发展空闲受限、资源要素紧张、产业结构雷同以及人口过密、交通拥堵、环境污染等"城市病",不利于城市现代化水平的提升和城市的更新发展。东山区和越秀区历来都是广州市的政治、经济以及文化中心,产业发展雷同,存在重复建设和过度竞争的情况。因此,两区合并有利于整合辖区内的行政、贸易、金融、文化、教育等资源,推动资源要素的合理、优化配置。也正是由于两区在经济、社会、人文等诸多方面存在相似性,具备融合发展和协同并进的良好基础,将两区进行合并不失为一项推动城市发展的积极举措。此外,东山区与越秀区合并的另一个重要考虑是优化政区格局,同时精简机构,减少行政管理成本。以原越秀区为例,撤并前行政区域面积仅有 8.9 平方公里,约相当于海珠区的 1/10,天河区的 1/16,城区狭小,城区

---

① 广州市撤销原东山区芳村区,新设立南沙区萝岗区[EB/OL]. (2005-05-21)[2019-03-01]. http://news.sohu.com/20050521/n225651967.shtml;撤销东山区芳村区,增设南沙区萝岗区[EB/OL]. (2005-05-24)[2019-03-01]. http://news.sohu.com/20050524/n225682354.shtml.

之间规模悬殊。而根据地方政府组织法等规定,作为标准县级行政单位的市辖区各部门人员配置又不可缺少,导致官民比例偏高,行政管理成本也较高。

荔湾区与东山区、越秀区类似,是市场齐全、商业发达、底蕴深厚的老城区,但产业布局、市场开拓受行政区划限制。而隔江相望的芳村区在新中国成立后历经三次撤并,开发建设密度低,发展空间比较广阔,两区合并能够与荔湾区实现优势互补。

2.开发区转型,体制创新

随着 2002 年撤市设区后广州市向东、向南的快速发展,广州市经济技术开发区和南沙经济技术开发区在人口规模、经济规模和基础设施建设方面都发展很快,已经成为完全意义上的城区,开发区管理体制已经不能适应经济社会发展的需要,因此,在 2 个开发区基础上分别设立萝岗区和南沙区成为开发区转型创新的不二选择。[①] 以广州经济技术开发区为例,该开发区于 1994 年经国务院批准成立,是全国首批国家级经济技术开发区之一。1998 年后,该开发区先后与高新区、保税区、出口加工区进行合署办公,实现一套管理机构覆盖 4 个区域的管理。并且,广州开发区管委会享有市一级经济管理权限,外商投资项目的审批手续基本上可以在区内办妥。

经过二十多年的发展,广州市经济技术开发区面积已经达到 88.77 平方公里,2000 年国内生产总值达到 140.94 亿元,人均已达 21.68 万元,远远高于全国、全省乃至全市水平。2006 年,工业总产值占全市的 1/4,达到 2006 亿元。作为一种崭新的地域空间,当开发区的经济发展、人口规模、城市建设发展到一定规模时,其在经济职能基础上需要更多的社会管理、公共服务、城市建设等职能,而这些主要由开发区所在的市辖区提供,因此,两者之间的体制摩擦在所难免。通过行政区划调整,实现开发区向行政区的转型,能够从根本上理顺行政管理体制,明确社会

① 殷洁.大都市区行政区划调整:地域重组与尺度重构[M].北京:中国建筑工业出版社,2018:139.

管理、公共服务等职能分工,为开发区的持续、健康、快速发展扫清体制机制障碍。

此外,广州市 2005 年的行政区划调整涉及市辖区之间的局部区域的微调,这也是功能区推动区界重组的一种表现,但由于功能区面积较小,属于行政区划的局部微调。根据研究资料:将白云区矿泉街道划归越秀区,是为了便于火车站地区的统一规划和管理;将天河区的杨箕村划入到越秀区,是为了解决城市"飞地"问题,有利于辖区内部的融合和一体化发展。[①] 再以越秀区内的北京路商业步行街为例,虽然步行街的主体部分位于越秀区,但周边很多配套设施和沿街商铺属于原东山区,两者原本就是你中有我、我中有你的有机整体,但由于行政区划的分割,两者不能实现统一规划和管理,不利于整个商圈的发展。

(四)撤建+析置:玉溪、广安

我国没有规定设区的市最少有几个区,因此,部分地区出现了独特的单区市现象,甚至还有没有市辖区的地级市(俗称"直筒子市"),如中山市、东莞市、嘉峪关市等。总体看来,单区市问题是反映我国地级行政区历史沿革的巧妙视角,更是反映我国城市化进程的独特侧面。单区市的研究是我国行政区划研究无法忽视的内容,而玉溪市、广安市等都是典型的单区市。从大规模撤地设市到撤县建区是行政区划不断适应城市化进程由慢到快、由低级到高级而做出的主动选择,行政区划与城市化发展作为两个耦合协调系统,呈现互促式螺旋上升的发展态势,两者在相互适应、相互协调、相互促进中共同发展。在城市化进程的推动下,伴随中心城市空间拓展的需要,近年来撤县建区数量逐渐增多,单区市数量将相应减少,未来几年内这种趋势有可能继续延续下去。

1.玉溪

2015 年 12 月,江川县撤县设区获国务院正式批准,玉溪市从此改变单区市格局,下辖县级单位由八县一区变为七县二区。在江川撤县设

① 谢涤湘.行政区划调整与大都市区发展——以广州市为例[J].现代城市研究,2007(12):25-31.

区以前,总面积为1.53万平方公里。玉溪辖区数量少以及结构不合理,导致城市发展布局不平衡、城市特色不突出、功能不健全、重复建设等问题比较严重,而江川撤县设区对空间拓展、格局优化以及功能提升等都具有重要意义,对有效解决"一市一区"问题,以及为滇中城市群以及中国-东盟自由贸易区桥头堡的建设起重要推动作用。

(1)空间拓展

在江川撤县设区以前,唯一的市辖区——红塔区土地面积为1004平方公里,城区面积为58平方公里,常住人口为14.39万人,人口密度为2554人/平方公里。随着玉溪市中心城区发展规模不断扩大,中心城区人口增长给新兴的城市带来巨大压力,向东部江川县扩展城区规划和扩大建设规模是最佳选择。按照《玉溪市城市总体规划(2011—2030)》要求,推进三湖地区(抚仙湖、星云湖、杞麓湖)一体化发展建设,构筑玉溪"双百"城市(建成区面积为100平方公里,城市人口100万人)新格局,明确到2030年,城市人口达到75万人,城市建设用地面积达到75平方公里。中心城区红塔区用地面积仅为278平方公里,当时城市建设用地已所剩不多,要建设现代宜居生态城市,玉溪中心城区就必须向东拓展,与东翼的江川县融合,形成区域分工明确、功能定位恰当、集聚效应良好、发展优势明显、个性特色鲜明的新型城市体系。

原江川县面积为850平方公里,下辖5个镇、1个乡、1个民族乡、4个居民委员会、69个村民委员会,人口约为26万人。撤县设区后,玉溪市辖区范围扩大至1854平方公里,建设用地大幅度增加,不仅能够为玉溪市各类产业提供优化发展的空间,也能够有效支撑经济开发区、高新区等园区经济的快速发展,进一步加强城市基础设施和小城市建设,推动城市化率稳步提升。

(2)格局优化

按照省政府批准的《玉溪城市总体规划(2011—2030)》有关规定,明确到2030年,中心城区形成"一心双核四组团"的空间布局结构和"三山三河三片区"的生态城市格局。一心为中心组团;双核为旧城区综合性商业服务中心和生态文化区市级行政、商务中心;四组团为大营街组团、春和组团、研和组团、北城组团。三山为龙马山、玉枕山、红塔山；三河为玉溪大河、东风大河、红旗河；三片区为生态文化区、老城区、研和工业园区。同时，城市人口达到75万人，城市建成区面积达到75平方公里，人均建设用地面积达到100平方米，成为滇中城市群次中心。按此目标，中心城区红塔区的城市空间布局已满足不了发展需要，要保证城市的可持续发展，玉溪中心城区就必须向东拓展，与东翼的江川县融合已成为必然。

江川县距离中心城区红塔区最近，只有26公里左右。撤县设区后，按照《玉溪市城市总体规划（2011—2030）》，江川县完全融入中心城市发展经济圈，而且与昆明市距离较近，能够加快江川县与玉溪市和昆明市的各种基础设施及产业的对接与协调。一方面，有效支撑玉溪市作为滇中城市群的重要节点以及面向东南亚辐射中心的战略地位，充分利用江川县优越的区位优势和优质的旅游资源来完善对外开放格局，提升玉溪市对外开放与合作交流的层次和水平，为实现云南省重要的交通枢纽和物流中心的城市发展目标，建设中国—东南亚国际大通道区域中心枢纽创造更好条件。另一方面，江川撤县设区后，将玉溪市与昆明市的产业发展、设施建设以及交通网络进行有效衔接，进一步优化生产力布局。以产业园区为例，江川县将龙泉山生态工业园区纳入玉溪高新技术开发区，并将原定4.82平方公里的规划面积扩展至30平方公里，以配合承接昆明—玉溪的产业转移，发展园区经济。目前，玉溪市高新区（江川）龙泉山工业园区累计投资8.86亿元，收储土地3.19平方公里，投资2.48亿元，完成长1.96公里、宽30米的龙泉大道和长2.45公里、宽40米的仙水大道及其附属工程以及水、电等基础设施建设。

（3）体制障碍破除

21世纪以来，中央深入实施西部大开发战略，云南省也提出实施"两强一堡"战略（绿色经济强省、民族文化强省和中国面向西南开放的桥头堡），着力推进滇中城市经济圈建设。同时，规划明确提出要力争建成100万人口、100平方公里以上的"三湖"生态城市群，城市化率到2015年接近50%。加快推进玉溪市城市化进程，完成城市建设发展的新任务、新目标，必须加快建立与城市化发展需要相适应的行政管理体制。

2.广安

相比云南省玉溪市，四川省广安市在解决单区市问题时采用的是截然相反的方法。2013年，广安市将现有广安区一分为二，新设立前锋区，将广安区的奎阁街道，前锋、代市、观塘、护安、广兴、观阁、桂兴7个镇，光辉、龙滩、小井、新桥、虎城5个乡划归前锋区管辖，前锋区辖区面积为504平方公里。至此，四川省广安市下辖2个市辖区，广安区和前锋区。在前锋区设立后，其经济社会发展异常迅猛，经济结构持续优化，人民生活水平不断提高，行政体制改革的政策红利在短时间内爆发式释放。

数据资料显示，2014年，前锋区实现地区生产总值（GDP）138.9亿元，比2013年增长11.3%。其中，第一、第二、第三产业分别实现增加值13.4亿元、106.2亿元、19.4亿元，比2013年增长3.8%、12.1%、11.4%。人均GDP为55122元，比2013年增长10.8%。2015年，全区实现地区生产总值150.6亿元，按可比价计算比2014年增长11.2%。其中，第一、第二、第三产业分别实现增加值14.0亿元、114.2亿元、22.4亿元，比2014年增长3.4%、12.0%、11.5%。人均GDP为59233元，比2014年增长10.2%。

这说明相比撤县设区，将现有市辖区进行拆分的做法也能够推动经济社会快速发展。本书尝试分析广安区拆分的必要性以及获得成功的原因：一方面对拆分设的做法进行效果检验；另一方面在对比分析的基础上尝试对撤县设区和市区拆分两种路径在解决单区市问题时的适用范围给出答案。

按照《成渝经济区区域规划》，广安正在加快建设川渝合作示范区，努力建设成为成渝经济区的重要增长极、川东渝北地区中心城市、川东综合交通枢纽、内陆对外开放示范窗口、宜居宜游宜业城市，但单区市体制影响了城市化和一体化进程。具体来看：广安区人口规模较大，辖区范围相对分散，难以实施规范高效的行政管理；渠江河东、河西两大区块产业发展相对独立,行政管理和公共服务难以充分统筹融合,急需拆分以发挥各自优势;现有城市布局制约产业发展,难以形成带动力强的产业高地;广安经济技术开发区升级为国家级经济技术开发区,功能布局主要在前锋镇一带,而前锋镇作为镇级建制,难以承担服务产业园区的配套功能,无法实现产城一体化发展。上述问题都随着设立前锋区而得到彻底解决。

由此可以看到,广安区的市区拆分在解决"一市一区"问题上能够获得成功,主要还是基于以下三个方面:

一是规模大,具备拆分的条件。现有城区人口规模和空间范围较大,企事业单位以及个人行政事务繁多,一套政府领导机构无法满足经济社会发展的需要,无法提供高效、高水平的行政管理服务,而拆分成两套领导班子可以增加人员配比,明显提高行政办事效率,提高服务质量和水平。

二是发展水平高,可以拆。前锋镇一带属于广安东部片区重要的交通枢纽和商贸物流集散中心,城市功能完善,水、电、天然气、邮政、通信、污水处理、学校、医院等基础设施完备。重要的是产业园区密集。前锋工业园区属于国家级经济技术开发区,经济社会发展走在广安前列,属于广安的增长极,具备自身成长和独立发展能力,具有独立设区、成长为市辖区的巨大潜力。

三是镇制局限,必须拆。前锋镇一带较快的经济社会发展需要行政体制的适时突破来保障有效制度供给,镇级建制由于有限的管理权限和较低的资源配置能力,无法提供良好的公共服务和承担产业园区发展的配套功能,在人口集聚、产业升级以及布局优化等方面都亟待突破。这种情况下,升级为市辖区无疑可以为当地经济社会的持续发展提供制度保障。

为此,本书认为,如果中心城区发展水平较高,具备一定辐射带动能力,同时,发展空间受限,亟须开拓新的空间以推动经济社会持续发展,在这种情况下,撤县设区比较适宜。但是,市区拆分在满足一定的条件时才能发挥积极作用:一是经济发展水平高、潜力大,产业发展成熟,拆分设区以后能够具备独立成长的能力;二现有市辖区规模偏大,人员配置无法满足行政事务要求;三是拆分设区能够有效消除体制障碍,例如若干街道或者镇升级为市辖区后能够在权限扩大的情况下更好地提供公共服务。此外,本书认为,拆分设区一种比较理想的情况是市辖区内部有一个相对独立、距市中心较远的开发区或者副中心,在满足一定的人口规模、空间范围等条件下可以拆分设区。

第六章
区县变动效应：土地效应

当前，城市化不仅是世界上不同国家、区域以及城市层面经济社会发展的重要途径和方向，也是政治、经济、社会、人文等方面进行深刻变革的核心动力之一。撤县设区、撤县设市等区县变动即是在城市化的推动下产生的行政区划调整行为。城市化主要表现在两个方面：一是人口的城市化，即人口的非农化，农村人口向城市集聚，由第一产业向第二、第三产业转移，农村人口转化为城市人口；二是土地的城市化，即土地的非农化，耕地、林地以及草地等向建设用地转化。城市化便是通过人口与土地的双向非农化推动区域经济社会发展。由此可见，城市化在对经济社会发展、体制机制变迁产生重要影响的情况下，最为明显的是带来附着于行政空间上土地利用的变化，即区县变动的土地效应。

一、总体效应

(一)数据处理

撤县设区对土地利用变化的影响主要体现在建设用地上，首先，提取建设用地面积。本章综合考虑数据可获取性、时序性、分辨率以及分类系统，将国内外应用比较广泛的美国地质调查局发布的以 MODIS 遥感数据为基础的全球土地覆被产品作为数据源，数据来源网址为

https://modis-land.gsfc.nasa.gov/。MODIS 数据编号为 MCD12Q1,
分辨率为 500 米,数据时段为 2001—2017 年,监测范围是我国全境。

其次,本章利用我国区县层面矢量面数据提取遥感数据建设用地面
积,具体步骤如下:①从国家地理信息中心(http://ngcc.sbsm.gov.
cn/)、中国科学院资源环境数据中心(http://www.resdc.cn/)等网站
下载我国区县级、地市级以及省级矢量面数据(shp 格式)。其中,区县
级矢量数据包括市辖区、县、县级市 3 类(以下统称为县级单位)。
②为与遥感数据时序特征相匹配,根据前述第三、第四章得出的研究
结论,将研究时段确定为 2001—2017 年。通过边界调整、数据核对、
海岸线匹配等,共筛选出 2841 个县级矢量面数据,包括东部、中部、西
部以及东北部地区,其中包括 159 个撤县或县级市设立市辖区的研究
单元。③利用 ArcGIS 空间分析软件中区域分析的面积制表工具,提
取历年 2841 个县级单元的建设用地面积(Value=1),并将其添加到
县级矢量面数据的属性表中。④将提取的建设用地面积数据进行清
洗和筛选,按属性选择属性表中的表选项,先将历年建设用地面积为 0
的县级单元删除,再将历年建设用地面积相同的县级单元删除,最终
得到 2181 个县级单元。将 2181 个县级单元分为两组,一组为实验
组,包括撤县设区单元 152 个,其中撤县设区与县区合并共 105 个,撤
市设区与市区合并共 47 个(见表 6-1)。另一组为对照组,包括非撤县
设区单元 2029 个。

表 6-1 撤县设区数据统计

年份	撤县设区统计	撤市设区统计
2001	怀柔区(北京)、大兴区(北京)、长寿区(重庆)、新都区(成都)、宝坻区(天津)、衢江区(衢州)、长清区(济南)、斗门区(珠海)、夷陵区(宜昌)、平谷区(北京)、奉贤区(上海)、襄阳区(襄阳)	萧山区(杭州)、余杭区(杭州)

续表

年份	撤县设区统计	撤市设区统计
2002	温江区(成都)、鄞州区(宁波)、浦口区(南京)*、六合区(南京)*、丹徒区(镇江)、耀州区(铜川)、长安区(西安)、丰润区(唐山)*	武进区(常州)、三水区(佛山)、顺德区(佛山)、南海区(佛山)、高明区(佛山)、新会区(江门)、丰南区(唐山)
2003	盐都区(盐城)、陈仓区(宝鸡)、惠农区(石嘴山)*	潮阳区(汕头)、潮南区(汕头)、惠阳区(惠州)、澄海区(汕头)
2004	宿豫区(宿迁)、郾城区(漯河)、召陵区(漯河)、呼兰区(哈尔滨)	
2005		
2006	江源区(白山)	合川区(重庆)、永川区(重庆)、南川区(重庆)、江津区(重庆)、阿城区(哈尔滨)
2007		米东区(乌鲁木齐)*
2008		
2009		通州区(南通)
2010	铜山区(徐州)	
2011	大足区(重庆)*、綦江区(重庆)*、南溪区(宜宾)、呈贡区(昆明)、望城区(长沙)	江都区(扬州)
2012	名山区(雅安)、清新区(清远)、揭东区(揭阳)、曹妃甸区(唐山)	姜堰区(泰州)、黄岛区(青岛)*、吴江区(苏州)
2013	柯桥区(绍兴)、高淳区(南京)、溧水区(南京)、梅县区(梅州)、潮安区(潮州)、临桂区(桂林)、达川区(达州)	上虞区(绍兴)、兖州区(济宁)、南康区(赣州)
2014	璧山区(重庆)、铜梁区(重庆)、彭山区(眉山)、永定区(龙岩)、赣榆区(连云港)、高陵区(西安)、沾化区(滨州)、云安区(云浮)、阳东区(阳江)、电白区(茂名)*、平坝区(安顺)、栾城区(石家庄)、祥符区(开封)、陵城区(德州)、郧阳区(十堰)	富阳区(杭州)、九台区(长春)、文登区(威海)、从化区(广州)、增城区(广州)、鹿泉区(石家庄)、藁城区(石家庄)、双城区(哈尔滨)、建阳区(南平)

续表

年份	撤县设区统计	撤市设区统计
2015	延庆区（北京）、潼南区（重庆）、荣昌区（重庆）、双流区（成都）、宁河区（天津）、静海区（天津）、江川区（玉溪）、洞头区（温州）、义安区（铜陵）、新建区（南昌）、华州区（渭南）、武鸣区（南宁）、抚宁区（秦皇岛）、徐水区（保定）、满城区（保定）、清苑区（保定）、陕州区（三门峡）、密云区（北京）、广丰区（上饶）、平安区（海东）、横山区（榆林）、堆龙德庆区（拉萨）	大丰区（盐城）、金坛区（常州）、普兰店区（大连）、高要区（肇庆）
2016	开州区（重庆）、梁平区（重庆）、安州区（绵阳）、郫都区（成都）、沾益区（曲靖）、晋宁区（昆明）、洪泽区（淮安）、崇明区（上海）、东乡区（抚州）、赣县区（赣州）、大洼区（盘锦）、辽中区（沈阳）、鄠邑区（西安）、定陶区（菏泽）、垦利区（东营）、柳江区（柳州）、播州区（遵义）、崇礼区（张家口）、宣化区（张家口）*、万全区（张家口）、永年区（邯郸）、肥乡区（邯郸）、蓟州区（天津）、建安区（许昌）、安塞区（绵阳）、武隆区（重庆）	奉化区（宁波）、章丘区（济南）、宜州区（河池）、冀州区（衡水）
2017	罗江区（德阳）、南郑区（汉中）、柴桑区（九江）、达孜区（拉萨）	长乐区（福州）、临安区（杭州）、即墨区（青岛）

注：* 表示县区合并或市区合并。

　　在获取遥感数据的基础上，本章对 2001—2017 年 2181 个县级单元的建设用地面积进行描述性统计分析，一方面检查和验证所提取数据的准确性、合理性，另一方面为后续寻求区县变动与土地利用变化的复杂关系做好前期准备。由表 6-2 可知，县级单元建设用地面积均值上升明显，从 2001 年的 48.06 平方公里上升至 2017 年的 58.50 平方公里，十七年内增长 21.72%。县级单元建设用地面积变化量大致呈现波动上升趋势。2017 年，建设用地面积均值增加量达到 0.94 平方公里，成为整个研究时段内建设用地面积增加最多的年份。

表 6-2　2001—2017 年全国县级单元建设用地面积

单位：平方公里

年份	平均值	变化量	标准偏差	最小值	最大值	极差
2001	48.06	0.00	59.13	0.21	634.32	634.11
2002	48.57	0.51	60.19	0.21	642.04	641.83
2003	49.38	0.81	61.72	0.21	675.96	675.75
2004	50.16	0.78	63.17	0.21	701.72	701.51
2005	50.87	0.71	64.20	0.21	717.39	717.18
2006	51.58	0.71	65.14	0.21	736.28	736.07
2007	52.18	0.60	65.84	0.21	753.67	753.46
2008	52.80	0.62	66.78	0.21	770.62	770.41
2009	53.55	0.75	67.78	0.21	776.64	776.43
2010	54.15	0.60	68.33	0.21	779.43	779.22
2011	54.76	0.61	68.90	0.21	787.37	787.16
2012	55.32	0.56	69.42	0.21	795.31	795.10
2013	55.93	0.61	70.07	0.21	807.76	807.55
2014	56.58	0.65	70.72	0.21	816.99	816.78
2015	57.08	0.50	71.20	0.43	824.07	823.64
2016	57.56	0.48	71.63	0.43	827.29	826.86
2017	58.50	0.94	72.48	0.64	836.74	836.10

标准偏差由 2001 年的 59.13 平方公里上升至 2017 年的 72.48 平方公里，说明我国县级单元建设用地面积的差异在逐步扩大。同时，极差也可反映这一变化。2001 年，县级单元建设用地面积极差为 634.11 平方公里，2017 年达 836.10 平方公里，十七年内县级单位建设用地面积极差增长了 201.99 平方公里。究其原因，东部地区城市化水平高，撤县设区、撤市设区等行政区划调整比较频繁，导致城市数据迅速增加，随之而来的建设用地面积也呈现迅猛增加的态势，而中部、西部和东北部地区，由于经济社会发展相对落后，城市化进程缓慢，行政区划调整相应滞后，城市数量增长和规模扩张的动力不足，因此建设用地的增加比较缓慢，由此带来总体建设用地面积差异逐步扩大。此外，位于中

部、西部地区的部分县级单元囿于地形、地貌条件，加之自然灾害频繁，建设用地面积较少且增长极为缓慢。

　　本章根据我国统计年鉴划分标准，进一步将我国划分为东部、中部、西部以及东北部四大区域（东部 10 个、中部 6 个、西部 22 个、东北部 3 个），分别统计数量、均值、标准偏差、最小值、最大值以及极差（见表 6-3）。从全国总体来看，县级单元建设用地面积均值为 53.36 平方公里，而东部、中部、西部以及东北部地区分别为 86.07 平方公里、40.26 平方公里、30.65 平方公里、44.88 平方公里。可见，东部地区县级单元建设用地面积均值最高，且高于全国平均水平。东北部地区次之，中部地区排名第三位，西部地区排名末位。一般而言，我国西部地区地广人稀，有足够的空间进行开发建设，但由于经济社会发展水平相对落后，产业基础薄弱，发展动力不足，导致建设用地面积最小。

表 6-3　全国以及不同区域县级单元建设用地面积

单位：平方公里

区域	数量	均值	标准偏差	最小值	最大值	极差
全国	37077	53.36	67.04	0.21	836.74	836.53
东部	12274	86.07	96.88	1.07	836.74	835.67
中部	10710	40.26	36.85	0.86	299.88	299.02
西部	9962	30.65	33.25	0.21	230.97	230.76
东北部	4131	44.88	36.45	3.43	260.6	257.17

　　最后，本章对实验组和对照组的建设用地面积情况进行对比分析，结果见表 6-4。由于不同县级单元发生撤县设区的时间不同，本章设置二值变量 dd，将某县级单元发生撤县设区的当年及之后年份设置为 1，之前为 0，没有发生撤县设区的县级单元所有年份一律设置为 0，据此将 2001—2017 年全国 2181 个县级单元年样本（17 年×2181 个/年）共 37077 个分为两组。实验组建设用地面积均值为 126.32 平方公里，对照组为 51.11 平方公里。可见，发生撤县设区的县级单元建设用地面积远大于没有发生撤县设区的县级单元。从极值来看：实验组最小值为 1.93 平方公里，最大值为 738.43 平方公里，极差为 736.50 平方公

里;对照组最小值为 0.21 平方公里,最大值为 836.74 平方公里,极差为
836.53 平方公里。可见,发生撤县设区的县级单元建设用地面积差异
小于没有发生撤县设区的县级单元。

表 6-4　撤县设区与非撤县设区的县级单元建设用地面积

组别	变量	数量	均值	标准偏差	最小值	最大值	差异
实验组	dd=1	1108	126.32	140.95	1.93	738.43	75.21***
对照组	dd=0	35969	51.11	62.07	0.21	836.74	

注:*** 表示 0.01 的显著性水平。

上述现象产生的原因主要是,相比没有发生撤县设区的县级单元,
撤县设区往往会普遍带来城市化水平的提升,并且会随着时间的推移持
续提升城市化水平。虽然发展基础以及自然地理条件可能导致不同单
元城市化进程存在差异,但总体上撤县设区对于建设用地面积的增加能
够产生积极效应,从而有助于缩小撤县设区单元之间建设用地面积的差
异。本章进一步运用 STATA14.0 软件对两组数据进行 t 检验,diff 值
为 75.21,并且通过 0.01 显著性水平检验,表明发生撤县设区的县级单
元与没有发生撤县设区的县级单元在建设用地面积上具有明显的差异
性。换言之,撤县设区对于建设用地面积的变化具有一定影响,至于影
响多大,影响的方向如何有必要进一步通过回归模型进行研究。

(二)模型设定与回归分析

本章构建撤县设区影响土地利用变化的双向固定效应模型,并借助
STATA14.0 软件运用最小二乘法(OLS)对该模型进行回归,公式为

$$\ln lc_{it} = \alpha + \beta dd_{it} + year_t + county_i + \varepsilon_{it}。$$

其中,被解释变量为 lc,表征建设用地面积,取对数化值进行回归;下标 i
和 t 分别代表第 i 个县(市、区)和第 t 年;dd 是本书关注的重点,反映撤
县设区对建设用地面积的影响,属于政策虚拟变量,发生撤县设区的县
级单元当年及之后年份设置为 1,其余年份设置为 0,没有发生撤县设区
的县级单元恒为 0。dd>0,表明撤县设区对建设用地面积增加具有促
进效应;$year_t$ 代表样本的时间固定效应,用以捕捉随时间变化可能影响

建设用地面积的各种因素,例如经济政策、发展规划、产业布局、结构调整、环境保护等;county$_i$代表样本的地区固定效应,用以捕捉反映个体异质性且不随时间变化的影响因素,包括自然条件、产业基础、区位条件等;ε$_{it}$为误差项,代表可能影响经济发展但并未被模型明确设定的其他影响因素。

表 6-5 显示,从全国范围的全样本来看,dd 系数为 0.065,通过 0.01 显著性水平检验,说明撤县设区对建设用地面积的增加存在显著促进效应。可以这样认为,在保持其他因素不变的情况下,发生撤县设区的县级单元比没有发生撤县设区的县级单元建设用地面积大约 6.50%。从四大区域来看,dd 系数均大于 0,分别为 0.041、0.067、0.107、0.013。除东北部地区外,其他三大区域均通过 0.01 显著性水平检验,说明在东部、中部、西部地区,撤县设区显著地增加建设用地面积。东北部地区撤县设区对建设用地面积也有正向促进效应,但没有通过显著性检验。

表 6-5 撤县设区对建设用地面积总体与分区域影响效应

变量	lnlc				
	全国	东部	中部	西部	东北部
dd	0.065***	0.041***	0.067***	0.107***	0.013
	(0.005)	(0.005)	(0.013)	(0.011)	(0.011)
_cons	3.327***	3.854***	3.199***	2.741***	3.504***
	(0.002)	(0.003)	(0.003)	(0.004)	(0.003)
N	37077	12274	10710	9962	4131
F	1357.075	691.947	461.545	296.631	89.322
R^2	0.398	0.505	0.438	0.350	0.282

注:*** 代表 0.01 的显著性水平,括号内为稳健标准误。

为进一步验证上述结论的正确性,本章将全国划分为东部、中部以及西部地区(辽宁省划归东部,黑龙江省、吉林省划归中部,西部地区不变)再次进行回归分析,结果见表 6-6。结果显示,东部、中部以及西部地区撤县设区均能够显著促进建设用地面积增加。其中,西部地区 dd 系数最高,为 0.107,其次是中部地区,dd 系数为 0.046,东部地区 dd 系数为 0.043。对比来看,将全国划分为东部、中部、西部以及东北部四大区域和划分为东部、中部以及西部三大区域两种类型,影响效应最大的都是西部地区,其次是中部地区,最后是东部地区。由此可见,西部地区建设用地面积变化对撤县设区的政策最为敏感,撤县设区对建设用地面积的增加影响最大。

上述现象主要源于县与县级市在基础条件和发展情况等方面存在差异。东部地区多数县级单元城市化水平高于中部、西部地区,尤其是县级市。因此,这些单元在未发生撤县设区之前建设用地面积比例已相对较高,甚至建设用地余量已经不足,这种情况下即使撤县设区也无法带来建设用地面积的大幅度增加。所以,相较于中部、西部地区,东部地区撤县设区对建设用地面积的增加影响不明显。撤县设区可能更多地通过交通、教育、医疗、养老等公共服务等方面释放政策效应。相比之下,西部地区城市化水平低,建设用地存量充足,一旦撤县设区走上城市发展道路,建设用地面积将会大幅度增加。

表 6-6　撤县设区对建设用地面积区域影响效应

变量	lnlc		
	东部	中部	西部
dd	0.043***	0.046***	0.107***
	(0.005)	(0.011)	(0.011)
_cons	3.828***	3.246***	2.741***
	(0.002)	(0.003)	(0.004)
N	13787	13328	9962
F	744.996	468.368	296.631
R^2	0.494	0.389	0.350

注:*** 代表 0.01 的显著性水平,括号内为稳健标准误。

将实验组进一步细分为撤县设区与区县合并(第一组)、撤市设区和市区合并(第二组),发生撤县设区与县区合并的县级单元共有 105 个,发生撤市设区与市区合并的县级单元共有 47 个,由于时间跨度为 2001—2017 年,发生行政区划调整当年及之后年份都设置为 1,所以第一组和第二组的样本量分别为 799 个、1785 个，第一组和第二组分别与对照组构成两个样本，样本数量分别达到 36278 个、35292 个。表 6-7 显示，第一组和第二组的 dd 系数分别为 0.063、0.071，且都通过了 0.01 显著性水平检验，说明撤县设区与县区合并和撤市设区与市区合并均对建设用地面积有正向促进作用。同时，第二组的系数大于第一组，说明撤市设区对建设用地面积的促进作用大于撤县设区。

表 6-7　撤县设区与县区合并和撤市设区与市区合并对建设用地面积回归分析

变量	lnlc	
	撤县设区与县区合并	撤市设区与市区合并
dd	0.063*** (0.006)	0.071*** (0.008)
_cons	3.303*** (0.002)	3.315*** (0.002)
N	36278	35292
F	1298.279	1273.731
R^2	0.393	0.395

注：*** 代表 0.01 的显著性水平，括号内为稳健标准误。

二、土地利用与景观格局变化个案分析

行政区划调整是一种复杂的经济、社会现象，跨学科的研究方法和视角对于全面、深刻把握行政区划对土地利用变化的影响有重要意义。鉴于此，本书拟借助景观生态学的方法和视角探究区县变动如何影响建设用地的结构特征、空间配置、动态变化等。[1] 景观指数是指高度浓缩景观格局信息，反映其结构组成和空间配置特征的定量指标。景观指数的种类有很多，但相互之间具有很强的相关性。已有研究表明，景观指数并不存在理想的指标体系和选择标准，而是根据需要选择具有代表性

---

[1] 郑新奇，付梅臣，姚慧，等. 景观格局空间分析技术及其应用[M]. 北京：科学出版社，2010：1-5.

的指数即可,这样既能反映景观格局特征,又不会导致信息冗余。① 各种景观指数均可通过 Fragstats 软件进行计算,并在景观水平 landscape level)、类型水平(class level)和斑块水平(patch level)三种递进层次上进行计算。本书的主要对象是建设用地,因此,选择类型水平上的景观指数计算并分析建设用地的景观格局。参照已有研究成果②,本书选择斑块面积、最大斑块指数、斑块密度、边缘密度、景观形状指数、边缘面积比、斑块内聚力指数、分离度指数、聚集度指数对建设用地的景观格局特征进行分析。限于篇幅,指数计算公式略。

(一)东部:杭州

土地利用变化是杭州城市发展的一个侧面,直接反映杭州的工业化、城市化以及现代化的发展历程。杭州城市发展始于改革开放,在对内改革和对外开放的背景下,杭州开始了城市化进程。标志性事件是1978 年在重工业发展迅速的原西湖区、拱墅区和余杭县的交界地带设立半山区,以更好地推动当地的钢铁厂、玻璃厂、机械厂、发电厂、煤气厂等各级企(事)业单位发展。同时,随着经济发展和人口集聚,杭州开始向东、西方向拓展,行政区划调整也随之展开。此后,杭州市相继进行撤县设市、撤县(市)设区等行政区划调整。1987 年,撤销萧山县,设立萧山市。1990 年,撤销半山区、拱墅区,合并设立新的拱墅区。1992 年,撤销建德县,设立建德市。1994 年,撤销余杭县,设立余杭市;撤销富阳县,设立富阳市。

20 世纪 90 年代中期,杭州的城市化进入快速发展阶段,行政区划调整力度不断加大。1996 年,将原萧山市、余杭市下辖的 6 个乡镇(浦沿、长河、西兴、三墩、下沙、九堡)共 253 平方公里划入杭州市区,市区面积扩大到 683 平方公里。同年,设立滨江区,城市规模明显扩大,随后杭

① 张中浩.城乡统筹视角下的城市化时空格局与过程[D].杭州:浙江大学,2014.
② 肖笃宁.景观生态学理论、方法及应用[M].北京:中国林业出版社,1999:6－10;岳文泽,徐建华,徐丽华,等.不同尺度下城市景观综合指数的空间变异特征研究[J].应用生态学报,2005(11):49－55;赵晶.上海城市土地利用与景观格局的空间演变研究[D].上海:华东师范大学,2004;俞龙生,符以福,喻怀义,等.快速城市化地区景观格局梯度动态及其城乡融合区特征——以广州市番禺区为例[J].应用生态学报,2011(1):171－180.

州政府提出"一主（主城）二副（下沙、滨江）"以及"跨江发展"战略，杭州城区终于突破钱塘江，进一步向东部地区扩展。杭州市在第五轮城市总体规划中提出由西湖时代跨入钱塘江时代，从沿湖发展向沿江发展转型。同年，萧山市、余杭市同时撤市设区，正式划入杭州都市圈，杭州整体形态从以旧城为核心的团状布局向以钱塘江为轴心、多核组团布局形态转变。

经过十多年的发展，杭州城市化率已由 2000 年的 35.10% 升至 2015 年的 75.30%。2014 年与 2017 年，又相继撤销富阳市、临安市，设立富阳区、临安区，杭州的空间格局由单中心进一步向多中心、多组团转变，发展规划也由原来的"一主二副"提升至"一主三副六组团"，通过格局优化、城乡统筹，进一步加快城乡一体化发展。[①] 不难看出，在杭州的发展历程中，行政区划发挥的作用日趋明显。在杭州城市发展的不同阶段，适时的行政区划调整在拓展发展空间、理顺体制机制、优化产业布局、改善公共服务等诸多方面都发挥了重要作用。

杭州的行政区划调整历程详见表 6-10。1978 年，杭州下辖 6 区、7县，分别是上城区、下城区、江干区、西湖区、拱墅区、半山区、萧山县、临安县、桐庐县、富阳县、余杭县、建德县、淳安县。截至 2017 年底，杭州共进行了 9 次行政区划调整，包括撤县设市、撤县设区、撤市设区、市辖区析置、区界重组等不同类型，由"六区七县"演变为"十区三县（市）"，分别是上城区、下城区、江干区、西湖区、拱墅区、滨江区、萧山区、临安区、富阳区、余杭区、桐庐县、淳安县、建德市。2021 年 4 月，《浙江省人民政府关于调整杭州市部分行政区划的通知》有进一步调整。

表 6-10　杭州行政区划调整汇总

年份	县级政区	个数	调整细目
1978	上城区、下城区、江干区、西湖区、拱墅区、半山区、萧山县、临安县、桐庐县、富阳县、余杭县、建德县、淳安县	13	设立半山区

---

① 郑建华.基于 Landsat TM/OLI 遥感影像的杭州土地利用变化时空特征研究[D].杭州：浙江农林大学，2018.

续表

年份	县级政区	个数	调整细目
1987	上城区、下城区、江干区、西湖区、拱墅区、半山区、萧山市、临安县、桐庐县、富阳县、余杭县、建德县、淳安县	13	撤销萧山县,设立萧山市
1990	上城区、下城区、江干区、西湖区、拱墅区、萧山市、临安县、桐庐县、富阳县、余杭县、建德县、淳安县	12	撤销拱墅区、半山区,设立新的拱墅区
1992	上城区、下城区、江干区、西湖区、拱墅区、萧山市、临安县、桐庐县、富阳县、余杭县、建德市、淳安县	12	撤销建德县,设立建德市
1994	上城区、下城区、江干区、西湖区、拱墅区、萧山市、临安县、桐庐县、富阳市、余杭市、建德市、淳安县	12	撤销余杭县,设立余杭市;撤销富阳县,设立富阳市
1996	上城区、下城区、江干区、西湖区、拱墅区、滨江区、萧山市、临安市、桐庐县、富阳市、余杭市、建德市、淳安县	13	设立滨江区,调整杭州市辖区的行政区划;撤销临安县,设立临安市
2001	上城区、下城区、江干区、西湖区、拱墅区、滨江区、萧山区、临安市、桐庐县、富阳市、余杭区、建德市、淳安县	13	撤销萧山市和余杭市,分别设立萧山区和余杭区
2014	上城区、下城区、江干区、西湖区、拱墅区、滨江区、萧山区、临安市、桐庐县、富阳区、余杭区、建德市、淳安县	13	撤销富阳市,设立富阳区
2017	上城区、下城区、江干区、西湖区、拱墅区、滨江区、萧山区、临安区、桐庐县、富阳区、余杭区、建德市、淳安县	13	撤销临安市,设立临安区

本书进一步检验行政区划调整对建设用地变化的影响。根据杭州各区县市的行政区划调整过程,本书选择萧山区(1987 年撤县设市,2001 年撤市设区)、余杭区(1994 年撤县设市,2001 年撤市设区)、建德区(1992 年撤县设市)、富阳区(1994 年撤县设市,2014 年撤市设区)、临安区(1996 年撤县设市,2017 年撤市设区),共 5 个县级单位作为调整区域;其余 8 个县级单位作为非调整区域,分别是拱墅区、上城区、下城区、江干区、西湖区、滨江区、桐庐县、淳安县。本书分析调整区域与非调整区域建设用地的规模、数量及其年度变化,以反映行政区划调整的影响

效应。

调整区域建设用地的增长情况见图 6-2,其中柱形表示每年调整区域建设用地增长的总和,不同颜色代表不同地区。由图 6-2 可知,萧山区和余杭区建设用地的增长所占百分比最大,1994—2017 年,基本维持在 70%以上,尤其是萧山区,在调整区域中建设用地增长占比最大。在 2001 年撤市设区后,萧山区建设用地增长都处于领先地位。从 1994 年开始,余杭区建设用地增加量逐渐增加。这两个地区的变化相对其他调整区域更为明显。

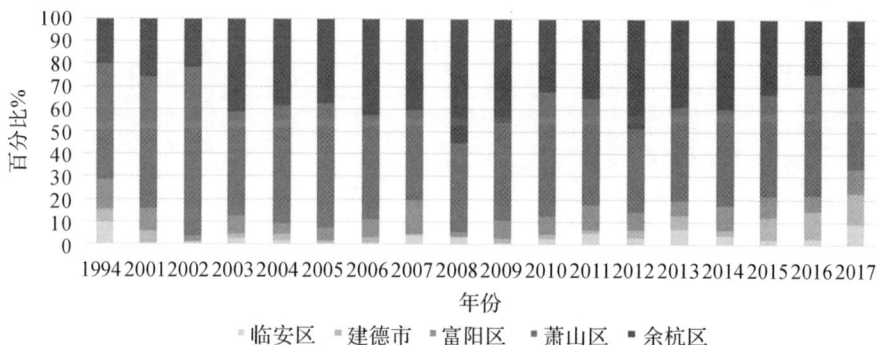

图 6-2 杭州调整区域建设用地的增长情况

图 6-3 显示,调整区域与非调整区域建设用地面积均呈现上升趋势,但调整区域比非调整区域的增长趋势更明显。具体来看,调整区域建设用地面积从 1985 年的 142.09 平方公里迅猛增至 2017 年的 1206.81 平方公里,三十三年内增加了 1064.72 平方公里,增长率高达 749.33%,而非调整区域建设用地面积从 1985 年的 84.79 平方公里增加至 2017 年的 506.59 平方公里,增加量为 421.80 平方公里,不及调整区域建设用地增加量的一半,增长率为 497.47%,约为调整区域建设用地增长率的 2/3。由于增长趋势不同,调整区域与非调整区域的差距不断拉大,1985 年,调整区域建设用地面积比非调整区域多 57.30 平方公里,至 2017 年底,这一差距已经扩大到 700.22 平方公里。

通过核查每个县级单元的建设用地增长情况发现,对于调整区域而言,萧山区和余杭区的建设用地面积在 2001 年有大幅度增长。萧山区从 1994 年的 144.37 平方公里增至 2001 年的 328.21 平方公里,而余杭区从 1994 年的 54.26 平方公里增至 2001 年的 135.02 平方公里。余杭和萧山在 2001 年撤市设区后,被正式划入杭州都市圈,加快了城市化建设的步伐。对于非调整区域而言,江干区、滨江区和西湖区的建设用地面积在这一时间段也飞速增长,增长率分别达到 410.97%、285.59%、114.47%。其他非调整区域的建设用地面积增加没有上述县级单位显著。

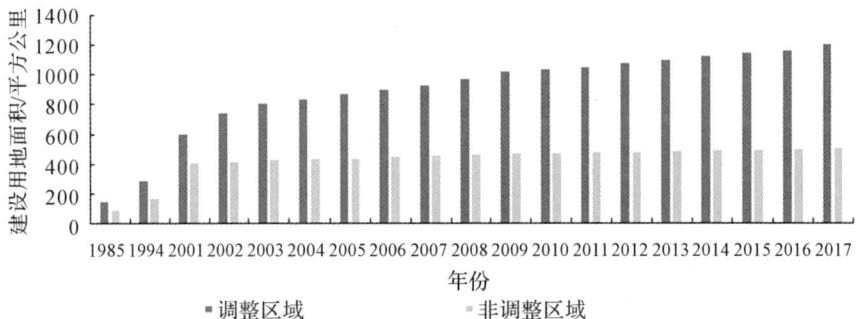

图 6-3 杭州调整区域与非调整区域建设用地面积变化

萧山和余杭在 2001 年撤市设区之后建设用地面积增长较为明显,因此本书选择 2001 年以后的数据,采用景观指数分析法对杭州建设用地的总体景观格局进行分析(见表 6-11)。

表 6-11 杭州建设用地景观指数

年份	CA	PD	LPI	ED	LSI	PARA	COHENSION	SPLIT	AI
2001	100481.7	0.0078	2.0645	1.048	14.0803	17.7889	95.2965	1179.8970	80.5745
2002	116173.3	0.0069	2.7113	0.9810	12.3784	14.6125	96.1378	720.6143	84.2263
2003	123621.9	0.0077	2.8248	0.9993	12.3224	14.0393	95.9381	656.6501	84.8583
2004	127228.2	0.0077	2.9278	1.0114	12.3117	13.8089	95.9933	620.5934	85.1111
2005	130770.1	0.0079	2.9904	1.0367	12.3758	13.7679	95.9855	590.8332	85.1501
2006	134934.4	0.0083	3.1847	1.0857	12.7799	13.9542	96.2410	541.2318	84.9110
2007	138218.7	0.0084	3.2708	1.1059	12.8571	13.8774	96.2797	517.6320	84.9886
2008	143585.2	0.0080	3.6425	1.1299	12.9024	13.6556	96.7952	434.6992	85.2278

续表

年份	CA	PD	LPI	ED	LSI	PARA	COHENSION	SPLIT	AI
2009	148651.1	0.0081	3.7481	1.1549	12.9581	13.4894	97.0080	389.6594	85.4052
2010	151012.4	0.0077	3.8042	1.1546	12.8869	13.2846	97.0200	379.3626	85.6352
2011	152708.2	0.0078	3.8316	1.1614	12.8817	13.2099	96.9827	373.0473	85.7173
2012	156142.7	0.0077	3.8798	1.2002	13.1520	13.3466	97.1780	345.3112	85.5464
2013	158954.7	0.0077	4.0311	1.2216	13.2370	13.3495	97.3292	326.4499	85.5367
2014	161831.2	0.0079	4.0872	1.238	13.3391	13.2898	97.3451	316.0519	85.5945
2015	164492.9	0.0077	4.1380	1.2388	13.2159	13.1029	97.3355	307.7622	85.8086
2016	166403.4	0.0075	4.2867	1.2402	13.1582	12.9691	97.4293	294.6029	85.9594
2017	171340.6	0.0080	4.3976	1.2824	13.4358	13.0065	97.4026	281.5476	85.8980

斑块面积（CA）：CA逐年增加，表明建设用地逐年增加，与前文分析的总体趋势一致，杭州建设用地面积增加明显。

斑块密度（PD）：PD反映建设用地景观类型中单位面积斑块的数量，由表6-11可知，2001—2017年，PD变化较小，说明斑块异质性不高，分布变化相对稳定。

最大斑块指数（LPI）：LPI逐年变大，2001—2017年增加了2.333，说明建设用地景观中的优势斑块在逐渐增多，人类活动开发对建设用地景观的影响不断增强。

边缘密度（ED）：2001—2017年，ED呈增加趋势，说明建设用地景观中的斑块有破碎化以及斑块形状不规则化趋势。

景观形状指数（LSI）：2001—2002年，LSI下降，2002—2017年，LSI波动上升，但变化幅度较小。LSI变大说明斑块类型的离散程度提高，建设用地形状变得更加复杂和不规则，容易导致系统不稳定。

边缘面积比（PARA）：2001—2017年，PARA波动减小，说明建设用地斑块规模变大，斑块形状变得更复杂。

斑块内聚力指数（COHESION）：2001—2017年，COHESION波动上升，说明杭州的建设用地比例呈增大趋势，分布上越来越聚集，自然连通性提高。

分散指数（SPLIT）：2001—2017 年，SPLIT 不断减小，说明建设用地斑块面积在不断增加且斑块尺寸在不断变大，表明受到杭州不断的城市发展以及行政区划等人类活动的影响，建设用地开始聚集，形成聚集区且规模越来越大。

聚集度指数（AI）：2001—2006 年，AI 波动上升，2006—2017 年，AI 逐年上升，说明杭州建设用地聚集程度提高，中心城区的建设用地更紧密、饱满。

（二）中部：漯河

漯河于 1986 年建市，经过十几年的发展，城区快速向周边郊县扩大，至 2003 年已越过沙河，在郾城城区建起了一座新城，由此，新城与旧城的均衡、协调、一体化发展成为区划调整的迫切需要。2004 年，漯河进行行政区划调整，在将郾城县撤县设区的同时一分为二，改变了单区市的区划格局。具体调整过程如下：撤销郾城县，设立漯河市郾城区、召陵区；将原郾城县的城关镇、孟庙镇、商桥镇、裴城镇、新店镇、龙城镇、黑龙潭乡、李集乡和源汇区的孙庄乡划归郾城区管辖；将原郾城县的老窝镇、召陵镇、万金镇、邓襄镇、姬石乡、青年村乡和源汇区的天桥街街道、翟庄乡、后谢乡划归召陵区管辖；将原郾城县的大刘镇、阴阳赵乡、问十乡、空冢郭乡划归源汇区管辖。

行政区划调整后，源汇区行政面积由 80 平方公里扩大至 202 平方公里，下辖大刘、干河陈、空冢郭、阴阳赵、问十 5 个乡（镇）和老街、马路街、顺河街 3 个街道办事处。郾城区行政面积为 413.10 平方公里，下辖城关、新店、孟庙、商桥、龙城、裴城、李集、黑龙潭、孙庄 9 个乡（镇）。召陵区行政面积为 405.3 平方公里，下辖老窝、召陵、邓襄、万金、翟庄、姬石、青年村、后谢 8 个乡（镇）和天桥街 1 个街道办事处。3 个市辖区以沙河和京广铁路为界。一直到 2017 年，漯河没有再进行行政区划调整，一直保持 2004 年调整之后的格局，下辖 3 区、2 县，分别是源汇区、郾城区、召陵区、舞阳县、临颍县，人口增至 274 万人。

根据现有数据，本书选择 2001 和 2017 年进行对比分析。2001

年,漯河仅有一个市辖区,即源汇区,面积仅为 80 平方公里,下辖县共有 3 个,分别是舞阳县、临颍县、郾城县,面积达到 2540 平方公里,下辖县是市辖区的 31.75 倍,区与县的空间格局严重不协调。2001—2017 年,只在 2004 年发生一次行政区划调整。2017 年,漯河市辖区面积扩展至 1020 平方公里,比 2001 年扩大了 11.75 倍,同时,下辖县仅剩临颍县、舞阳县,面积收缩至 1600 平方公里。市辖区面积与下辖县基本实现均衡,占全市面积的比重也从 3.05% 提升至 38.93%。从空间上看,2004 年的行政区划调整发生在漯河的东南部,撤县设区的同时伴随区界重组,改变了单区市的空间局限,进一步优化和完善了漯河的行政区划格局。与哈尔滨类似,漯河的撤县设区以及区县重组都是发生在市辖区及其周边,也进一步反映了漯河市辖区向北、向西扩张的趋势。

2004 年,漯河的行政区划调整主要是撤销郾城县,将其一分为二设立郾城区和召陵区,同时,将原郾城县的大刘镇、阴阳赵乡、问十乡、空冢郭乡划归源汇区管辖。因此,本书将 2004 年后的郾城区和召陵区的建设用地面积数据合并,近似地作为郾城县在行政区划调整后的建设用地面积(虽然实际上郾城县在 2004 年之后已不复存在),并进一步将郾城县历年的建设用地面积和其增长率变化情况用折线图表示(见图 6-4)。从郾城县建设用地面积变化特征来看,2004 年行政区划调整之前,郾城县的建设用地面积基本保持在 118 平方公里左右,没有明显的变化特征,而在 2004 年行政区划调整当年及其之后,郾城县的建设用地面积开始明显增加。

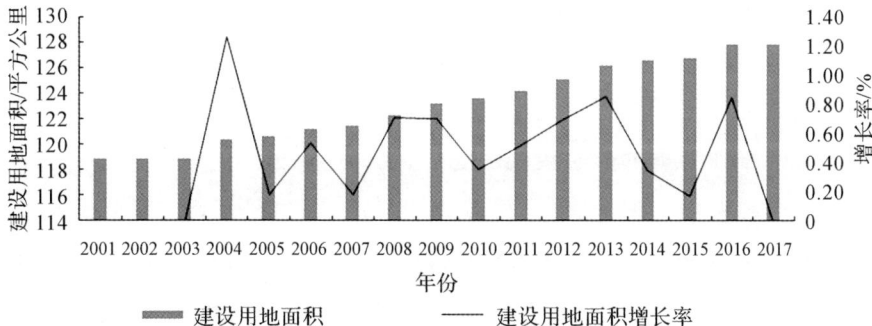

图 6-4　郾城区建设用地的变化

2004 年,建设用地面积增加较为明显,增加量达到 1.50 平方公里,后续基本保持在每年 1 平方公里的增加量。到 2017 年,郾城县的建设用地面积已经达到 127.94 平方公里,比 2001 年增长了 9.02 平方公里。从建设用地增长率来看,行政区划调整后,郾城县建设用地面积的增长率也明显提高,于 2004 年达到峰值(1.26%),其余年份大部分为 0~1.00%。其中,2006 年、2008 年、2009 年、2012 年、2013 年、2016 年增长率较高,分别达到 0.53%、0.71%、0.70%、0.69%、0.86%、0.85%。由此可见,行政区划调整对于建设用地面积增加有一定的促进作用,并随着时间的推移作用日渐减小。

下面将对涉及行政区划调整的 3 个市辖区的建设用地面积变化情况进行统计分析。研究发现,2001—2017 年,建设用地面积增加量由高到低分别是召陵区、源汇区、郾城区,分别增加了 6.44 平方公里、3.65 平方公里、2.58 平方公里,增长率分别为 13.45%、9.50%、3.63%。源汇区作为老城区,发展空间有限,经过行政区划调整后获得 1 镇、3 乡,在一定程度上缓解了用地紧张,建设用地的增加主要在新划入的区域内。此外,位于源汇区内的沙澧产业集聚区是建设用地增长的重要推动力。该产业集聚区发展较早且较为成熟,是河南首批省定产业集聚区,也是漯河市城市总体规划中西扩的重点区域,主导产业是纺织、医疗器械、机械设备、汽贸物流和精密电子制造,规划面积达到 12.59 平方公里,产业集聚和产城融合是沙澧产业集聚区未来的发展目标。

而召陵区在行政区划调整后围绕漯河市东城产业集聚区和经济技术产业集聚区,通过土地流转、招商引资等方式不断加快项目建设和土地开发,建设用地面积增长最为明显。漯河东城产业集聚区于行政区划调整后的第二年开始规划建设,2007 年被批准为漯河台商投资区,2008 年被省政府列为首批产业集聚区之一,规划面积为 12.05 平方公里。该集聚区以视频加工配套、电子机械为主导产业,也是河南产业循环经济发展示范区。郾城区范围内有漯河淞江产业集聚区,自 2010 年被批准为省定产业集聚区,到目前为止成功吸引了韩国乐天集团、青岛双星集团、大连实德集团等一大批国内外知名企业,被逐步打造为一个集生产、生活、物流、科技、开发为一体的现代化产业集聚区。

本书采用景观指数法，对 2001—2017 年漯河的建设用地景观格局进行分析，所用软件为 Fragstats4.0，结果见表 6-12。

表 6-12 漯河建设用地景观格局指数

年份	CA	LPI	ED	LSI	PARA	COHESION	SPLIT	AI
2001	38745.89	3.24	5.91	19.95	40.56	80.30	673.79	54.30
2002	38767.36	3.24	5.90	19.94	40.51	80.29	672.48	54.35
2003	38767.36	3.24	5.90	19.94	40.51	80.29	672.48	54.35
2004	38960.55	3.31	5.90	19.69	40.27	80.31	652.30	54.66
2005	38982.02	3.32	5.89	19.67	40.22	80.28	649.98	54.71
2006	39175.21	3.36	5.88	19.63	39.93	80.22	636.97	55.05
2007	39218.14	3.38	5.87	19.62	39.86	80.19	632.50	55.13
2008	39325.47	3.40	5.88	19.63	39.77	80.19	625.46	55.23
2009	39518.66	3.43	5.88	19.65	39.63	80.12	615.96	55.39
2010	39690.39	3.50	5.86	19.57	39.29	80.18	596.63	55.79
2011	39840.65	3.53	5.86	19.33	39.12	80.22	587.37	56.00
2012	39969.45	3.57	5.85	19.31	38.95	80.19	576.44	56.20
2013	40119.71	3.61	5.84	19.29	38.76	80.19	568.12	56.42
2014	40205.57	3.63	5.84	19.30	38.70	80.21	562.31	56.49
2015	40248.50	3.64	5.85	19.32	38.70	80.20	560.42	56.48
2016	40377.30	3.68	5.86	19.34	38.62	80.34	550.94	56.57
2017	40441.69	3.69	5.85	19.32	38.52	80.31	547.87	56.70

斑块面积（CA）：CA 增加，但增加量较小，说明漯河建设用地扩大较慢。

最大斑块指数（LPI）：2001—2003 年，LPI 不变，为 3.24，说明漯河建设用地中的优势斑块没有产生变化；2003 年以后，LPI 缓慢变大，说明行政区划调整后,人类活动对建设用地的扩大产生了影响,优势斑块开始增加。

边缘密度(ED):2001—2017年,ED呈波动下降的趋势,说明漯河建设用地景观破碎化程度在提高,周边产生了细碎的斑块。

景观形状指数(LSI):LSI波动减小,说明漯河建设用地景观的离散程度在降低,斑块边界复杂程度在降低。

边缘面积比(PARA):PARA逐年减小,但变化幅度较小,说明斑块的规模变大逐渐集聚,建设用地景观在蔓延。

斑块内聚力指数(COHESION):2001—2009年,COHESION呈波动下降趋势,2010—2017年,又呈波动上升趋势,说明建设用地斑块在波动变化,但呈增加趋势,且分布的集聚性和自然连通性不稳定。

分散指数(SPLIT):SPLIT不断减小,说明漯河建设用地面积在增加且斑块尺寸在不断变大,表明受社会经济发展、行政区划的调整等人类活动影响,建设用地景观在蔓延。

聚集度指数(AI):2001—2017年,AI缓慢上升,说明漯河建设用地景观聚集程度缓慢提高。

(三)西部:重庆

重庆自1997年设立直辖市之后,行政区划调整一直没有间断。至2017年,重庆已进行了17次行政区划调整,主要类型是撤县(市)设区,包括自治县。具体来看,1997年,将原四川省的重庆市、万县市、涪陵市以及黔江地区的行政区划划出,设立重庆市。同年,撤销万县市(地级)及所辖龙宝区、天城区、五桥区,设立重庆市万县区;同时,撤销涪陵市(地级)及所辖枳城区、李渡区,设立重庆市涪陵区,原涪陵市所辖的南川市、丰都县、垫江县、武隆县由重庆市直接管理。此外,设立直辖市当年,由于特殊需要,还设立了重庆市万县移民开发区和黔江开发区。万县移民开发区为重庆市委、市政府的派出机构,与万县区的区委、区政府同为一套机构、两块牌子,代管忠县、开县、云阳县、风险街、巫山县、巫溪县6个县。梁平县、城口县由重庆市直接管理。

黔江开发区通过撤销黔江地区而设立,与万县移民开发区一样,为重庆市委、市政府的派出机构,代管石柱土家族自治县、秀缮土家族苗族自治县、酉阳土家族苗族自治县、黔江土家族苗族自治县、彭水苗族土家族自治县。2000年,撤销黔江土家族苗族自治县,设立黔江区。2001年,撤销长寿县,设立长寿区。2006年,撤销合川市、永川市、南川市、江津市,分别设立合川区、永川区、南川区、江津区。2011年,撤销双桥区、大足县,合并设立重庆市大足区;同年,撤销万盛区、綦江县,合并设立重庆市綦江区。2014年,撤销璧山县和铜梁县,设立璧山区和铜梁区。2015年,撤销潼南县和荣昌县,设立潼南区和荣昌区。2016年,撤销开县、梁平县、武隆县,设立开州区、梁平区和武隆区。

截至2017年底,重庆市下辖26个市辖区、8个县和4个自治县,分别是渝中区、万州区、涪陵区、大渡口区、江北区、沙坪坝区、九龙坡区、南岸区、北碚区、綦江区、大足区、渝北区、巴南区、黔江区、长寿区、江津区、合川区、永川区、南川区、璧山区、铜梁区、潼南区、荣昌区、开州区、梁平区、武隆区、城口县、丰都县、垫江县、忠县、云阳县、奉节县、巫山县、巫溪县、石柱土家族自治县、秀山土家族苗族自治县、酉阳土家族苗族自治县、彭水苗族土家族自治县。人口达3343万人,面积约为8.20万平方公里。

表6-13显示,2002—2017年,重庆市建设用地面积由885.65平方公里增至1440.15平方公里,各区县建设用地面积获得了不同程度的增加。具体来看,2002年,各区县建设用地面积排在前五位的是渝北区、九龙坡区、江北区、沙坪坝区、南岸区,其建设用地面积分别为122.14平方公里、80.71平方公里、63.97平方公里、56.46平方公里、52.81平方公里。2017年,排在前五位的是渝北区、九龙坡区、沙坪坝区、江北区、南岸区,其建设用地面积分别为178.17平方公里、120.42平方公里、119.56平方公里、94.24平方公里、73.20平方公里,其增加量占总增加量的比重分别为10.10%、7.16%、11.38%、5.46%、3.68%,占本行政区面积的比重分别为3.85%、9.21%、15.94%、13.70%、7.78%。这些区域是重庆市的中心区域,虽然在研究时段内都没有发生过行政区划调整,但

是由于发展基础较好,加之其他调整区域受地形地貌的限制,在研究时段内中心区域的建设用地面积相对较大。

从建设用地面积增加量来看,各区县中建设用地面积增加量最大的是沙坪坝区,为 63.11 平方公里,占重庆市总增加量的 11.38%,占本行政区域面积的 15.94%;其次是渝北区,建设用地面积增加量为 56.03 平方公里,占总增加量的 10.10%,占本行政区域面积的 3.85%;紧随其后的分别是江津区(50.44 平方公里)、九龙坡区(39.71 平方公里)、长寿区(32.63 平方公里),其分别占总增加量的 9.10%、7.16%、5.88%,分别占本行政区域面积的 1.57%、9.21%、2.30%。其中,江津区在 2006 年撤县设区,长寿区在 2001 年撤县设区,虽不在研究时段内,但也能说明撤县设区后建设用地面积增加量比其他非调整区域大。

表 6-13 重庆市各区县建设用地面积变化

区县	行政区域面积/平方公里	建设用地面积/平方公里		建设用地面积增加量/平方公里	建设用地面积增加量占总增加量的比重/%	建设用地面积增加量占本行政区域增加量的比重/%
		2002 年	2017 年			
巴南区	1823	40.14	58.60	18.46	3.33	1.01
北碚区	751	22.97	48.30	25.33	4.57	3.37
长寿区	1421	29.41	62.04	32.63	5.88	2.30
大渡口区	103	38.21	44.65	6.44	1.16	6.25
涪陵区	2941	21.25	30.27	9.02	1.63	0.31
江北区	221	63.97	94.24	30.27	5.46	13.70
江津区	3216	25.97	76.42	50.44	9.10	1.57
九龙坡区	431	80.71	120.42	39.71	7.16	9.21
南岸区	262	52.81	73.20	20.39	3.68	7.78
南川区	2589	12.24	14.81	2.58	0.46	0.10
黔江区	2390	6.23	8.80	2.58	0.46	0.11

续表

区县	行政区域面积/平方公里	建设用地面积/平方公里		建设用地面积增加量/平方公里	建设用地面积增加量占总增加量的比重/%	建设用地面积增加量占本行政区域增加量的比重/%
		2002 年	2017 年			
沙坪坝区	396	56.46	119.56	63.11	11.38	15.94
万州区	3453	42.93	54.74	11.81	2.13	0.34
永川区	1579	20.39	45.72	25.33	4.57	1.60
渝北区	1457	122.14	178.17	56.03	10.10	3.85
渝中区	23	21.25	21.25	0	0	0
城口县	3289	0.43	0.43	0	0	0
垫江县	1517	9.23	13.31	4.08	0.74	0.27
丰都县	2899	8.80	15.67	6.87	1.24	0.24
奉节县	4098	10.30	13.52	3.22	0.58	0.08
开州区	3964	19.32	34.99	15.67	2.83	0.40
梁平区	1888	11.81	17.39	5.58	1.01	0.30
彭水县	3897	2.58	3.01	0.43	0.08	0.01
荣昌区	1077	14.17	28.33	14.17	2.56	1.32
石柱县	3014	3.65	10.73	7.08	1.28	0.24
铜梁区	1341	10.52	25.54	15.03	2.71	1.12
巫山县	2955	6.87	7.30	0.43	0.08	0.01
巫溪县	4015	2.79	5.15	2.36	0.43	0.06
武隆区	2892	1.72	1.72	0	0	0
秀山县	2453	8.59	12.24	3.65	0.66	0.15
酉阳县	5168	3.86	3.86	0	0	0
云阳县	3636	11.16	18.46	7.30	1.32	0.20
忠县	2187	9.44	10.95	1.50	0.27	0.07
璧山区	915	18.25	37.35	19.10	3.45	2.09

续表

区县	行政区域面积/平方公里	建设用地面积/平方公里		建设用地面积增加量/平方公里	建设用地面积增加量占总增加量的比重/%	建设用地面积增加量占本行政区域增加量的比重/%
		2002 年	2017 年			
合川区	2343	18.68	38.21	19.53	3.52	0.83
潼南区	1585	12.88	20.18	7.30	1.32	0.46
大足区	1434	15.88	37.14	21.25	3.83	1.48
綦江区	2747	27.69	33.49	5.80	1.05	0.21
重庆市	82370	885.68	1440.15	554.46	100.00	0.67

注:秀山县为秀山土家族苗族自治县;酉阳县为酉阳土家族苗族自治县;石柱县为石柱土家族自治县;彭水县为彭水苗族土家族自治县。

本书将 38 个区县进一步划分为行政区划调整区域与非调整区域进行对比分析。调整区域包括合川区、永川区、南川区、江津区、大足区、綦江区、璧山区、铜梁区、开州区、梁平区、武隆区、荣昌区、潼南区,共 13 个区;其余县级单位为非调整区域,包括渝中区、万州区、涪陵区、大渡口区、江北区、沙坪坝区、九龙坡区、南岸区、北碚区、渝北区、巴南区、黔江区、长寿区、城口县、丰都县、垫江县、忠县、云阳县、奉节县、巫山县、巫溪县、石柱土家族自治县、秀山土家族苗族自治县、酉阳土家族苗族自治县、彭水苗族土家族自治县,共 25 个区县。在统计每个县级单位建设用地面积变化量的基础上,本书计算调整区域和非调整区域建设用地面积的年度增长率(见图 6-5)。

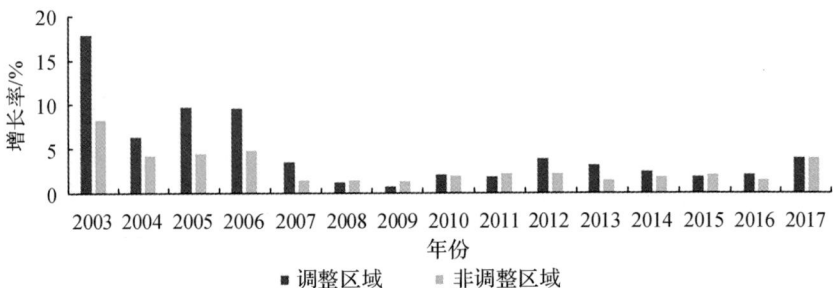

图 6-5　调整区域与非调整区域建设用地面积增长率

总体来看,调整区域建设用地面积增长率的平均值(4.69%)高于非调整区域(2.85%)。2002—2017 年,调整区域与非调整区域的建设用地面积增长趋势相似,说明其受经济发展和国家宏观经济政策的影响,但调整区域的平均增长率大于非调整区域,说明行政区划调整对当地的土地利用类型尤其是建设用地的变化产生了影响。具体来看,2002—2007 年,调整区域与非调整区域的增长率差距相比其他时间较大,说明虽然该时间段没有正式的批复文件,但在这个过程中,部分建设用地已经开始增加,表明行政区划调整具有先行作用。2008—2017 年,行政区划不断调整,调整区域的增长率高于非调整区域,相对平稳,且增长率比前一个阶段小。

在研究时段内,重庆市各县市主要经历了撤市设区和撤县设区两种调整方式:撤市设区的主要有永川、江津、南川和合川,且都在 2006 年进行调整;撤县设区的包括大足、綦江、铜梁、璧山、荣昌、潼南、开州、梁平、武隆。这两种调整方式下,各区县建设用地具体变化如下。

撤市设区:2002—2017 年,永川的建设用地面积从 20.39 平方公里增至 45.72 平方公里,增长率平均值为 5.77%。江津的建设用地面积从 25.97 平方公里增至 76.42 平方公里,增长率平均值为 7.46%。南川的建设用地面积从 12.24 平方公里增至 14.81 平方公里,增长率平均值为 1.29%。合川的建设用地面积从 18.68 平方公里增至 38.21 平方公里,增长率平均值为 4.89%。总的来说,在 2006 年之前,建设用地增加较快,说明在正式文件批复之前,这几个区域就先行进行用地建设。

撤县设区:2002—2017 年,建设用地面积增长率平均值最高的是铜梁(6.41%),其次是大足(6.07%)、璧山(5.26%)、荣昌(4.93%)。这些区县主要集中在 2011 年、2014 年、2015 年和 2016 年进行调整。增加倍数最多的是铜梁,2017 年的建设用地面积是 2002 年的 2.43 倍,其次是大足、璧山、荣昌,分别为 2.34、2.05 和 2.00 倍。

土地利用类型的变化会导致景观格局发生变化,以及建设用地斑块类型发生变化,可通过类型水平上的景观指数分析建设用地景观格局变化。本书选择 2002—2017 年的建设用地数据,通过 Fragstats4.0 软件对其景观指数进行分析,进而分析重庆市建设用地景观格局变化,其结果见表 6-14。

表 6-14 重庆市建设用地景观格局指数

年份	CA	PD	LPI	ED	LSI	PARA	COHESION	SPLIT	AI
2002	88568.2	0.0022	0.5139	0.2137	14.3721	19.3971	92.5833	36718.64	78.7640
2003	97927.3	0.0023	0.5417	0.2372	15.1324	19.4736	92.8469	32933.09	78.6159
2004	102606.8	0.0023	0.5775	0.2429	15.1583	19.0280	93.3462	28990.22	79.1105
2005	108552.9	0.0023	0.5935	0.2527	15.3287	18.7113	93.4282	27321.48	79.4504
2006	115121.4	0.0024	0.6117	0.2654	15.6599	18.5291	93.3853	25660.31	79.6295
2007	117418.3	0.0024	0.6157	0.2708	15.8716	18.5375	93.4192	25243.40	79.6053
2008	119006.8	0.0024	0.6183	0.2757	16.0537	18.6249	93.3835	25015.85	79.4954
2009	120423.5	0.0025	0.6221	0.2785	16.1067	18.5904	93.3948	24707.31	79.5303
2010	122827.7	0.0025	0.6280	0.2830	16.1513	18.5208	93.3013	24230.02	79.6050
2011	125403.6	0.0025	0.6333	0.2865	16.2418	18.3620	93.3206	23789.31	79.7763
2012	128666.4	0.0026	0.6387	0.2931	16.4000	18.3069	93.2645	23348.82	79.8276
2013	131092.1	0.0026	0.6499	0.2976	16.4395	18.2438	93.3261	22549.56	79.8955
2014	133668.0	0.0027	0.6542	0.3027	16.6203	18.2042	93.3251	22218.09	79.9284
2015	136329.7	0.0027	0.6595	0.3100	16.8062	18.2770	93.3716	21754.35	79.8358
2016	138540.7	0.0028	0.6656	0.3168	17.0683	18.3799	93.3657	21330.10	79.7050
2017	144014.5	0.0030	0.6819	0.3305	17.4817	18.4470	93.3581	20269.33	79.6062

斑块面积(CA):CA 逐年增加,说明重庆市建设用地面积逐年增加,建设用地在不断扩大。

斑块密度(PD):PD 反映建设用地景观类型中斑块在单位面积中的数量。2002—2017 年,PD 较小,但呈缓慢增加趋势,说明建设用地的异质性在缓慢升高。

最大斑块指数(LPI):LPI 逐年增加,说明建设用地景观中优势斑块呈逐渐增多趋势,人类活动对土地利用类型变化产生的影响不断加强,尤其是对建设用地的扩大产生影响。

边缘密度（ED）：2002—2017年，ED逐年增加，说明斑块破碎化程度提高，斑块形状不规则化趋势明显。

景观形状指数（LSI）：LSI逐年上升，说明重庆市建设用地斑块类型的离散程度提高，斑块形状更复杂和不规则，易导致系统不稳定。

边缘面积比（PARA）：2002—2017年，PARA波动减小，变化幅度较小，说明斑块的规模变大，斑块形状更复杂，重庆市建设用地规模呈扩大趋势。

斑块内聚力指数（COHESION）：COHESION在2002—2017年呈波动上升趋势，但是波动幅度不大，说明重庆市的建设用地在增加，且在分布上越来越聚集，自然连通性提高。

分散指数（SPLIT）：2002—2017年，SPLIT不断减小，说明重庆建设用地的面积在不断增加且斑块尺寸不断增大，表明受到城市发展以及行政区划等人类活动的影响，建设用地开始聚集，形成聚集区，且规模越来越大。

聚集度指数（AI）：AI在2002—2017年波动上升，说明重庆市建设用地聚集程度提高。

第七章
区县变动效应:经济效应

　　伴随着全面深化改革和市场经济的不断完善,当前的行政区划格局已然不能满足经济社会快速发展的需要,对行政区划调整的经济增长效应进行科学评估、适时推进行政区划调整是区域经济、社会、人文可持续发展的重要保证。作为政府主导城市化的重要工具,撤县设区在地级市行政区划调整中出现得最为频繁。相比撤县设市,撤县设区更为彻底,将县直接变为市辖区,纳入地级市统筹管理范围,由"孤立发展"转向"抱团取暖",逐渐成为推动城市经济社会发展的重要力量。正因如此,撤县设区对经济增长的影响也备受关注。

　　一、撤县设区

　　撤县设区是指撤销县或县级市,在原行政建制基础上设立市辖区的行政区划调整行为。除此之外,还有一种情况是将下辖县(市)与某个市辖区合并建立新的市辖区,这种情况与撤县设区较为相似。因此,本章将县区合并与撤县设区统称为撤县设区。特别说明的是,撤县设区包括另外两种特殊情况,一是撤地设市的同时撤县设区,二是县或县级市升格为地级市后相应辖区撤建为市辖区。由于这两种情况是在设立地级市的同时由于《宪法》规定地级市作为"设区的市"必须辖区而产生的伴随行为,不属于严格意义上的撤县设区。因此,这里暂不参与分析讨论。

通过上述分析发现,随着城市化的深入推进,全面深化改革步入深水区的同时,行政区划体制日臻完善,全国范围内基本没有省级行政区划调整,地市级也极少,但县级行政区划调整逐渐增多,撤县设区已经成为县级行政区划调整的主要类型。[①] 因此,这一部分以撤县设区为重点,从时间演变特征、空间演变特征等角度展开分析与讨论。

(一)时间演变特征

本部分将新中国成立以后撤县设区的数量按照年份进行统计,结果见图 7-1。据统计,1949—2017 年,共发生撤县设区 216 例(200 例撤县设区和 16 例县区合并),涉及 109 个地级及地级以上城市,减少了 216 个县(市),相应设立了 232 个市辖区。

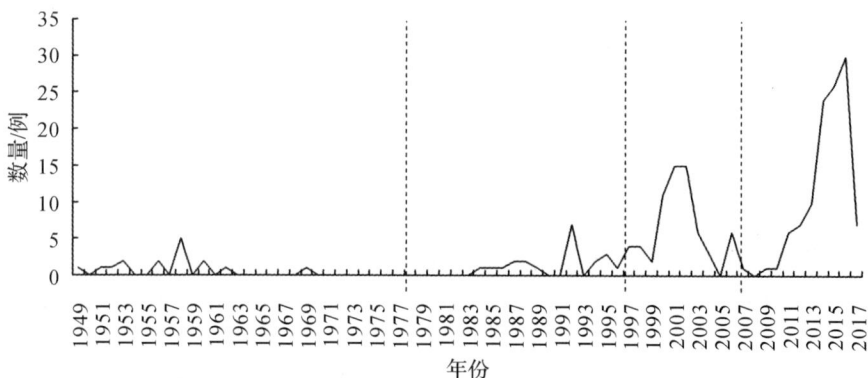

图 7-1　新中国成立后撤县设区的数量统计

分阶段来看,新中国成立至改革开放,撤县设区零星出现,三十年间仅发生 16 例,历年均在 5 例及以下,且主要集中在 20 世纪 50 年代。改革开放之后,撤县设区调整逐渐增多,共发生 200 例,并在 2000 年和 2016 年前后分别形成两个高峰。改革开放之后的撤县设区数量是之前的 12.5 倍,且 2008—2017 年短短十年时间发生 112 例,占发生总量的一半以上。由此可见,撤县设区是在改革开放之后才逐步展开的,并在近二十年内大规模爆发,且有"愈演愈烈"之势。

本部分将改革开放之后进一步划分为三个阶段,第一阶段是1978—1997年,这一阶段的行政区划调整以撤地设市和县改市为主,撤县设区相对较少,二十年间共发生25例,平均每年不超过2例,其中1992年相对较多,也只有7例。第二阶段是1998—2007年,这一阶段撤县设区数量较多,十年间共发生63例。其中,1999年、2000年、2001年都在10例以上,形成了撤县设区的第一个高峰。第三阶段是2008—2017年,同样十年间共发生撤县设区112例,属于新中国成立后撤县设区发生最多的一个阶段,并达到了第二个高峰。其中,2014年、2015年以及2016年,分别有24例、26例、30例,三年时间发生了80例,占第三阶段撤县设区总量的70%以上,在时间上呈现出高度集中的特点。

从整建制与非整建制来看:整建制撤县设区共有161例,占74.54%;非整建制撤县设区共有39例,占18.06%,县(市)区合并16例,占7.41%。具体数量分类统计如下:整建制撤县设区116例,非整建制撤县设区29例,整建制撤市设区45例,非整建制撤市设区10例,县区合并14例,市区合并2例。可见,整建制是撤县设区的主导类型,数量是非整建制4倍之多。

在上述分析的基础上,本部分进一步对不同类型城市撤县设区的发生概率与强度进行分析,并结合四大区域分析其区域差异。借鉴殷洁等的做法,本部分将发生撤县设区的城市分为两类:第一类是特殊类型的城市,包括直辖市、省会城市、计划单列市、经济特区,统计数据见表7-1;第二类是普通地级市。由于改革开放之前全国仅有16例撤县设区,且无明显的时空分布规律,因此,本部分重点分析改革开放之后撤县设区的发生概率与发生强度。

表 7-1　第一类城市撤县设区数量统计

类型	数量	合计
直辖市	北京（9例）、上海（10例）、天津（5例）、重庆（17例）	41例
省会城市	石家庄（3例）、太原、长春（2例）、南京（5例）、合肥（0例）、南昌（1例）、郑州、长沙（1例）、海口、贵阳、西安（4例）、西宁、呼和浩特、拉萨（2例）、乌鲁木齐（1例）、沈阳（1例）、哈尔滨（3例）、杭州（4例）、福州（1例）、济南（3例）、广州（4例）、武汉（4例）、成都（4例）、昆明（2例）、兰州（0例）、南宁（1例）、银川（0例）	46例
计划单列市	大连（2例）、青岛（3例）、深圳（1例）、厦门（1例）、宁波（3例）	10例
经济特区	珠海（1例）、汕头（2例）、喀什（0例）、霍尔果斯（0例）、海南（0例）	3例

注：深圳、厦门既属于计划单列市，又属于经济特区，为避免重复统计，暂将其作为计划单列市进行统计。

从发生概率上看，第一类与第二类城市均发生撤县设区100例，两类城市发生撤县设区的数量看似相同，但第一类城市只有29个，平均每个城市的撤县设区高达3.45例，而第二类城市的100例却广泛分布在80个普通地级市中，平均每个地级市发生1.25例。可见，撤县设区在第一类城市中发生的概率更高，更加偏爱行政级别高、经济体量大的城市。

这与现实情况比较吻合，行政级别高、经济体量大的城市随着城市化的发展其扩张需要更加迫切，同时也有能力对周边地区的县或县级市发挥辐射带动作用。为了开拓发展空间，加强统筹规划和统一管理，撤县设区可以说是满足上述需要的最优选择。同时，发展水平高的地级或地级以上城市进行撤县设区阻力相对较小，周边的县（市）愿意融入城市乃至大都市区的经济腹地，因此撤县设区的发生概率也较高。

进一步考察不同类型城市的发生概率发现，直辖市排第一位，4个直辖市共发生41例撤县设区，平均每个直辖市发生10.25例，这个概率远高于省会城市、计划单列市以及经济特区；第二位是计划单列市，5个城市共发生10例，平均每个计划单列市达到2.00例；省会城市位于第三位，27个省会城市共发生46例，平均每个省会城市发生1.70例；第四位是经济特区,5 个城市共发生 3 例,平均每个经济特区不到 1 例。由此可见,在发生概率较高的第一类城市中,直辖市又是其中发生概率最高的城市类型,其次是计划单列市、省会城市和经济特区。撤县设区发生概率的高低与城市的行政级别的高低具有高度的一致性。

撤县设区的发生强度在城市类型上表现出更加明显的差异性。第一类城市中发生 2 次或 2 次以上撤县设区的共有 20 个,占所有第一类城市的比重为 68.97%,包括 4 个直辖市、12 个省会城市、3 个计划单列市和 1 个经济特区。其中,4 个直辖市的发生强度最高,由高到低依次为重庆、上海、北京、天津,分别达到 17 例、10 例、9 例和 5 例,远高于其他类型的城市。而 80 个普通地级市中,只有 14 个发生 2 次或 2 次以上撤县设区,在普通地级市中占比仅为 17.50%。由此可见,行政级别高、经济体量大的第一类城市的撤县设区不仅在发生概率上较高,在发生强度上也远高于普通地级市。

(二)空间演变特征

改革开放之前,撤县设区主要集中在华北、西北地区,包括北京、天津、山东、辽宁、内蒙古等省份,还包括西南地区的云南省。从数量上看,北京、河北分别有 3 例,辽宁、天津、云南各有 2 例,甘肃、内蒙古、山东、陕西各有 1 例,主要集中在北京、天津、太原、兰州、包头、昆明等直辖市或省会城市。空间分布较为分散,没有表现出明显的空间分异规律。改革开放之后,共有 27 个省份发生撤县设区,东部、中部、西部以及东北地区均有覆盖。东部、中部、西部以及东北地区分别有 10 个、6 个、12 个、3 个省份。

东部地区的发生数量最多,达到 116 例,除海南外其余 9 个省份均有撤县设区发生,平均达到 11.60 例。前三名中,江苏在东部乃至全国撤县设区数量最多,排名第一位,共 23 例;广东次之,共 22 例;河北 16 例。在中部 6 省中,共发生 19 例,除山西外其余 5 省均有撤县设区发生。各省撤县设区均在 10 例以下,最高的湖北只有 7 例,最低的安徽、湖南只有 1 例,平均只有 3.17 例。西部地区共有 10 个省份发生撤县设区,总计 55 例,其中,重庆、四川、陕西相对较多,分别有 16 例、14 例以及 10 例,其余均在 10 例以下,平均达到 4.58 例。东北地区 3 个省份均有撤县设区发生,黑龙江、吉林、辽宁分别发生 3 例、3 例、4 例,共发生 10 例,平均达到 3.33 例。

进一步从四大区域对比来看,撤县设区具有明显的区域差异性,从高到低依次为东部、西部、中部、东北地区,分别占 58.0%、27.5%、9.5%、5.0%。可见,一半以上的撤县设区都发生在东部地区,无论在撤县设区的总量还是均量方面都高于其他 3 个地区。其次是西部地区,撤县设区的总量和均量都位列第二位。东部和西部地区的撤县设区总和占全国的 85% 以上,较高的撤并概率使其成为撤县设区的主要发生地;中部地区与东北地区相对"落后",两地区撤县设区之和仅占东部地区的 1/4,中部地区总量较高,但平均值较低,东北地区恰好与之相反。

二、研究假说与模型设定

(一)研究假说

伴随着全面深化改革和市场经济的不断完善,当前的行政区划格局已然不能满足经济社会快速发展的需要,适时推进行政区划调整是区域经济、社会、人文可持续发展的重要保障。相比撤县设市,撤县设区更为彻底,将县直接变为市辖区,纳入地级市统筹管理范围,由"孤立发展"转向"抱团取暖"。撤县设区的广泛兴起,主要是源于三个方面:一是改革开放之后经过三十多年的发展,很多城市面临发展空间不足的问题,撤县设区是拓展城市空间、优化城市格局的理想选择;二是一体化发展背景下,地级市的扩散溢出效应对下辖县(市)产生影响,其融入地级市发展的愿望日益强烈;三是 1994 年分税制改革以及后续的省直管县体制的推行,使得政府行为与经济绩效高度一致,客观上推动了撤县设区等行政区划调整。本部分的研究假设分述如下:

假设一:其他条件不变,撤县设区显著推动区域经济发展。

当前,撤县设区已经成为一些等级较高、地位重要的大城市打破空间局限、优化产业格局、提升发展能级、激发城市活力的政策利器。第五章研究发现,直辖市、省会城市、计划单列市、经济特区以及一般的地级市都曾发生过次数不一的撤县设区,并将在未来一段时间内继续发生。以广州为例,改革开放以来,广州市辖区数量不断增加,而下辖县(市)的数量不断减少:1983年,广州有海珠、荔湾、越秀、东山、黄埔与郊区6个市辖区;1985—2014年,广州经过撤县设区等行政区划调整,相继增加天河区(1985年)、芳村区(1985年)、白云区(1987年)、番禺区(2000年)、花都区(2000年)、南沙区(2005年)、萝岗区(2005年)、从化区(2014年)、增城区(2014年)。至2017年底,广州下辖越秀区、荔湾区、海珠区、天河区、白云区、黄埔区、番禺区、花都区、南沙区、增城区、从化区共11个市辖区,正式进入"全区时代"。

各地撤县设区的原因纷繁复杂,但主要可归结为两个方面。一是为城市发展蓄力。城市发展需要空间,但现有行政区划格局已然无法适应经济社会的发展需要,撤县设区给城市带来的是短期内发展容量的快速增大,伴随着城市内部产业结构的调整优化、中心城市经济规模的扩大、人口集聚水平的提高,撤县设区提升了城市区域一体化水平,为城市发展创造了更多可能性。二是为了打破"行政区经济"桎梏。撤县设区能够打破长期相对封闭的行政区内形成的独立自主的经济体系,推动在更大范围、更高层次资源配置的合理性,以行政体制改革推动市场的完善统一与区域社会经济的整体性发展。总体而言,撤县设区顺应建立统一、完善的市场机制愿景,遵循区域经济发展的内在规律,利于城乡二元结构破壁,从而推动区域经济、社会协调发展。

假设二:其他条件不变,撤县设区对发达地区的推动效应更显著。

撤县设区的政策红利受区域发展客观实际的影响。一般而言,撤县设区对地处发达地区的县来说,短期内能够起到快速输血的作用,政策红利显著。归并后的地级市通过产业转移、财政补给、政策优待为新设区创造发展优势,同时通过基础设施建设、公共服务优化等提升新设区发展条件,能够全方位将新设区带入较高的城市发展水平。而对相对落后地区的县来说,撤县设区带来的政策红利极其有限。无论是所属地级市的帮扶力度还是周边城市的辐射带动效应,都无法与发达地区相提并论。对相对落后地区的县来说,其在撤县设区的区划调整中扮演着双重角色,若所属地级市中心城区发展较为成熟且进入城市功能扩散阶段,新设区将扮演"受血者"的角色,地级市将加强与撤并县的统筹布局,给新设区带来更多发展机遇。但若中心城市发展较为落后或此时尚处集聚阶段,那么新设区可能反而会沦为"输血者",例如湖州市长兴市。中心城市可能会以加快自身发展为主要目标,攫取新设区的发展资源补给自身发展需要,这对新设区而言意味着发展机会的流失。

假设三:其他条件不变,撤县设区政策效应的发挥存在滞后性。

需要指出的是,撤县设区本身是行政体制的调整与完善,而非解决经济问题、增进社会福利的经济政策。因此,其对经济的作用可能显著,但却非立竿见影。行政体制的调整与完善所涉及的内容更是牵一发而动全身,规划、土地、财政、就业、社保以及人员安置等都不是一步到位、一蹴而就的。为保障政策的平稳过渡,撤县设区一般留有三至五年的过渡期。在过渡期内,往往保证新设区在事权、财权、行政体制、管理权限等方面基本不变,这主要是为了保持政策的连贯性和过渡性,确保撤县设区的顺利实施,避免引起不必要的矛盾和问题。而过渡期结束以后,地级市会根据新设区的实际发展情况,推进各项体制机制逐渐向市辖区靠拢,最终实现体制机制的完全过渡。

(二)模型设定

检验撤县设区对经济发展的政策效应,以往研究多数是通过简单比较政策实施前后研究样本的经济发展差异,以评估政策实施效果。然而,除了撤县设区这一政策外,影响区域经济发展的因素还有很多,包括宏观环境、经济政策、发展趋势、随机干扰等,因此,简单比较政策实施前后的发展差异这种类似单差法的比较检验往往不能反映政策实施的"净影响",可能很大程度上放大或缩小了政策效果。通过系统梳理文献发现,双重差分方法是有效避免上述问题的可行方法。双重差分法(differences in differences),又名倍差法、差中差,可以通过双重差的方法剥离政策以外的影响因素,最大限度地测度政策实施的真正影响。双重差分法现在已经成为政策效应评估的重要方法之一,主要原因在于:一是可以很大程度上避免内生性问题,政策相对于经济主体而言一般都是外生的,因而不存在逆向因果问题。二是通过设置准自然试验,将对照组和实验组进行两次差分,得出的结果更加科学和准确。

具体来看,为了准确评估政策实施带来的"净影响",一般将研究样本分为两组:一组是实施政策的实验组,另一组是没有实施政策的对照组。在选取一个度量经济发展水平的指标作为被解释变量之后,对实验组和对照组在政策实施前后分别进行第一次差分,得到实验组和对照组在政策实施前后的经济发展差异,尽管对照组并没有实施所谓的政策。第一次差分可以消除个体不随时间变化的异质性特征。在第一次差分的基础上,再将实验组和对照组的变化量进行第二次差分,以消除随时间变化的增量。经过第一次差分和第二次差分,最终得到政策实施的"净影响"。具体来讲,1999 年底,广东共有 45 个市辖区、43 个县、33 个县级市、3 个自治县。2000—2015 年,发生撤县设区的研究单元共有 22 个,这为双重差分方法的运用创造了良好的准自然试验条件。22 个发生撤县设区的单元作为实验组,其余单元作为对照组,共计 79 个研究样本。

据此,构建双向固定效应模型,具体模型构建如下:

$$Y_{it} = \alpha + \beta \text{TCID}_{it} + \gamma X_{it} + \text{year}_t + \text{county}_i + \varepsilon_{it}。$$

其中,被解释变量是 Y_{it},反映地区经济发展水平,用地区生产总值(GDP)加以表征,以 2000 年为基期进行测算。县和年份分别用 i 和 t 表示。控制变量是 X_{it},包括一系列对经济发展产生影响的变量。

财政收支分别采用预算内财政收入(BI)和预算内财政支出(BE)表示。产业结构分别采用第二产业比重(IR)和第三产业比重(SR)表示。投资和劳动力水平分别采用固定资产投资(FA)、房地产投资(RE)、在岗职工人数(L)表示,固定资产投资和在岗职工人数两个变量一直以来都是影响经济发展的重要因素。而近年来,房地产投资也成为衡量区域经济发展水平高低的重要指标,故将其纳入模型。其中,固定资产投资用永续盘存法借助缩减指数调整得到。此外,还有代表消费水平的社会消费品零售总额(TRS)。以上变量均经过对数化处理后带入模型加以运算。

（三）变量说明

本书选择 lnGDP 作为被解释变量,一方面是借鉴了尹来盛、罗小龙等、高琳、单凯和占张明等的研究成果[①],选择用 GDP 度量经济发展水平;另一方面,通过半弹性模型(即被解释变量为 lnGDP,解释变量为 TCID),TCID 的系数可以理解为增长率,即对 GDP 增速的影响,以利于科学解读政策效应的大小和方向。[②] 此外,本书不仅测度撤县设区对经济发展的影响,也兼顾了这种影响的时间滞后性和区域差异性,这两部分能够有效揭示撤县设区影响经济发展的其他特征。

除被解释变量和控制变量,本书最关注的是撤县设区的政策虚拟变量——TCID,发生撤县设区的研究单元的当年及之后年份设为 1,其余年份设为 0。TCID 的系数 β 反映撤县设区的影响大小和效应。β 若为正,则说明撤县设区对区域经济发展有促进作用,反之有阻碍作用。地区固定和时间固定效应用 $county_i$、$year_i$ 加以表征,地区固定效应主要反映个体异质性以及不随时间变化的影响因素,包括区位条件、历史基础、自然条件、文化因素等,时间固定效应主要反映随时间变化的各种影响因素,例如宏观环境、发展周期、经济政策以及其他随时间变化的难以捕捉的影响因素。此外,ε 属于误差项,用以反映对区域经济发展产业影响但未被单独列出的其他影响因素。

变量的描述性统计见表7-2。首先,运用STATA14.0检验 TCID＝1 和 TCID＝0 时的所有经济变量的差分是否显著。结果显示,除第三产业比重未通过显著性检验外,其他 8 个变量(包括被解释变量和解释变量)均通过 1% 的显著性检验。可见,撤县设区前后大多数经济指标发生了显著变化,说明发生撤县设区的实验组和未发生撤县设区的对照

① 尹来盛.辖区合并与经济绩效——基于京津冀、长三角、珠三角的经验研究[J].经济体制改革,2016(1):50-56;罗小龙,殷洁,田冬.不完全的再领域化与大都市区行政区划重组——以南京市江宁撤县设区为例[J].地理研究,2010(10):1746-1756;高琳.大都市区辖区合并的经济增长绩效——基于上海市黄浦区与南市区的合并案例研究[J].经济管理,2011(5):38-45;单凯,占张明."省直管县"政策下地级市"撤县设区"行为研究——以浙江省为例[J].中共杭州市委党校学报,2015(3):32-39.
② 伍德里奇.计量经济学导论现代观点[M].北京:中国人民大学出版社,2003:42-43.

组在所选变量上具有明显的差异性,这为后续进行双重差分测度撤县设区的政策效应创造了条件。其次,对 TCID 分别为 0 和 1 时的样本进行描述统计分析。当 TCID＝1 时,样本量为 193,这是发生撤县设区的样本总量,当 TCID＝0 时,样本量为 1071,这是未发生撤县设区的样本总量。由于不同的变量量纲不同,所以平均值、标准差具有较大差异,限于篇幅,不再展开分析。

表 7-2　变量的描述性统计分析结果

变量	TCID＝1			TCID＝0			双组之差(实验组－参照组)
	样本数量	平均值	标准差	样本数量	平均值	标准差	
lnGDP	193	6.571	0.405	1071	5.830	0.419	0.741***
lnFA	193	13.957	1.091	1071	11.543	1.718	2.414***
lnL	193	4.975	0.308	1071	4.471	0.270	0.504***
IR	193	61.207	12.723	1071	38.624	12.324	22.583***
SR	193	31.778	11.815	1071	34.974	7.385	－3.196
lnRE	193	12.220	1.621	1071	9.681	1.717	2.538***
lnTRS	193	13.892	1.002	1071	12.439	1.044	1.453***
lnBI	193	12.069	1.062	1071	10.149	1.074	1.920***
lnBE	193	12.397	0.971	1071	11.167	1.061	1.230***

注:*** 代表 1% 的显著性水平。

本部分选择广东省作为实证研究的对象,主要基于以下三个方面的考虑:一是广东省位于我国东南沿海,经济社会比较发达,撤县设区行政区划调整比较频繁,为科学评估行政区划调整的政策效应提供了可观的样本量和良好的实验条件。二是广东省经济社会发达;城市化水平高,城市发展往往走在其他地区前列。很多城市都遇到了发展空间不足、行政体制局限等问题,阻碍了城市化的可持续发展和区域经济的一体化进程,因此,广东省能够为撤县设区的影响效应提供很好的例证。三是广东省的撤县设区历程符合时间和空间测度要求。时间上,撤县设区数量多,跨度大,能够检验政策实施的时间特征。空间上,珠三角和非珠三角地区也为测度政策实施的空间特征创造了良好的条件。

　　根据前述研究,1994 年,县级云浮市升格为地级云浮市,标志着广东省 21 个地级市的格局基本形成,在此之前经历了大规模的撤地设市(地级)、撤县设市(县级)。2000 年以后,伴随着城市化、工业化的深入推进,以及 1997 年"县改市"的冻结,广东省开始进入真正意义上的撤县设区高峰期。撤县设区虽然不同年份的数量有所不同,但作为主要的行政区划调整类型没有被替代过。因此,综合考虑广东省行政区划调整的时段特征和分析数据的可获取性,本部分将研究时段确定为 2000—2015 年。2000 年以后,广东省区县级行政区划调整日益增多,撤建、撤销、析置、微调等不同类型的行政区划调整均有发生,尤以撤县(市)设区这一类型发生次数最多(见表 7-3)。

表 7-3　广东省撤县设区调整统计

序号	年份	类型	类型	地市	市辖区	新增市辖区数量
1	2000	撤市设区	整建制	广州	番禺区	1
2	2000	撤市设区	整建制	广州	花都区	1
3	2001	撤县设区	非整建制	珠海	斗门区	1
4	2002	撤市设区	整建制	佛山	高明区	1
5	2002	撤市设区	非整建制	佛山	南海区	1
6	2002	撤市设区	整建制	佛山	三水区	1
7	2002	撤市设区	整建制	佛山	顺德区	1
8	2002	撤市设区	非整建制	江门	新会区	1
9	2003	撤市设区	非整建制	汕头	潮阳区、潮南区	2
10	2003	撤市设区	非整建制	汕头	澄海区	1
11	2003	撤市设区	非整建制	惠州	惠阳区	1
12	2004	县区合并	非整建制	韶关	曲江区	1
13	2012	撤县设区	非整建制	揭阳	揭东区	1
14	2012	撤县设区	整建制	清远	清新区	1

续表

序号	年份	类型	类型	地市	市辖区	新增市辖区数量
15	2013	撤县设区	非整建制	潮州	潮安区	1
16	2013	撤县设区	整建制	梅州	梅县区	1
17	2014	撤市设区	整建制	广州	从化区	1
18	2014	县区合并	整建制	茂名	电白区	1
19	2014	撤县设区	整建制	阳江	阳东区	1
20	2014	撤县设区	非整建制	云浮	云安区	1
21	2014	撤市设区	整建制	广州	增城区	1
22	2015	撤市设区	整建制	肇庆	高要区	1

2000年以来,广东省区县级行政区划调整主要集中在两个时段:一是2000—2004年,共有12例;二是2012—2015年,共有10例。2005—2011年,没有发生撤县(市)设区。2000年,广州市撤销番禺市、花都市,分别设立番禺区、花都区。2001年,撤销斗门县,设立珠海市斗门区。2002年,撤销县级顺德市、三水市、高明市、新会市、南海市,分别设立佛山市高明区、南海区、三水区、顺德区和江门市新会区。2003年,撤销县级潮阳市,设立汕头市潮阳区、潮南区;撤销县级澄海市,设立汕头市澄海区;撤销县级惠阳市,设立惠州市惠阳区。2004年,撤销曲江县、北江区,合并设立韶关市曲江区。2000—2004年,广东省市辖区数量增加至58个。

2005—2011年,广东省没有发生撤县(市)设区。2012年有2例,分别是:撤销清新县,设立清远市清新区;撤销揭东县,设立揭阳市揭东区。2013年,撤销梅县,设立梅州市梅县区;撤销潮安县,设立潮州市潮安区。2014年最多,共发生5例;撤销县级从化市,设立广州市从化区;撤销县级增城市,设立广州市增城区;撤销茂港区和电白县,合并设立茂名市电白区;撤销阳东县,设立阳江市阳东区;撤销云安县,设立云浮市云安区。2015年,撤销县级高要市,设立肇庆市高要区。2015年底,广东省市辖区数量增至62个。

1999 年底,广东省辖 21 个地级市、45 个市辖区、33 个县级市、43 个县、3 个自治县,总人口 7123 万人,总面积为 178652 平方公里。其中,市辖区人口为 1734 万人,面积 14025 平方公里,分别占总人口和总面积的 7.85%、24.34%。经过十多年的发展,加之多次行政区划调整,截至 2015 年底,广东省地级市数量没有发生变化,但市辖区数量由原来的 45 个增至 62 个,县(县级市)由 76 个降至 54 个,自治县数量没有变化,依然是 3 个。总人口增长了 1505 万人,达到 8628 万人。其中,市辖区人口增至 4254 万人,增长了 145.33%,占总人口比重由 7.85% 上升至 49.30%,接近广东省总人口的一半,面积也进一步扩展至全省的 28.03%。可见,进入 21 世纪后,广东省行政区划调整以县(市)减少和市辖区的相应增加为主要调整方向,市辖区的发展趋势非常明显。

从市辖区占地级市面积比重来看,除地级市深圳、东莞和中山外, 1999 年底,占比 50% 以上的有 2 个,分别是广州和珠海,比重达到 59.42%、58.33%。其次是清远、汕头、阳江、湛江,比重均在 20% 以上,其余 12 个地级市的市辖区面积占比均在 10% 及以下。其中,梅州、河源比重最低,仅为 6.30%、8.25%。2015 年底,除河源以外,其他地级市市辖区面积均有不同程度增长。其中,广州、珠海、佛山通过撤县设区的方式全部变为市辖区,比重达到 100%。汕头市辖区面积比重也很高,达到 94.77%。此外,潮州、阳江、云浮、惠州等市辖区面积比重也较大,均在 20% 以上。汕尾和河源比重最低,仅为 8.15%、2.33%。从市辖区面积增加量来看,前五位是广州、汕头、清远、梅州、韶关,增加量均在 2500 平方公里以上。

市辖区面积的增长在珠三角地区比较明显,而非珠三角地区增长较少。下面通过统计数据对这一直观结论进行验证。珠三角旧称粤江平原,位于广东省的珠江下游,是西江、北江共同冲积成的大三角洲与东江冲积成的小三角洲的总称。珠三角地理位置优越,毗邻港澳,与东南亚地区隔海相望,海陆交通便利,被称为我国的南大门。珠三角作为地理区域的这一提法由来已久,但作为经济区域的首次提出是在 1994 年。当年 10 月,中共广东省第七届委员会第三次全体会议提出建设珠江三角洲经济区,珠三角作为一个经济区域的说法由此产生。珠三角主要包括广州、深圳、佛山、东莞、中山、珠海、江门、肇庆、惠州共 9 个城市。由于在研究时段内深圳、东莞、中山 3 市不辖县(市),所以暂不参与运算分析。

1999 年,珠三角地区市辖区面积之和为 2884 平方公里,占珠三角地区面积比重为 5.95%,相比之下,非珠三角地区市辖区面积为 6056 平方公里,占非珠三角地区面积比重达到 4.84%。可见,珠三角地区市辖区面积比重略高于非珠三角地区。2015 年,珠三角地区市辖区面积之和增长至 20232 平方公里,占整个珠三角地区面积比重达到 41.52%。相比之下,非珠三角地区市辖区面积也在增长,但远不及珠三角地区。2015 年,非珠三角地区市辖区面积为 23512 平方公里,占非珠三角地区的比重为 19.04%。由此可见,经过十多年的发展,珠三角地区已经有接近一半的区域属于市辖区,非珠三角地区仅有 1/5 的区域属于市辖区,珠三角地区的市辖区面积增长速度远快于非珠三角地区。

进一步从地级市来看,除深圳、东莞、中山 3 市,珠三角地区包括广州、佛山、珠海、惠州、江门、肇庆 6 个地级市,1999—2015 年,市辖区面积增加量为 17348 平方公里,平均每个地市增加 2891 平方公里。而非珠三角地区包括汕头、韶关、湛江、茂名、梅州、河源、汕尾、阳江、清远、潮州、揭阳、云浮 12 个地级市,市辖区面积增加量为 18720 平方公里,平均每个地市增加 1560 平方公里。河源、汕尾等地市增量少,拉低了非珠三角地区市辖区面积的平均水平。研究发现,珠三角地区 6 个地级市市辖区面积增加量与非珠三角地区 12 个地级市的市辖区面积增加量不相上下,可见,相比非珠三角地区,珠三角地区是广东省市辖区面积增加比较明显的地区。

三、模型检验与实证分析

(一)随机检验

根据陈林和伍海军的研究成果,在采用双重差分法之前需要对政策实施的随机性进行检验。① 如果政策的实施不是随机的，就意味着研究主题不具备准自然试验的基础条件，也就不能使用双重差分法检验政策效应。反之，则可以使用双重差分法。一般而言，撤县设区往往并不是随机实施的，而是在经济发展水平相对较高的县（市）发生概率较大，这样的县（市）通过撤县设区可以与地级市实现强强联合，达到壮大经济体量、提升经济发展水平的目的。而经济发展水平较低的县（市）往往不是地级市首选的撤县设区对象，因为这类县（市）撤县设区后更多的是需要地级市的"输血"。因此，本部分将 TCID 作为被解释变量，将其他反映经济发展水平的控制变量作为解释变量进行 Logit 回归，结果见表7-4。结果显示，解释变量部分显著，说明这些影响因素对是否撤县设区确实有一定影响，撤县设区的政策实施并非随机发生的。因此，本书采用熵平衡法来处理随机性问题，并进一步利用加权最小二乘法进行双重差分估计。

表 7-4　撤县设区的随机性回归结果

解释变量	被解释变量：TCID								
	(1)	(2)	(3)	(4)	(5)	(6)	(7)	(8)	(9)
D. IR	0.004 (0.022)				−0.061** 				
G. GDP		1.370 (0.906)				−0.008 (0.100)			
D. lnFA			−0.146 (0.143)				0.566 (0.655)		
D. lnL				4.754*** (1.247)				−0.051 (0.145)	
D. lnBE								−0.104 (0.156)	
_cons	−1.651*** (0.080)	−1.836*** (0.117)	−1.612*** (0.086)	−1.717*** (0.083)	−1.626*** (0.079)	−1.648*** (0.082)	−1.722*** (0.117)	−1.641*** (0.082)	−1.631*** (0.083)
N	1185	1185	1185	1185	1185	1185	1185	1185	1185

注：**、*** 分别代表 5%、1% 的显著性水平，括号内为稳健标准误。

————

① 陈林，伍海军. 国内双重差分法的研究现状与潜在问题[J]. 数量经济技术经济研究，2015(7)：133−148.

（二）实证分析

经过上述处理，本部分运用 STATA14.0 对撤县设区的政策效应进行双重差分估计，回归结果见表 7-5。研究发现，在逐步加入不同控制变量的情况下，尽管 TCID 的回归系数略有不同，但均为正且都通过不同程度的显著性检验，由此可以判定撤县设区对经济发展具有显著推动效应，验证了假设一。这与李郇和徐现祥的研究结论①具有相似性，验证了本书结论的正确性。从回归系数来看，在模型（1）中，当只有一个 TCID 政策虚拟变量时，回归系数为 0.093，通过 1％显著性检验，这时的回归系数最大。在模型（2）中，当加入固定资产投资（FA）、在岗职工人数（L）2 个控制变量时，回归系数降至 0.071，依然通过 1％显著性检验。在模型（3）中，当进一步加入第二产业比重（IR）、第三产业比重（SR）2 个控制变量后，回归系数进一步降至 0.059，依然通过 5％显著性检验。在模型（4）中，当控制变量全部纳入回归模型时，回归系数在 4 个模型中最小，即 0.048，但仍通过 5％显著性检验，这一系数可以看作相对稳健的结果，由此可以认为撤县设区对经济发展的影响约为 4.8％。

表 7-5 撤县设区经济效应双重差分估计结果

解释变量	被解释变量:lnGDP			
	（1）	（2）	（3）	（4）
TCID	0.093*** (0.026)	0.071*** (0.024)	0.059** (0.023)	0.048** (0.022)
lnFA		0.015* (0.008)	0.003 (0.005)	0.003 (0.005)
ln$L$		0.151** (0.073)	0.078 (0.053)	0.057 (0.053)
IR			0.010*** (0.001)	0.009*** (0.001)

① 李郇,徐现祥.中国撤县(市)设区对城市经济增长的影响分析[J].地理学报,2015 (8):1202－1214.

续表

解释变量	被解释变量：lnGDP			
	（1）	（2）	（3）	（4）
SR			0.006*** (0.002)	0.005*** (0.002)
lnRE				0.007* (0.004)
lnTRS				0.102*** (0.024)
lnBI				0.016* (0.008)
lnBE				−0.011 (0.010)
_cons	5.565*** (0.013)	4.732*** (0.345)	4.646*** (0.271)	3.532*** (0.390)
N	1264	1264	1264	1264
year	Y	Y	Y	Y
county$_i$	Y	Y	Y	Y
F	257.453	297.582	488.097	426.566
P	[0.000]	[0.000]	[0.000]	[0.000]
Adjusted R^2	0.919	0.923	0.950	0.954

注：*、**、***分别代表10％、5％、1％的显著性水平，括号内为稳健标准误，中括号内为伴随概率。

从控制变量来看，在模型（2）中，固定资产投资和在岗职工人数均通过显著性检验，回归系数分别为 0.015 和 0.151，说明劳动力对经济发展的影响更加明显。在模型（3）中，当加入第二产业和第三产业比重后，固定资产投资和在岗职工人数不再显著，而第二、第三产业比重则通过显著性检验，回归系数分别为 0.010 和 0.006，说明第二产业对经济发展的促进作用较第三产业大。在模型（4）中，当加入所有的控制变量后，固定资产投资、在岗职工人数依然没有通过显著性检验，财政支出也没有通过，但第二产业比重、第三产业比重、房地产投资、社会消费品零售总额、财政收入等大部分控制变量依然通过显著性检验,说明产业结构、投资、消费、财政收入等对经济发展的影响更为明显。

广东省地处东南沿海,经济、社会发达,但出于历史条件、产业基础、地理区位、发展趋势等原因,省域内部依然存在明显的区域发展差异。由于撤县设区不仅发生在经济发达的珠三角地区,在相对落后的非珠三角地区也有发生,因此,有必要进一步考察撤县设区的政策效应在发达地区与欠发达地区的差别。根据广东省统计年鉴,本书将21个地级市分为发达地区和欠发达地区,发达地区即传统意义上的珠三角地区,包括广州、深圳、佛山、中山、珠海、东莞、惠州、江门、肇庆9个地级市,欠发达地区即非珠三角地区,包括汕头、韶关、湛江、茂名、梅州、河源、汕尾、阳江、清远、潮州、揭阳、云浮12个地级市。运用STATA14.0分别对发达地区和欠发达地区进行双重差分检验,结果见表7-6。

表 7-6　撤县设区的地区差异回归结果

解释变量	被解释变量:lnGDP			
	发达地区	发达地区	欠发达地区	欠发达地区
	(1)	(2)	(3)	(4)
TCID	0.186*** (0.050)	0.115*** (0.029)	0.041* (0.025)	−0.05 (0.019)
lnFA		0.04 (0.08)		−0.001 (0.005)
lnL		0.117 (0.078)		0.011 (0.070)
IR		0.014*** (0.003)		0.009*** (0.001)
SR		0.010*** (0.002)		0.005*** (0.002)
lnRE		0.002 (0.009)		0.005 (0.003)

续表

解释变量	被解释变量:lnGDP			
	发达地区	发达地区	欠发达地区	欠发达地区
	(1)	(2)	(3)	(4)
lnTRS		0.131***		0.084**
		(0.043)		(0.032)
lnBI		0.038*		0.015**
		(0.020)		(0.007)
lnBE		−0.041*		−0.010
		(0.023)		(0.010)
_cons	5.885***	2.700***	5.422***	3.914***
	(0.031)	(0.606)	(0.012)	(0.488)
N	384	384	880	880
year	Y	Y	Y	Y
county	Y	Y	Y	Y
F	141.039	211.234	596.243	692.800
P	[0.000]	[0.000]	[0.000]	[0.000]
Adjusted R^2	0.885	0.947	0.936	0.964

注:*、**、*** 分别代表10%、5%、1%的显著性水平,括号内为稳健标准误,中括号内为伴随概率。

具体来看,模型(1)和模型(2)显示,在发达地区,当只有一个政策虚拟变量 TCID 时以及加入控制变量后,回归系数分别为0.186和0.115,均通过1%显著性检验。而模型(3)显示,在欠发达地区,当只有一个政策虚拟变量 TCID 时,回归系数为0.041,且通过10%显著性检验,而模型(4)显示,当加入控制变量后,TCID 的系数为负且没有通过显著性检验。可以判断,撤县设区对于发达的珠三角地区作用更加明显,而在经济相对落后的非珠三角地区表现不稳定。这一结果验证了假设二。与上述分析对比发现,从广东全省范围来看,撤县设区对经济发展的政策效应约为 4.80％,而在经济相对发达的珠三角地区,政策效应达到 11.50％,而在经济落后的非珠三角地区,政策效应为 4.10％,这也从侧面反映了假设一的正确性。

究其原因,珠三角地区的撤县设区政策效应更加明显的原因在于:一是珠三角地区的县(市)发展水平较高,撤县设区后行政区划的体制障碍破除,有助于加快县(市)与所属地级市的融合发展,加速区域一体化进程;二是珠三角地区的地级市发展水平也相对较高,对下辖的县(市)有强大的辐射带动能力,不会出现"小马拉大车"或者"小马拉小车"的情况。而非珠三角地区,即使县(市)的发展水平相对较高,其所辖地级市的发展水平相对较低,撤县设区后常常陷入"小马拉大车"的窘况,从而限制政策效应的发挥。这种现象也从侧面反映了撤县设区并非适用于任何情况的万能政策工具,撤县设区政策效应的发挥需要具备一定的客观条件,比如发展基础、恰当的时机以及完善的政策体制设计,这样才能保证撤县设区的顺利实施并将政策效应发挥至最大。

由于撤县设区的政策实施并非在同一时间、地点进行,而是不同县(市)在不同的时间发生,所以在进行双重差分之前无法进行平行趋势检验。考虑这种情况,为使估计结果更加科学、合理、可信,本书尝试采用安慰剂检验,对撤县设区的政策实施进行"反事实"设计。具体做法是设定多个时间变量纳入模型,发生撤县设区的当年设定 $year_0 = 1$,否则为 0。提前一年至五年分别设定时间变量为 $year_{-1} = 1$、$year_{-2} = 1$、$year_{-3} = 1$、$year_{-4} = 1$、$year_{-5} = 1$,否则设定为 0。将上述 6 个时间变量代替 TCID 进行模型估计,结果见表 7-7 的第(1)列和第(2)列。结果显示,当不加入其他控制变量时,所有时间变量均不显著,而且部分年份的回归系数还是负数。当加入其他控制变量后,虽然变量 $year_{-4}$ 显著,但却为负数。因此,通过安慰剂这种"反事实"检验发现,即使假定撤县设区提前进行,也并不能对经济发展产生明显影响。只有在真正发生撤县设区时,政策实施的效果才可能逐步显现。

表 7-7 安慰剂检验与时间效应回归结果

解释变量	被解释变量:lnGDP				
	（1）	（2）	（3）	（4）	（5）
$year_{-5}$	0.068 (0.089)	0.012 (0.030)			0.014 (0.031)
$year_{-4}$	0.022 (0.064)	-0.237^{***} (0.011)			-0.037^{***} (0.012)
$year_{-3}$	-0.033 (0.072)	-0.013 (0.032)			-0.010 (0.032)
$year_{-2}$	-0.015 (0.027)	0.025 (0.015)			0.028 (0.019)
$year_{-1}$	-0.011 (0.035)	0.002 (0.023)			0.005 (0.024)
$year_0$	-0.038 (0.034)	-0.008 (0.022)	-0.033 (0.035)	-0.007 (0.022)	-0.006 (0.022)
$year_{+1}$			-0.004 (0.025)	-0.018 (0.016)	-0.018 (0.016)
$year_{+2}$			0.021 (0.030)	-0.008 (0.021)	-0.008 (0.021)
$year_{+3}$			0.075^{***} (0.022)	0.031 (0.021)	0.031 (0.021)
$year_{+4}$			0.080^{***} (0.018)	0.030^{**} (0.015)	0.031^{**} (0.015)
$year_{+5}$			0.087^{***} (0.023)	0.044^{**} (0.018)	0.045^{**} (0.018)
控制变量	N	Y	N	Y	Y
_cons	5.581^{***}	3.400^{***} (0.394)	5.581^{***} (0.013)	3.431^{***} (0.391)	3.418^{***} (0.393)
N	1246	1246	1246	1246	1246
year	Y	Y	Y	Y	Y
county	Y	Y	Y	Y	Y
F	317.070	647.336	314.703	450.786	466.884

续表

解释变量	被解释变量：lnGDP				
	（1）	（2）	（3）	（4）	（5）
P	［0.000］	［0.000］	［0.000］	［0.000］	［0.000］
Adjusted R^2	0.920	0.955	0.922	0.956	0.955

注：**、***分别代表5%、1%的显著性水平，括号内为稳健标准误，中括号内为伴随概率。

政策实施有一定的时效性，撤县设区作为一种行政区划调整的行政政策，也必然存在一定的时间特征。撤县设区的政策效应是在政策实施之前已发生还是在政策实施之后才开始显现，现有的研究尚未给予科学、合理、准确的解释。而在上述研究中，TCID代表研究样本受到政策冲击后对经济发展的平均影响程度，未能反映政策效应是否随时间不断变化，为此，本书尝试对撤县设区前、后的政策效应进行检验。时间变量的设置与反事实检验一致，撤县设区当年设定 $year_0 = 1$，否则为 0。$year_{+1} = 1$、$year_{+2} = 1$、$year_{+3} = 1$、$year_{+4} = 1$、$year_{+5} = 1$ 分别代表撤县设区后的第一年至第五年，否则设定为 0。回归结果见表 7-7 中的第（3）列和第（4）列。

第（3）列数字显示，在未考虑其他控制变量的情况下，撤县设区的政策效应在第三年才开始显现出来，而第（4）列数据显示，加入其他控制变量后，撤县设区的政策效应在第四年才开始显现。从系数变化来看，在撤县设区实施后，随着时间的推移，政策效应不断显现，并对经济发展的影响越来越大。由此可以判断，撤县设区政策效应的释放并非立竿见影的，而是需要经历一个过程，也可以说撤县设区对经济发展的影响存在时间滞后性，这一过程大致在三至五年。这一结论与现实比较吻合。一般而言，为了确保撤县设区的顺利实施，被撤县（市）往往具有三至五年的过渡期，在过渡期内，原有的财权、事权以及相应的行政管理体制不做大的变动，而过渡期之后，会根据其他市辖区的标准逐步对被撤县（市）进行改革，以完成撤县设区的蜕变过程。第（5）列是纳入了撤县设区前、后时间变量的回归结果，与安慰剂检验以及第（3）列、第（4）列相似，说明撤县设区时间效应的回归结果比较稳健。

第八章
区县变动效应:体制效应

撤县设区除了带来土地利用变化、经济社会发展效应之外,本质上还对政府体制改革发挥重要作用。在行政区划调整过程中,各地区在遵循国家基本政治、经济以及组织制度的前提下,根据实际情况采取的具体做法各有不同。浙江省宁波市鄞州区在撤县设区过程中破解了"市的统辖"和"区的自主"的两难局面,以协同共进化解了体制机制的摩擦风险,更以制度的创新设计激发了鄞州区的内生活力,从而推动了鄞州区撤县设区的顺利实施和政策效应的充分发挥。[①] 为此,本章主要借鉴和参考程刚的研究成果[②],以宁波市鄞州区撤县设区为例,分析鄞州在撤县设区过程经济、社会、行政等方面的改革措施和制度设计,探究鄞州撤县设区的体制机制效应。

一、体制差异

一般来看,县和区虽然同属县级行政建制单位,但县是我国《宪法》规定的一级地方政府,具有独立的事权、财权等,而区在本质上不

---

① 林拓,申立,虞阳.撤县建区:从政区调整到战略创新——以宁波鄞州为例[J].宁波大学学报(人文科学版),2013(1):75-80.

② 程刚.中国撤县设区的新探索:宁波鄞州模式实证研究[M].北京:经济科学出版社,2011:49-50.

属于一级政区,是地级市的派出机构,不具备独立的权限。由于存在行政区划上的本质差别,县和区在体制、职能、机构等方面均存在明显差异。参考高祥荣[①]、程刚、刘君德[②]等的研究成果,本章将市辖区与一般县(县级市)的体制机制差异进行比较,结果见表 8-1。在体制方面:县

表 8-1   市辖区与县(县级市)的差异

差异	类别	市辖区	县(县级市)
体制差异	行政体制	市辖区不属于一级政区,由地级市管辖和领导,不具备独立职权	《宪法》规定的一级政区,享有独立的、一级政区所具备的职权
	行政隶属	地级市直管	县级市由省政府直管,地级市代管
	财税体制	半级财政,由市级财政预算,财税上解比例高	一级财政,独立预算体系,财税上解比例低
	行政级别	处级(副省级市高半级,由所属地级市直管)	处级
	下辖单位	以街道办事处为主	乡、镇、街道办事处
职能差异	产业重点	以第二、第三产业为主	以第一产业为主(部分县级市第二、第三产业较发达)
	职能重点	城市经济、社会发展	县域经济、社会发展
	职能行使	城建、规划、土管等由所属地级市统一进行	城建、规划、土管等受地级市指导,独立运行
机构差异	机构设置	由于市辖区的相对独立性,公安、国土、环保、规划、交通、财政等政府职能部门均以分局形式设置,受地级市直接领导和管辖	由于县或县级市的独立性,在县(县级市)政府设置公安局、国土局、环保局、规划局、交通局等独立局级单位,受地级市相关单位指导和监督
行政区差异	行政区类型	城市型行政区	地域型行政区

---

① 高祥荣."撤县(市)设区"与政府职能关系的协调[J].甘肃行政学院学报,2015(3):29 - 40,126;高祥荣.撤县(市)设区过程中的政府职能关系研究——以浙江省为例[J].广东行政学院学报,2015(6):23 - 30.

② 刘君德,汪宇明.制度与创新——中国城市制度的发展与改革新论[M].南京:东南大学出版社,2000:176 - 177.

（县级市）具备独立性，而市辖区不具备独立性或独立性较弱；县（县级市）一般由省直管，地级市代管，而市辖区由地级市直管；县（县级市）属于一级政府，随之而来具备一级财政，拥有独立的预算体系，财税上缴比例低，而市辖区属于半级财政，财税上缴比例高。在行政层级方面，县（县级市）、市辖区均为处级，但市辖区为副省级，比处级高半级。县（县级市）的下辖单位有乡镇或街道，而市辖区往往下辖街道。

在职能方面，市辖区走城市化发展道路，重点发展第二、第三产业，职能重点也是发展城市经济。而县（县级市）则以农业发展为主，第二、第三产业相对比较落后，属于县域经济。由于县（县级市）也属于城市化地区，不排除部分县（县级市）第二、第三产业具有较高的发展水平。在机构方面，县拥有一套完整的政府职能机构，在县政府领导下设置公安局、国土局、交通局、规划局、财政局等，这些机构受地级市相关单位的监督和指导。而市辖区由于其相对独立性，公安、国土、环保、规划、交通、财政等政府职能部门均以分局形式设置，受地级市直接领导和管辖。在行政区类型方面，县（县级市）属于地域型行政区，而市辖区属于城市型行政区。需要特别说明的是，由于多数县级市由撤县设市而来，因此，县级市的政治、经济以及社会等的管理职权既不同于县也不同于市辖区。

以城市规划为例，城市总体规划、城市体系规划、城市详细规划的编制、报批和组织实施一般由县自行负责。此外，与规划编制、实施相配套的地方性政策、法规、管理办法等的制定、批准、实施也由县负责。而对市辖区而言，城市总体规划的编制、实施等一般由所属地级市统一进行，市辖区可以参与起草并提出相应的意见和建议，并报地级市审批。而分期规划则由地级市和市辖区共同编制，报地级市审批。控制性详规、修订性详规一般由市辖区编制和组织实施，最后报地级市审批、备案。

城建工作是以城市规划为依据，通过建设工程对城市风貌、人居环境进行改造的活动，是为管理城市创造良好条件的基础性、阶段性工作。县的城建工作主要集中在县城、建制镇以及重点乡村，这些地方的城建工作主要由县负责管理、实施。而市辖区的城建工作也就是地级市的城建工作,所以在建设草案编制、开发建设方案等方面都由市里统一规划、实施,市辖区作为参与部门主要提供建设意见,参与方案编制和实施。市辖区内部的水、电、交通、垃圾处理等重要基础设施建设则与市共建共享。

　　2002 年,撤销县鄞县,设立鄞州区。随着行政区划调整,鄞州区不仅逐步完成了由县到区的行政区转换,也相应地推进了体制机制的改革与创新,体现了统筹性、协同性、共享性、发展性的特征。撤县设区虽然在撤建之初设置了一定的过渡期,但并不是一味地保留县体制,而是通过体制改革以及创新的制度设计形成了独特的"鄞州模式"。这一模式集中了原鄞县和宁波市市辖区的两种体制优势,在这个基础上创制出了一套新的适用于鄞州区的体制机制,形成了一种新的市辖区发展和改革路径。撤县设区不仅强化了宁波市级政府的领导力,也充分保障了鄞州区的主体作用和发展积极性。

　　下面结合表 8-2 对比分析鄞州区与一般市辖区的体制机制差异。在发展权限上,相比一般市辖区,鄞州区具有更强的独立性和自主性;在制度设计上,鄞州区形成兼具县和区特征的混合型制度;在土地管理、财政体制、规划体制、社会保障、城市管理等方面既有区的特征,也有县的特征;在主体利益上,鄞州区具有更大的发展自主权,得以保持发展的灵活性;在财政体制、规划体制、土地管理、社会保障、公安管理体制等方面,鄞州区基本保持原职责和权限不变,还根据市辖区的标准获得了更多的支持和优惠政策。此外,在基础设施共建共享方面,鄞州区享受与其他市辖区一样甚至优于其他市辖区的政策支持和优惠。在城乡统筹上,注重新型城市化和新农村建设,尤其重视原鄞县除县城以外的广大农村区域,推进市与区、城与乡的统筹协调发展,在城市规划、产业带动、基础设施方面加大对农村地区的投入力度。

表 8-2　一般市辖区与鄞州区体制机制的比较

体制机制	一般市辖区	鄞州区
独立性	弱	强
自主性	弱	强
行政级别	处级（副省级城市高半级）	处级高半级
行政隶属	地级市直管	宁波市直辖
工作重点	以城市工作为重点，兼顾农村	新型城市化和新农村建设统筹兼顾
下辖行政机构	一般设街道办事处	街道办事处、乡、镇
与地级市融合性	高	高
城建	地级市统一进行	相对独立进行
规划	地级市统一进行	相对独立进行
土地管理	地级市统一进行	相对独立进行
财税上缴比例	高	低
社会保障标准	高	较高
文化体制特征	都市文化	都市文化

在职责权限上，一方面，在原鄞县体制的基础上给予鄞州区较一般市辖区更大的事权、财权，激发鄞州区自主发展的积极性，也为鄞州区切实承担起城市建设与发展的责任提供制度保障。另一方面，在明确"分"的基础上强调"统"，在"分"与"统"两者之间找到最有利于建设和发展的结合点，实现职责和权限的"统分结合"。不仅保证鄞州区的自主发展，也为鄞州区更好地融入宁波市总体发展框架奠定基础。在行政级别上，撤县设区后，鄞州区的级别为副厅级，区直属工作部门和街道办事处为处级，其内设机构为科级。撤县设区后，干部的职务与原职务相对应，按设区后的机构名称改任并确定级别。现职人员工资按"不降低原待遇"原则处理，直接参照宁波市市辖区的职级工资标准。

二、管理体制改革

（一）规划管理体制

在解读鄞州撤县设区过程中的规划体制变化之前，有必要对鄞州规划建设历程进行梳理,对鄞州撤县设区前后的规划体制进行对比分析,以更加清晰地凸显撤县设区对鄞州规划体制的影响。

第一阶段是改革开放至 20 世纪 90 年代。鄞州乡镇企业广泛兴起,从分散的乡镇工业化开始启动,通过局部的产权体制改革以块状经济形式快速发展,以纺织服装、机械制造、食品加工、电子电器、包装印刷等传统产业为主导,竞争优势主要是廉价劳动力。乡镇工业化带动了城市基础设施建设,人口集聚,城市规模扩大,经济实力不断增强。然而,乡镇企业没有形成集聚发展态势,而是呈现"小而散"的格局。发展到一定阶段之后,块状经济的局限性日益显现:一是企业布局分散导致公共基础设施建设成本偏高,规划建设无法集中统一进行;二是由于相关企业小而分散,同质企业较多,价格竞争、相互模仿、缺乏创新的恶性竞争现象严重;三是缺乏良好的政策环境,不同性质、不同领域的产业缺乏科学、有效的引导。

第二阶段是 20 世纪 90 年代末至 2001 年。为了推动鄞县从块状经济向产业集群转变,政府决定以产业园区为突破口,启动传统块状经济转型升级,并通过中心区建设引领产业园区发展。中心区位于宁波南郊鄞县钟公庙与石碶之间,被定位为县域经济发展的新增长点和宁波市区的南部副中心。① 中心区的规划开发面积从 12 平方公里扩大至 19 平方公里。此外,专门成立了原鄞县中心区建设管理委员会(简称中心区管委会),负责规划建设和管理运营。撤县设区前后,中心区已初具规模。根据有关资料,鄞州先后建立了鄞州工业园区(2001 年)、望春工业园区(2002 年)、明州工业园区(2003 年)、滨海投资创业中心(2005 年)等省级工业园区和区级工业园区,其成为鄞州区块状经济转型升级的主要平台。2003 年 10 月,鄞州区委、区政府搬迁到中心区,结束了半个多世纪以来"有县无城"的历史,进一步助推中心区的建设发展。

第三阶段是 2002 年至 2017 年。鄞州撤县设区后,城市化进程开始加快,"中心区"更名为"新城区",并成为宁波市的重要组成部分,以"新

---

① 严伟祥.中共鄞州区委(鄞县县委)四次思想大解放[J].鄞州史志,2011(4):30-38.

城"模式进行集中建设。功能定位也不再局限于鄞州区,而是按照与宁波中心城区功能互补、互动发展的要求,提升为宁波市中心城区"三江片"的重要组成部分,着力提升新城区的城市功能。这一阶段,新城区建设面积从19平方公里进一步扩大至80平方公里,核心区面积达到33平方公里。业态以工业为主,开始向"退二进三"转变,管理体制向专业化分工转变。原县域的乡镇开始向城区的街道转型。同时,伴随着产业园区的建设,第三产业服务业发展迅速,人口集聚趋势明显,鄞州区的政治、经济和文化中心的地位初步确立。

1995年,中心区管委会成立,主要特点是高度集中统一、决策实施环节少、自主性强。2002年撤县设区之后,鄞县由相对独立的一级政府调整为宁波市的辖区之一,成为不具备独立性的派出机构。在这一背景下,原中心区管委会的独立性也进一步削弱,部分职能开始由鄞州区行使。中心区管委会更名为新城区管委会。职能也进一步细化,将一部分职能分离出去,由区级专门部门负责,新城区管委会从原来具体的管理事务中脱离出来,专门承担新城区的招商职能和综合计划、协调和监督工作。这种体制变化提升了新城区的管理水平和等级,也相应地扩大了新城区管委会的管理权限。新城区开发建设主体从集中统一管理到职能分工细化,这是鄞县撤县设区之后规划体制变化之一。

城市规划管理主体——鄞州区规划局的组织机构在撤县设区前后也发生了重大变化。2002年撤县设区以后,原鄞县主管全县城乡规划工作的职能部门鄞县规划局更名为宁波市鄞州区规划局(全民事业单位编制)。在撤县设区之前,由于全市规划体制未实行集中统一管理,市辖区与下辖县都有各自的规划部门,存在规划管理整体效能缺失、规划执法统一性不够等诸多问题。2005年,借助撤县设区契机,宁波市进一步理顺规划管理体制,充分发挥市级规划局对土地资源配置的宏观调配能力,在《关于理顺市辖区规划管理体制的实施意见》中按照城市规划的集中、统一原则,各市辖区规划实行垂直管理。在此基础上,鄞州区规划局进一步更名为宁波市规划局鄞州分局,成为宁波市规划局的派出机构

（机关单位编制）。

从体制改革前后的职能对比来看，宁波市规划局鄞州分局的职责内容有所扩展，从县域拓展至宁波整个市域范围，鄞州区作为宁波市的一部分，必然参与整个宁波市的规划、建设、行政、土地、房地产等各个方面。同时，规划独立性减弱，过去全权负责整个县域的总体规划、城市体系规划以及各类详细性和控制性规划，现在更多的是参与、配合、协助宁波市规划局相关工作的组织、实施以及落实和监管。值得一提的是，在撤县设区之后，鄞州区为了更好地提升规划编制的科学性、精细性，保障各项规划落实到位，创造性地按照片区设立基层规划管理所。鄞西规划管理所是区规划分局的试点派出机构，作为全市第一家基层规划管理所，负责鄞西片区的高桥、集士港、古林、横街4镇及望春工业园区一般项目的一书三证工作，这一试点的成功为乡镇规划工作向精细化管理方向转变奠定了基础。

经过上述分析发现，撤县设区推动了鄞州区乃至宁波全市的规划体制的改变，其主要影响表现在三个方面：一是理顺了规划体制。规划垂直管理体系的建立，为集中统一领导、提升规划管理效能，以及各级规划部门依法履行规划管理职能提供了体制保障，尤其是基层规划部门的建立，开辟了分区域管理的新路径。二是加强了一体化发展。经过撤县设区，鄞州区得以纳入宁波市统一发展规划，在总体规划、产业布局、交通建设、城市建设、基础设施、公共服务等诸多方面实现共建共享。三是加快了城乡统筹发展。撤县设区以后，城乡一体化发展趋势更加明显，鄞州新城区和新农村建设作为一个整体被加以科学规划，推进城市建设向农村拓展、城市公共服务向农村延伸。

根据相关资料，相比原鄞县县城，撤县设区之后获得快速发展的是鄞县的农村地区，突出表现在基础设施的建设和完善。2002—2006年，累计投入100亿元用于城乡基础设施建设。目前，鄞州区农村已经实现等级公路通村率100%以及路面硬化率100%的目标，投资1.5亿元的中巴公交化改造任务全面完成，公交网络覆盖所有乡镇（街道），行政村班车通达率达到100%。农村居民从使用自来水、电、电话等"老三通"

到实现管道煤气、宽带网络、统一排污的"新三通",电网供电能力提高了
2.4倍。饮水从各自为政的自来水到连通市区"同网同价"的水库水。[①]
2009年,鄞州区因城乡一体化建设示范工程的实践获得"联合国人居奖
(中国)优秀范例奖"。

（二）土地管理体制

撤县设区后,经济社会快速发展使得土地供不应求的状况更加严
峻。在土地资源有限性和严格的耕地保护制度的约束下,不能因为耕地
减少而放弃和阻碍城市化、工业化的发展,走出土地困境、化解土地危机
的唯一途径是提高土地利用集约程度,优化城乡用地结构和布局,促进
城乡土地资源协调、可持续发展。为缓解建设用地供需矛盾,满足经济
社会发展所必需的建设用地供给,充分发挥撤县设区的政策效应,鄞州
区通过"开源"和"节流"实现制度创新。"开源"就是通过体制机制的改
变扩大建设用地供给,"节流"就是提高土地综合利用效率。下面分别进
行分析和阐述。

一是改变土地供给方式,从单一计划用地到多元化供给。由于土地
利用年度计划有限,为确保撤县设区后建设用地的供给,土地管理部门
通过加大区内土地整理力度、异地调剂折抵指标和重大项目向省国土资
源厅申请追加用地指标三条途径保障建设用地供给。2003年,通过土
地整理获得折抵指标274.1公顷,与区外兄弟县(市)协调,实现调剂折
抵指标166.7公顷,11个建设项目另外追加指标137.1公顷,通过上述
三条途径,有效保障了省重点项目、千万美元外资项目及农业龙头企业
经济社会发展的建设用地需求。

二是提高建设供地率和利用率。撤县设区后,针对农用地转用后供
地率不高的情况,对具备供地条件的未供地要求限期供地,对部分农用
地转用后不按规划申请供地的,重新安排继续用地项目,撤县设区后的
2003年,供地总量相当于撤县设区前的160%。此外,撤县设区后,鄞州

① 程刚.中国撤县设区的新探索:宁波鄞州模式实证研究[M].北京:经济科学出版社,2011:
212-213.

区的土地资源纳入宁波市统一安排和使用,结合部分工业用地存在闲置抛荒的现状,鄞州区政府出台了工业项目用地管理的政策,将项目用地与投资强度挂钩,并加强了对建筑容积率、建设项目绿化率的控制,同时对已供未用的建设项目用地实行土地置换,并要求按市场价补足差价,以减少国土资产流失,提高土地利用率。建设用地审批过程由"计划立项—规划选址—土地审批"转变为"用地计划指标审批—计划立项—规划选址—项目用地审批"。同时控制土地供应总量,在存量土地未充分利用之前,不征用新占用地。

三是加强对农村建设用地的管理。出于历史原因,原鄞县农村居民点人均用地面积普遍偏大,加上缺乏系统规划,土地利用结构不尽合理,居民点内部闲置土地比重高。为此,鄞州区出台《旧村改造新村建设暂行办法》,对旧村改造、新旧建设项目审批,规划管理、用地管理、建设管理、拆旧换新做了明确的规定,对利用旧村废弃地和利用旧村复垦进行新村建设出台扶持政策。① 在此基础上,进一步调整耕地和基本农田保护空间布局。对《鄞州区土地利用总体规划(1997—2010 年)》实施以来的规划建设用地指标以及折抵指标、待置换用地进行全面核查,全区规划指标总量为 2227.6 公顷(包括追加数量),待置换用地总量为 6247.3 公顷,至 2003 年规划指标已经全部用完,待置换用地尚有 3386.9 公顷。对待置换用地布局重新进行调整,在保证基本农田质量和数量的前提下,2003 年完成基本农田划区定界工作,为撤县设区后经济社会发展提供用地保障。

四是建立考核评价机制和激励机制。2004 年,鄞州区出台《宁波市鄞州区加强土地集约利用严格土地管理考核办法》,建立鄞州区节约集约用地考核评价机制和激励机制。对节约集约利用程度不高、未达到考评标准的,适当减少其下一年度的农用地转用计划指标。此外,探索集体建设用地使用制度改革,侧重使用权和流转制度,完善土地配置方式,

---

① 程刚.中国撤县设区的新探索:宁波鄞州模式实证研究[M].北京:经济科学出版社,2011:225 - 226.

推进农村集体建设用地流转。针对撤县设区后必然存在的征地拆迁工作,通过《鄞州区征收土地补偿安置办法》等文件,规范土地征收程序、完善征地补偿政策,以保障公民应有的知情权,进一步提高征地补偿标准,为建设用地的有效供给创造制度环境。

撤县设区后,通过各项土地管理体制的调整和更新,在建设用地快速增加的情况下,进行土地保护体制的创新:通过异地划补,实现耕地和基本农田面积不减少,质量不下降,基本保持稳定。撤县设区后,通过区内土地开发整理、异地补充耕地,在耕地后备资源缺乏的条件下,实现耕地占补平衡。撤县设区以来,经济社会高速发展,城市居住人口膨胀,城市化进程加快,固定资产投资不断扩大,能源、水利、交通、电力、基础设施等项目不断推进,新增建设用地不断增加,土地管理制度的创新对调控非农建设用地发挥了重要作用,基本保障了经济社会发展重大项目和重点基础设施建设用地需求。

(三)财政管理体制

1994 年,分税制改革划分了中央与地方的财权,在一定程度上划分了事权,规范了中央与地方的财政关系。按照中央税制体制,设置了中央税务系统,即省、市、县设国家税务局,实行人员和经费的垂直管理,负责中央部分税收收入及共享税收收入。同时,各级地方政府设地方税务系统,实行人员垂直管理及经费的横向管理,负担地方税收工作。但是1994 年的分税制改革虽然明晰了中央和省级政府之间的财权与事权,但却没有明确划分省级以下各级地方政府的财权与事权,各省份根据其自身的情况设置不同的财政体制。一般而言,县(市、区)财政管理体制在财政预算级次、财政管理体制、收入分成(分享)比例、超收激励和转移支付机制以及收入统计口径等方面存在差异。

县级政府属于一级财政,有相对完整且独立的预算体系;区级政府属于半级财政,财政收支由市级政府统筹。具体到宁波市,属于"分税＋增长分成"模式,即在国家财政体系框架内,按企业所在地原则划分收入预算级次,并在此基础上对县实行"增收分成"的财政体制,对区实行"比例分享"的财政体制。撤县设区之前,鄞县属于独立的县级单位,财政收支权限自主性较大,撤县设区之后,为保障体制机制的顺利过渡,设置了三年缓冲期,之后根据鄞州区的发展情况,比照市辖区对财政体制进行调整和改革。撤县设区前后,共经历了 1994 年、1996 年、1998 年、2005 年 4 次财政体制改革。

1994 年,各县(市、区)以 1993 年增值税的 25% 和地方固定收入为基数,1994 年起,增收部分市统筹 20%,其余 80% 全额返还。1996 年,为提升县级财政活力,协调市、县(市、区)财政收支关系,在保持 1994 年改革框架的基础上,对财政体制进行了微调。县(市、区)财政收入当年增长幅度在 10% 以内(含)的部分,仍按原体制执行;增长幅度超过 10% 的部分,区别不同县(市、区)和增幅,市分别集中 6%、10%、14%。1998 年,以 1997 年收入实绩为基数,北部 3 县(余姚、慈溪、鄞县)比上年实绩增长 9% 以内的部分,市继续按 20% 分成,超过 9% 的部分全额留给县(市、区);南部 3 县(奉化、宁海、象山)和 5 个市辖区(海曙区、江东区、江北区、北仑区、镇海区)比上年实绩增长 7% 以内的部分,市继续按照 20% 分成,超过 7% 的部分全额留给县(市、区)。

撤县设区后,2002—2004 年,为确保财政体制的顺利过渡,鄞州区的财政管理体制延续 1998 年的宁波市财政管理体制改革方案,没有按照市辖区的标准(7%)进行比例划分,仍延续原鄞县的财政管理体制,即以 1997 年收入实绩为基数,比上年实绩增长 9% 以内的部分,市继续按 20% 分成,超过 9% 的部分全额留给鄞州区。2005 年,为进一步理顺市与县(市、区)的财政分配关系,调动市与县(市、区)两级政府发展经济、增加财政收入的积极性,将市属与区属企业的全部财政收入划分为市级固定收入、市级和区级共享收入、区级固定收入和专项分成收入。市级固定收入包括卷烟、炼化、港务、电力、金融等特大型和特定企业、行业的财政收入,其他市属企业、行业的财政收入下放各区,作为市级和区级共享收入。市级和区级共享收入确定分享比例,即市与海曙区为 52∶48,市与江东区为 46∶54,市与江北区为 35∶65,市与鄞州区、镇海区、北仑区、开发区、保税区均为 25∶75。县(市、区)级专项收入确定不同的入库比例。①

通过梳理鄞州区财政体制改革历程可以发现,撤县设区后,宁波市给鄞州区设立了三年缓冲期,有别于其他各区的政策。缓冲期过后,宁波市对鄞州区所运用的财政体制既不同于原鄞县,也不同于现有的各市辖区财政体制,而是因地制宜地创置鄞州区的独特财政体制。这是因为鄞州区处于经济社会结构全面转型阶段,产业结构向都市现代农业、高新技术产业和现代服务业转变,经济社会新格局和行政管理新机制亟须形成,需要市级财政给予更多的财力支撑。根据财政分成比例变化,鄞州区的财政体制改革对本级财政发挥了重要的涵养效应,进而对鄞州区产业结构、城市建设、基础设施、社会保障、公共服务等方面产生了推动作用。同时,对宁波市的支持效应也逐步显现,加大了对市级财政的贡献力度。

图 8-1 显示,撤县设区的政策实施带动了鄞州区地方财政收入的快速增长。这一方面源于财政体制改革发挥了涵养财源、"放水养鱼"的作用,提高了地方财政收入增加的积极性;另一方面在于撤县设区对于鄞州区财力、财权的保证,为招商引资、结构优化、产业升级等提供了财政保证,增值税、营业税、所得税、土地使用税等的增加进一步充实了地方财政收入。撤县设区之前,原鄞县的地方财政收入从 1995 年的 2.50 亿

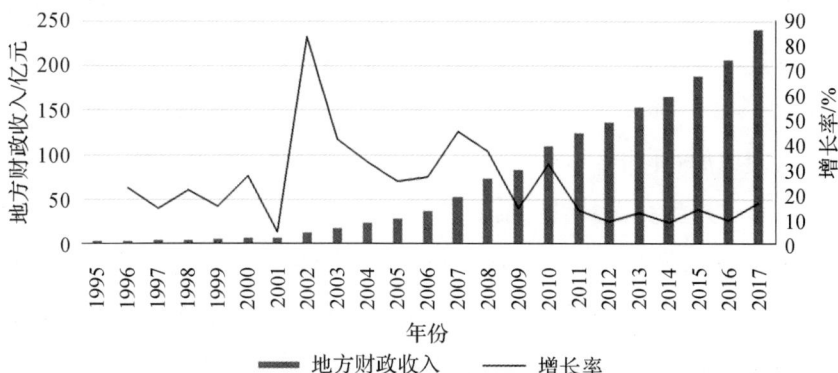

图 8-1 鄞州区地方财政收入与增长率

① 宁波市人民政府关于印发宁波市进一步完善财政管理体制的实施方案的通知[EB/OL].
(2004-11-11)[2019-03-01]. http://www.chinalawedu.com/falvfagui/fg22016/105821.shtml.

元增至2001年的 6.54 亿元,增长幅度较小。撤县设区当年(2002 年),地方财政收入从 6.54 亿元迅猛增至 12.03 亿元,增长率高达 84.06%,达到了局部峰值。2002—2004 年,地方财政收入具有较大的增长幅度,增长速度也比撤县设区前快。

2004 年底,撤县设区三年过渡期后,宁波市为进一步调动市与县(市、区)两级政府发展经济、增加财政收入的积极性,宁波市财政局发布了《关于明确区级财政管理体制的有关事项的规定》,重新制定了鄞州区的财政共享收入基数以及财政分享收入比例。在划定市、县(市、区)固定收入的基础上,鄞州区的共享收入比例均低于海曙、江东、江北等“老三区”,而与开发区、保税区保持一致,即市与区的比例为 25∶75。这一改革进一步扩大了鄞州区的财政收入,发挥了区级财政的涵养效应。2005—2007 年,财政体制改革效应开始显现,地方财政收入分别达到28.64 亿元、36.42 亿元、52.90 亿元,历年增长率也逐步提高,分别为25.42%、27.15%、45.23%。此后,鄞州区地方财政收入不断增加,至2017 年底已经增至 241.65 亿元,但增长率不及前述年份。

由于撤县设区以及相应财政体制改革效应,不仅地方财政收入,鄞州区的中央财政收入也表现出明显的政策效应。表 8-3 显示,鄞州区的中央财政收入在 2001 年即已达到增长率为 59.99% 的高位,此后几年一直保持较高增长率。2002—2007 年,鄞州区的中央财政收入增长率均在 20% 以上,至 2007 年达到 41.04%。由于地方财政收入和中央财政收入的增加,鄞州区财政总收入增加,不考虑政府性基金收入,鄞州区的财政总收入也在撤县设区前后达到峰值,并在撤县设区多年后一直保持较快的增长速度。1999 年,财政总收入突破 10 亿元,2007 年突破百亿元,仅用了不到十年时间,尤其是撤县设区后财政总收入的增长趋势更加明显。数据显示,2002 年,鄞州区财政总收入达到 27.03 亿元,比撤县设区之前增长了 42.65%。此后,一直到 2008 年,财政总收入的增长率一直保持在 20% 以上。

表 8-3 鄞州区财政分项目收入与增长率

年份	地方		中央		总计	
	财政收入/亿元	增长率/%	财政收入/亿元	增长率/%	财政收入/亿元	增长率/%
1995	2.50	—	2.67	—	5.17	—
1996	3.07	22.53	3.20	20.23	6.27	21.34
1997	3.50	14.27	3.78	18.09	7.29	16.22
1998	4.27	21.79	4.28	13.22	8.55	17.34
1999	4.90	14.96	5.10	19.13	10.01	17.05
2000	6.25	27.43	7.76	52.02	14.01	39.97
2001	6.54	4.61	12.41	59.99	18.95	35.29
2002	12.03	84.06	15.00	20.84	27.03	42.65
2003	17.14	42.44	20.06	33.71	37.20	37.60
2004	22.84	33.27	25.44	26.84	48.28	29.80
2005	28.64	25.42	31.42	23.51	60.07	24.41
2006	36.42	27.15	39.08	24.36	75.50	25.69
2007	52.90	45.23	55.12	41.04	108.01	43.06
2008	72.83	37.70	60.83	10.37	133.67	23.75
2009	83.30	14.36	61.79	1.58	145.09	8.55
2010	110.09	32.17	75.68	22.47	185.77	28.04
2011	124.88	13.44	88.75	17.27	213.63	15.00
2012	136.22	9.08	101.15	13.98	237.37	11.11
2013	153.29	12.53	105.34	4.14	258.63	8.95
2014	166.22	8.44	113.24	7.50	279.47	8.06
2015	189.55	14.04	123.18	8.78	312.73	11.90
2016	207.78	9.61	130.67	6.08	338.45	8.22
2017	241.65	16.30	169.27	29.54	410.91	21.41

图 8-2 显示了鄞州区上缴中央和宁波市财政数额。由于撤县设区以及配套财政体制改革的实施,鄞州区对于中央和宁波市的财政贡献更大。2001 年,鄞州区上缴中央 12.41 亿元,至 2010 年已经达到 75.68 亿元,增长了 5 倍多。2001 年,鄞州区上缴宁波市 2.14 亿元,作为宁波市历年来上缴财政数额最多的市辖区,在撤县设区后,这一数额一直保持较快增长速度。至 2010 年,鄞州区上缴宁波市财政已经达到 23.40 亿元,绝对值增加了 21.26 亿元,增长了接近 10 倍。相比之下,鄞州区对中央财政的贡献力度略小。无论是上缴中央还是宁波市的财政数额,在撤县设区后都表现出较快的增长,说明了撤县设区以及相应的财政体制改革对鄞州区财政收入增加、财政体制完善的积极作用。

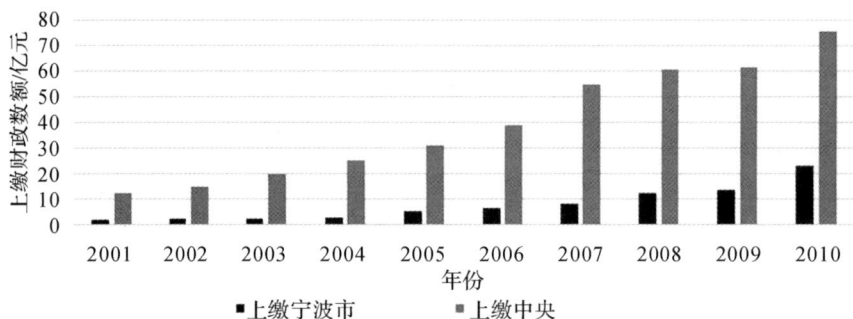

图 8-2 鄞州区上缴中央和宁波市的财政数额

(四)社会保障体制

社会保障是人们共享发展成果的重要保证,是社会发展的“稳定器”、经济运行的“减震器”,也是实现公平正义的“调节器”。社会保障体系的建立,是经济发展、社会进步的重要标志之一。健全社会保障体系是完善政府职能、推动建立服务型政府的重要力量。鄞州在由县制向区制转变的过程中,社会保障体制发生了重大变化,通过改革社会保险、社会保障、社会救助等,逐步实现了以“大社保”“普惠型”为目标的社会保障机制,走上了由农村社会保障制度向城市社会保障体系转变的改革创新之路,推进了公共服务型政府的建设。[1]

---

① 秦羽.论经济发达地区的公共服务型政府建设[D].杭州:浙江大学,2008.

纵观鄞州区社会保障发展历程可以发现，有两个主要特征：一是鄞州区的社会保障体制反映我国社会保障体制的发展历程，是地方建设的具体体现；二是鄞州区因地制宜对社会保障制度进行了创新探索，不仅体现在老年人、残疾人生活补助方面，也体现在建设城乡一体化的社会保障体系方面。可将撤县设区看作鄞州区社会保障提升发展的重要里程碑。撤县设区之前，城镇地区以职工养老保险为主，农村地区则主要是社会养老保险，其他的社会保障比较缺乏。而撤县设区后，一方面加大了城镇职工的社会保险扩面工作，另一方面加大了农村地区的社会保障力度，包括被征地人员、老年人、残疾人的最低生活、养老、救助、医疗保险和保障，覆盖城乡的社会保障体系开始逐步建立并完善。[①] 图 8-3 显示了撤县设区后鄞州区在社会保障方面的制度改革和创新。

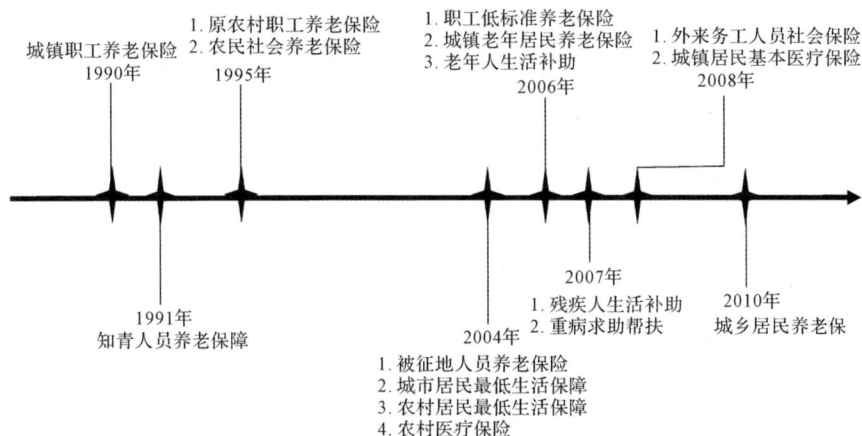

图 8-3　鄞州区社会保障制度建设历程

新中国成立后，由于城乡二元分治的局限，鄞县县城逐步建立起县属机关和国有集体企事业单位的社会保险制度，而农村只有较低层次的生活保障制度、农村合作医疗。"文化大革命"时期，社会保障制度遭到破坏，鄞县也不例外，由于知识青年（赤脚医生）的加入，只有农村合作医

---

① 郑肖骏.鄞州：着力构建农村社会保障体系[J].政策瞭望,2006(6):23－24.

疗得以延续下来。改革开放后,一方面恢复被破坏的社会保障制度,另一方面随着市场经济的建立,国有以及集体企业开始改革经营体制,用工制度实行劳动合同制,导致下岗、失业职工的社会保障问题尤为突出。在这一背景下,鄞县政府相继颁行了《关于完善城镇职工待业保险制度的通知》《关于贯彻落实企业劳动用工和工资分配自主权的若干试行办法》等一系列政策,初步建立起由国家、集体、个人共同负担的失业、养老、医疗等社会保障制度。

1993 年,党的十四届三中全会通过《中共中央关于建立社会主义市场经济体制若干问题的决定》,明确要求建立多层次的社会保障体系,并进一步明确社会保险、社会福利、社会救济、社会救助、优抚安置等是社会保障的主要内容。[①] 在国家社会保障体系逐步完善的背景下,鄞县的社会保障体制开始加速发展。在城镇社会保障方面,对企业职工大病医疗费用社会统筹、城镇职工基本医疗保险、工伤社会保险、城镇居民最低生活保障以及失业保险等方面做出了相关规定;在农村社会保障方面,加强农村基本养老保险制度、农村职工基本养老保险、农村最低生活保障制度、农民社会养老保险、农村最低生活保障等方面的政策制定和落实。此外,还重点为残疾人、最低生活保障救济对象提供相应的社保待遇。

2002 年,鄞县被撤建为鄞州区,社会保障体制也随之得到进一步优化、调整与完善。在现有政策框架下,鄞州区政府进一步对城镇职工基本医疗保险、生育保险、最低生活保障以及农村医疗保险做了具体规定。并且,由于撤县设区后的征地、拆迁产生了大量失地农民,鄞州区政府相继出台了《被征地人员养老保障实施细则》《老年人员养老保障实施办法(试行)》《关于做好被征地人员职业培训工作的实施意见》等文件,切实保障他们的合法权益。值得注意的是,为进一步提升社会保障水平,接轨宁波市辖区标准,鄞州区政府对社会保障标准根据经济发展情况制定了相应的自然增长机制,同时,对具有现实性、特殊性的社会保障问题做

---

① 秦羽.论经济发达地区的公共服务型政府建设[D].杭州:浙江大学,2008.

了临时性补充。

社会保险覆盖范围是衡量一个地区生活保障制度完善程度的重要标准。20世纪90年代,鄞州区开始建立社会保险制度,当时仅局限于城镇职工,类型主要是养老保险。随着市场经济的不断完善、经济体制改革的深化以及城市化、工业化的发展,全方位的社会保险体系亟待建立。图8-4显示,2001年,城镇职工企业养老保险、基本医疗保险、失业保险、工伤保险以及生育保险参保人数分别为6.89万人、4.92万人、5.83万人、3.27万人、2.01万人。撤县设区后,鄞州区的城镇职工社会保险进一步与宁波市区接轨,保险类型不断增加,覆盖面不断扩大。至2008年,五险的参保人数分别达到53.60万人、41.40万人、36.00万人、37.40万人、32.60万人,基本实现了城镇职工企业养老保险、基本医疗保险、失业保险、工伤保险以及生育保险的全覆盖。[①]

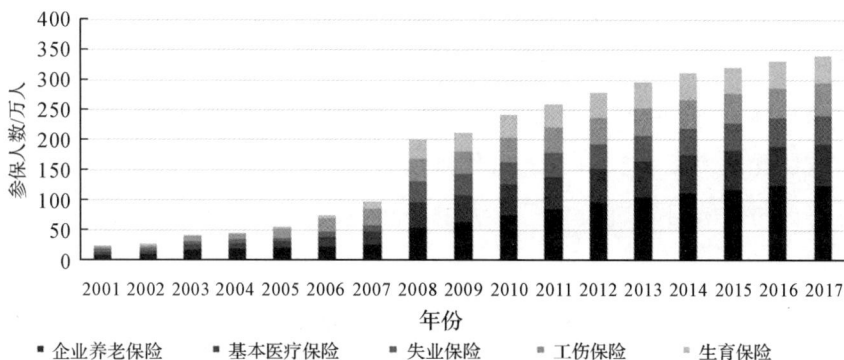

图8-4 鄞州区城镇职工社会保险参保人数统计

撤县设区后,鄞州区依然有接近80%的地区属于农村,70%左右的人口属于农民。如何加快农村地区的城市化发展,提高农村居民的社会保障水平是撤县设区能否发挥政策效应的关键。撤县设区后,城市化的发展对建设用地需求旺盛,土地利用方式转变为建设用地,从而出现了大量被征地的农民,为此,鄞州区政府以撤县设区为契机,以建立被征地

① 程刚.中国撤县设区的新探索:宁波鄞州模式实证研究[M].北京:经济科学出版社,2011:350-351.

人员养老保障制度为突破口,推进广大农村地区的社会保障事业改革,主要包括被征地农民生活保障制度、农村居民最低生活保障制度以及农村医疗保险体系的建立。其中,农村医疗保险体系的建立有效解决了"有病致贫、因病返贫"的问题。至 2008 年,城镇职工基本医疗保险、农村医疗保险、城镇居民基本医疗保险制度逐步实施,标志着医疗体系在鄞州区实现全覆盖。

以鄞州区钟公庙街道为例,撤县设区之前曾为钟公庙镇,撤县设区后随着镇转街道而成为钟公庙街道。截至 2013 年底,钟公庙街道下设 4 个行政村、7 个股份经济合作社。由于撤县设区,钟公庙街道成为新兴的城市化区域,随之而来的是耕地持续减少,建设用地不断增加,相应的被征地人口也不断增加。表 8-4 显示,2013 年底,钟公庙街道有 4934 户,其中被占地户数达到 4655 户,比例高达 94.35%。耕地面积原有约 1.42 万亩(1 亩=0.667 公顷,被占用 1.40 万亩,98% 以上的耕地被占用。其中,7 个股份经济合作社已经完成了农业人口向非农业人口转变,耕地占用率达到 100%。统计发现,人均耕地面积从约 1 亩骤减至 0.008 亩。由于大部分耕地被占用,原有农业人口的生活、居住等的方式和环境都发生了巨大的变化,被征地人口的社会保障问题迫在眉睫。[①]

表 8-4 2013 年鄞州区钟公庙街道被征地情况统计

行政单位		户数/户	人口/人	农业人口/人	耕地面积/亩	被占用耕地面积/亩	被占地户数/户
行政村	钟公庙	902	2176	2157	2050	1520	797
	新林	479	1423	1399	1280	1940	412
	铜盆浦	264	754	741	605	490	217
	铜盆闸	262	738	713	570	450	202

---

① 毛露艳.城镇化失地农民的安置保障问题研究[D].宁波:宁波大学,2014.

续表

行政单位		户数 /户	人口 /人	农业人口 /人	耕地面积 /亩	被占用耕地 面积/亩	被占地户数 /户
股份经济合作社	长丰	557	1749	1721	1747	1747	557
	金家漕	694	2149	2128	1990	1990	694
	慧灯寺	682	2015	1989	1875	682	
	后庙	224	638	622	821	821	224
	毛家漕	197	579	559	590	590	197
	吴陆周	351	1035	1019	1540	1540	351
	庙堰	322	935	921	1080	1080	322
合计		4934	14191	13969	14148	14043	4655

注:1 亩=0.0667 公顷。

对于被征地农民的保障安置措施,鄞州区政府主要在资金划拨的基础上通过一系列政策措施保障被征地农民的利益,重点包括征地补偿安置和失地农民安置。征地补偿安置主要是政府拨款,对所征用的耕地进行补偿,包括土地补偿费、地面附着物和青苗补偿费以及生活安置补助费用。失地农民安置则在征地补偿安置的基础上重点解决被征地农民的住房、生活、就业、社保等安置问题。住房安置是根据城市规划将被征地农民安置在新建设的住宅小区;生活安置通过统一的低保政策来实现;就业安置是通过培训和政府用工补贴的方式解决被征地农民的就业问题;社保安置侧重农村养老保险和基本养老保险、新型农村合作医疗保险、失地农民基本医疗保险等方面。[①]

此外,在城镇社会保险、农村社会保障改革的基础上,鄞州区政府进一步完善社会救助制度。社会救助是缓解乃至化解贫富矛盾、缩小贫富差距、调节收入分配的重要制度安排。鄞州区社会救助制度主要包括老年人生活保障制度、残疾人帮扶救助制度、重病救助帮扶制度以及城乡最低生活保障制度。2002 年以后,鄞州区城乡生活最低生活保障标准不断提高,保障资金由原来的区、镇(乡)、村三级负担改为

---

① 毛露艳.城镇化失地农民的安置保障问题研究[D].宁波:宁波大学,2014.

区、镇(乡)两级负担。通过加快城乡生活救助制度建设,鄞州区基本实现了全民社会救助的全覆盖。此外,随着撤县设区后社会保障体制改革,鄞州区政府进一步推进就业制度创新,侧重劳动力市场完善、政府帮扶以及就业培训三个方面,为提高就业水平、吸引高素质人才创造了条件。

从实施情况来看,截至 2010 年底,鄞州区城镇和农村最低生活保障标准均为 440 元/月,享受人数分别为 917 人、5932 人。对未参加任何社会养老保险的老年人发放生活补助金 120～160 元/月不等,并在 2007 年提高了老年人生活补助标准,并制定了年度调整机制。2007 年,鄞州区率先在全省实施了残疾人生活补助政策,全区未就业和未享受基本养老保障待遇的残疾人享受 60～200 元/月不等的生活补助金,享受人数分别达到 19572 人和 14672 人。在宁波市有关政策的推动下,鄞州区于 2006 年重新修订了《医疗救助实施办法》,扩大了医疗救助对象范围,提高了医疗救助标准,建立了重病救助帮扶制度。

为保障城镇社会保险、农村社会保障以及社会救助制度的建立和完善,也为了进一步充实社会保障基金,鄞州区政府作为推动社会保障的主导力量,不断优化财政支出结构,加大财政支持力度。根据鄞州区统计局网站、鄞州区统计年鉴,以及程刚的研究[①],本书得到鄞州区财政对社会保障分项目支出统计表(表 8-5)。撤县设区后,鄞州区在社会保障方面的支出不断增加,从 2002 年的 2508 万元增至 2010 年的 37951 万元,增长了 14.1 倍,教育、医疗、卫生等民生领域的财政支出比重不断提高。其中,城乡医疗保险、城乡最低生活保障、残疾人生活补助、大病救助金等支出都处于不断扩大的趋势。被征地人员养老保障支出呈现减少趋势,原因在于被征地人员养老保障新参保人数逐渐减少,财政投入也相应减少。

---

① 程刚.中国撤县设区的新探索:宁波鄞县模式实证研究[M].北京:经济科学出版社,2001:360-380.

表 8-5　鄞州区财政社会保障分项目支出统计

单位:万元

年份	总额	被征地人员养老保障	城乡医疗保险	城乡最低生活保障	老年人生活补助	残疾人生活补助	大病求助金
2002	2508	—	2100	358	—	—	50
2003	17775	14760	2363	602	—	50	—
2004	19164	14061	4199	854	—	—	50
2005	20350	13943	5159	993	—	—	255
2006	20197	5666	5263	1065	7396	—	807
2007	21121	3204	7171	1283	6739	1140	1584
2008	23568	1963	8863	1696	6564	1311	1903
2009	27293	2694	12102	2435	6355	1333	2374
2010	37951	4681	21714	2942	5084	1414	2116

参考文献

Acemoglu D. Why not a political coase theorem? Social conflict, commitment, and politics[J]. Journal of Comparative Economics, 2003(4): 620 - 652.

Akamatsu K. A historical pattern of economic growth in development countries[J]. Developing Economies, 1962(1): 13 - 25.

Alberto A, Glasser E. Evidence on growth, increasing returns and the extent of the market quarterly[J]. Journal of Economics, 1999 (3): 1025 - 1045.

Anselin L. Local indicators of spatial association—LISA[J]. Geographical Analysis, 1995(27): 93 - 115.

Anselin L. Spatial Econometrics: Methods and Models[M]. Dordrecht, Kluwer Academic Publishers, 1988.

Anderson G, Ge Y. The size distribution of Chinese cities[J]. Regional Science & Urban Economics, 2005(6): 756 - 776.

Au C C, Henderson J V. How migration restrictions limit agglomeration and productivity in China[J]. Journal of Development Economics, 2006 (2): 350 - 388.

Baldwin J R, Beckstead D, Brown W M, et al. Agglomeration and the geography of localization economies in Canada[J]. Regional Studies, 2008(1):117 – 132.

Boler E A, Moxnes A, Ulltveit-Moe K H. R&D, International sourcing and the joint impact on firm performance[J]. The American Economic Review,2015(12):3704 – 3739.

Berman E, Bui L T M. Environment regulation and productivity: Evidence from oil refineries[J]. Review of Economics and Statistics, 2001(8),498 – 510.

Brandt L, Thun E. The fight for the middle: Upgrading, competition, and industrail development in China. World Development[J]. 2010(38): 1555 – 1574.

Beckmann M J, Martin J. City hierarchies and the distribution of city size[J]. Economic Development and Cultural Change,1958(3):243 – 248.

Black S E, Lynch L M. Human-apital investment and producti vity[J]. The American Economic Review,1996(2):263 – 267.

Baumol W J. Macroeconomics of unbalanced growth: The anatomy of urban crisis[J]. American Economic Review,1967(3):415 – 426.

Caves D W,Christensen L R,Diewert W E. The conomic heory of index numbers and the measurement of input, output, and productivity[J]. Econometrica,1982(6):1393 – 1414.

Chanda A. Dalgaard C J. Dual economics and international total facuor productivity:Channelling the impact from institutions, trade and geography[J]. Economica,2008(75):629 – 661.

Chambers R G,Färe R,Grosskopf S. Productivity growth in APEC countries[J]. Pacific Economic Review,1996(3):181 – 190.

Chen G F,Qing Z Q. China land finance under the financial illusion from the perspective of law and economics[J]. Nankai Journal (Philosophy, Literature and Social Science Edition),2009(1):69-78.

Chung Y H, Färe R, Grosskopf S. Productivity and undesirable outputs: A directional distance function approach[J]. Journal of Environmental Management, 1997(3):229 - 240.

Collard-wexler A, Loecker J D. Reallocation and technology: Evidence from the US steel industry[J]. The American Economic Review, 2014(1): 131 - 171.

Combes P P, Duranton G, Gobillon L. The identification of agglomeration economies[J]. Journal of Economic Geography, 2010(2):253 - 266.

Combes P P, Duranton G, Gobillon L, et al. The productivity advantages of large cities: Distinguishing agglomeration from firm selection [J]. Econometrica, 2012(6):2543 - 2594.

Conrad K, Wastl, D. The impact of environmental regulation on productivity in German industries[J]. Empirical Economics, 1995 (4): 615 - 633.

Cooper W, Seiford L, Tone K. Introduction to data envelopment analysis and its uses: With DEA solver software and references[J]. Springer Science & Business Media, 2006(5):474 - 475.

Charles M. Tiebout C M. Input-output and foreign trade multiplier models in urban research[J]. Journal of the American Planning Association, 1957(3):126 - 130.

Chow G C. Capital formation and economic growth[J]. The Quarterly Journal of Economics, 1993(3):809 - 842.

Davis D, Weinstein D. Economic geography and regional production structure: An empirical investigation[J]. European Economic Review, 1999 (2):379 - 401.

Downs A, Murray S, Nathan R, et al. NCR round table: The future of regional governance[J]. National Civic Review, 1996(2):8 - 14.

Downs A. The challenge of our declining big cities[J]. Housing Policy Debate, 1997(2):359 - 408.

Duranton G, Puga D. Micro-foundations of urban agglomeration economies[J]. Social Science Electronic Publishing,2003(4):2063 – 2117.

Färe R, Grosskopf S, Lindgren B, et al. Productivity changes in Swedish pharamacies 1980—1989:A non-parametric malmquist approach [J]. Journal of Productivity Analysis,1992(1/2):85 – 101.

Färe R, Grosskopf S, Lovell C A K. Production Frontiers[M]. Cambridge:Cambridge University Press,1994.

Färe R,Grosskopf S,Norris M,et al. Productivity growth,technical progress,and efficiency change in industrialized countries[J]. American Economic Review,1994(1):66 – 83.

Gan C H,Zheng R G,Yu D F. An empirical study on the effects of industrial structure on economic growth and fluctuations in China[J]. Economic Research Journal,2011(1):85 – 100.

Glaeser E,Johnson S,Shleifer A. Coase versus the coasians[J]. Quarterly Journal of Economics,2001(3):853 – 899.

Griliches Z. The search for R&D spillovers[J]. Scandinavian Journal of Economics,1992(94):29 – 47.

Graham B S. Temple J. Rich nations,poor nations:How much can multiple equilibria explain[J]. Journal of Economics Growth,2006(1),5 – 41.

Guo S,Liu L Z,Zhao Y. The business cycle implications of land financing in China[J]. Economic Modelling,2015(46):225 – 237.

Hoffman E,Spitzer M L. The coase theorem:Some experimental tests[J]. Journal of Law & Economics,1982(1):73 – 98.

Hsieh C,Klenow P J. Misallocation and manufacturing TFP in China and India[J]. Quarterly Journal of Economics,2009(4):1403 – 1448.

Imbs J M,Wacziarg R T. Stages of diversification[J]. The Economic Review,2003(1):63 – 86.

Kuznets S. Modern economic growth:Findings and reflections[J]. Simon Kuznets,1973(3):247 – 258.

Lee K,Lim C. Technological regimes,catching-up and leap frogging:

Findings from the Korean industries[J]. Research Policy,2001(30):459 - 483.

Lee S，Malin B A. Education's role in China's structural transformation [J]. Journal of Development of Economics,2013(1):148 - 166.

奥沙利文.城市经济学[M].8 版.周京奎,译.北京:北京大学出版社,2015.

白重恩,张琼.中国生产率估计及其波动分解[J].世界经济,2015(12):3 - 28.

曹跃群.中国全要素生产率增长研究[M].北京:中国社会科学出版,2019.

岑树田,李晔.土地利用结构变化与中国经济增长:模型及应用[J].南方经济,2013(4):1 - 13.

陈承新.德国行政区划与层级的现状与启示[J].政治学研究,2011(1):72 - 83.

陈丰龙,徐康宁.本土市场规模与中国制造业全要素生产率[J].中国工业经济,2012(5):44 - 56.

陈刚,李潇.行政区划调整与重庆市经济发展的再检验——基于劳动生产率视角的分析[J].中国经济问题,2017(4):40 - 51.

陈刚.法官异地交流与司法效率——来自高院院长的经验证据[J].经济学(季刊),2012(4):1171 - 1192.

陈静,翟国方,靳文博,等.中国市辖区规模特征研究——基于中日韩的对比[J].现代城市研究,2014(11):52 - 58.

陈静.尺度理论视角下的中外市辖区规模形成机制比较研究[D].南京:南京大学,2015.

陈林,伍海军.国内双重差分法的研究现状与潜在问题[J].数量经济技术经济研究,2015(7):133 - 148.

陈昕,杨凤英.政府规模、城市规模与地区经济增长——基于广西14 个设区市的面板数据分析[J].广西财经学院学报,2018(5):95 - 102.

陈秀山,张可云.区域经济理论[M].北京:商务印书馆,2003.

程刚.中国撤县设区的新探索:宁波鄞州模式实证研究[M].北京:经济科学出版社,2011.

程名望,贾晓佳,仇焕广.中国经济增长(1978—2015):灵感还是汗水?[J].经济研究,2019(7):30-46.

邓忠奇,宋顺锋,曹清峰.中国城市规模之谜:一个综合分析框架[J].财贸经济,2019(9):102-116.

丁志伟,刘晓阳,程迪,等.黄河经济带县域城乡收入差距的空间格局及影响因素[J].河南大学学报(自然科学版),2019(1):1-12.

董里,涂锦.西方国家行政区划变迁研究综述[J].理论与改革,2010(5):154-156.

董里.新中国行政区划变迁研究[D].成都:西南交通大学,2011.

董文翰.撤县设区对地方政府土地财政依赖度影响的研究——基于地级市面板数据的实证分析[J].宁夏大学学报(人文社会科学版),2018(Z1):123-129.

杜金华,陈治国.土地财政依赖对城市扩张的影响[J].财经科学,2018(5):79-89.

杜张颖,陈松林,陈翠翠.福州市市辖区经济与县域经济时空分异和空间耦合分析[J].云南地理环境研究,2018(5):43-48.

段玉彬.全要素生产率对安徽经济增长的贡献——基于1992—2016年数据的实证分析[J].黑龙江工业学院学报(综合版),2018(12):85-89.

范剑勇,莫家伟.地方债务、土地市场与地区工业增长[J].经济研究,2014(1):41-55.

范今朝.仁政必自经界始——中国现当代城市化进程中的行政区划改革若干问题研究[M].杭州:浙江大学出版社,2011.

范子英,田彬彬.税收竞争、税收执法与企业避税[J].经济研究,2013(9):99-111.

方福前.公共选择理论——政治的经济学[M].北京:中国人民大学出版社,2000.

丰雷,魏丽,蒋妍.论土地要素对中国经济增长的贡献[J].中国土地科学,2008(12):4-10.

冯伟,李嘉佳.本土市场规模与产业升级:需求侧引导下的供给侧改革[J].云南财经大学学报,2018(10):15-28.

冯艳君,李立勋.行政区划调整对土地利用空间特征演变的影响——以广州市南沙地区为例[J].热带地理,2013(1):40-47.

付凌晖.我国产业结构高级化与经济增长关系的实证研究[J].统计研究,2010(8):79-81.

付敏杰,张平,袁富华.工业化和城市化进程中的财税体制演进:事实、逻辑和政策选择[J].经济研究,2017(12):29-45.

干春晖,郑若谷,余典范.中国产业结构变迁对经济增长和波动的影响[J].经济研究,2011(5):4-16,31.

干春晖,郑若谷.改革开放以来产业结构演进与生产率增长研究——对中国1978—2007年"结构红利假说"的检验[J].中国工业经济,2009(2):55-65.

高洪深.区域经济学(第四版)[M].北京:中国人民大学出版社,2014.

高金龙,包菁薇,刘彦随,等.中国县域土地城镇化的区域差异及其影响因素[J].地理学报,2018(12):2329-2344.

高琳.大都市辖区合并的经济增长绩效——基于上海市黄浦区与南市区的合并案例研究[J].经济管理,2011(5):38-45.

高祥荣."撤县(市)设区"与政府职能关系的协调[J].甘肃行政学院学报,2015(3):29-40.

高祥荣.撤县(市)设区过程中的政府职能关系研究——以浙江省为例[J].广东行政学院学报,2015(6):23-30.

郭妍,张立光.环境规制对全要素生产率的直接与间接效应[J].管理学报,2015(6):903-910.

何安华,孔祥智.中国城镇化进程中的地价"剪刀差"成因及测算(2002—2012年)[J].河北学刊,2015(1):117-123.

洪世键.大都市区治理:理论演进与运作模式[M].南京:东南大学出版社,2009.

侯飞,赵卫卫.美国大都市区治理中的政府层级研究[J].城市管理与科技,2018(4):85-87.

黄安胜,郑逸芳,王强强,等.生产要素、区域经济增长差异性和收敛性[J].经济问题,2014(11):112-117.

黄建红,颜佳华.乡镇行政区划调整与政府职能转变的互动逻辑[J].中南大学学报(社会科学版),2017(4):145-151.

黄金秀,彭庆,熊雅丽.区划调整对城市农业产业结构的影响分析——以新建区"撤县设区"为例[J].中共南昌市委党校学报,2018(1):58-61.

黄凯南,程臻宇.制度经济学的理论发展与前沿理论展望[J].南方经济,2018(11):15-26.

黄群慧.改革开放40年中国的产业发展与工业化进程[J].中国工业经济,2018(9):5-23.

季伟根.基于土地利用导向的乡镇行政区划调整研究[D].杭州:浙江大学,2007.

昆伯卡,拉维尔.随机边界分析[M].刘晓宏,杨清,译.上海:复旦大学出版社,2007.

李宏兵,张兵兵,谷均怡.本土市场规模与中国能源效率提升:基于动态面板门槛效应的实证研究[J].中国人口·资源与环境,2019(5):61-70.

李郇,徐现祥.中国撤县(市)设区对城市经济增长的影响分析[J].地理学报,2015(8):1202-1214.

李佳琪,李嘉瑞,付子龙,等."撤县设区"与地区产业结构升级——来自1995—2012年县域数据的证据[J].中国经贸导刊,2016(17):26-27.

李江.国家高新区对区域经济发展的影响研究[D].武汉:华中科技大学,2018.

李金龙,闫倩倩,廖灿.县辖市:新型城镇化中设市模式创新的基本路径[J].经济地理,2016(4):52-58,69.

李金龙,闫倩倩.我国乡镇行政区划调整中的激进现象及其消弭[J].甘肃社会科学,2017(6):219-224.

李金龙,张琦.区域文化:我国行政区划体制改革的重要因素[J].江西社会科学,2014(4):220-226.

李开宇,魏清泉,张晓明.从区的视角对"撤市设区"的绩效研究——以广州市番禺区为例[J].人文地理,2007(2):111-114.

李林飞."撤县(市)设区"调整的经济效应研究[D].长春:东北师范大学,2016.

李明月,张志鸿,胡竹枝.土地要素对经济增长的贡献研究——基于土地资源与土地资产双重属性的视角[J].城市发展研究,2018(7):61-67.

梁泳梅,董敏杰.中国经济增长来源:基于非参数核算方法的分析[J].世界经济,2015(11):29-52.

廖建江,祝平衡.湖南"省直管县"财政体制改革对县域经济发展影响实证分析[J].经济地理,2017(4):52-57,116.

林拓,申立.我国城乡区县重组:风险及其超越[J].中国行政管理,2012(11):72-76.

林拓,申立.行政区划改革的中国经验[M].北京:人民出版社,2019.

林拓,孙中溪,申立.夯实大国治理的空间基础:构建更完善的行政区划优化方略[J].行政论坛,2018(1):67-73.

刘灿.经济自由主义和国家干预:一个基于经济思想史的理论回顾[J].福建论坛(人文社会科学版),2009(12):4-10.

刘贯春,张晓云,邓光耀.要素重置、经济增长与区域非平衡发展[J].数量经济技术经济研究,2017(7):35-56.

刘海洋,刘玉海,袁鹏.集群地区生产率优势的来源识别:集聚效应抑或选择效应?[J].经济学(季刊),2015(3):1073-1092.

刘红芹,耿曙,郭圣莉.土地出让:以地生财还是引资晋升——针对两类用地市场的分析[J].公共行政评论,2019(3):3-23,189.

刘华军,彭莹,裴延峰,等.全要素生产率是否已经成为中国地区经济差距的决定力量?[J].财经研究,2018(6):50-63.

刘建芳.区域主义:美国大都市区治理的理论与实践[J].东南大学学报(哲学社会科学版),2014(5):34-39,134.

刘君德,林拓.中国行政区经济与行政区划——理论与实践[M].南京:东南大学出版社,2015.

刘君德,马祖琦.中国行政区经济理论的哲学思考[J].江汉论坛,2016(8):5-9.

刘君德,汪宇明.制度与创新——中国城市制度的发展与改革新论[M].南京:东南大学出版社,2000.

刘君德.新时期中国城市型政区改革的思路[J].中国行政管理,2003(7):48-54.

刘君德.中国转型期"行政区经济现象透视——兼论中国特色人文—经济地理学的发展[J].经济地理,2006(6):897-901.

刘凯.中国特色的土地制度如何影响中国经济增长——基于多部门动态一般均衡框架的分析[J].中国工业经济,2018(10):80-98.

刘满凤,程思佳.国家开发区设立对地区产业结构合理化的影响——基于双重差分模型的实证研究[J].华东经济管理,2019(7):94-101.

刘瑞明,赵仁杰.国家高新区推动了地区经济发展吗?——基于双重差分方法的验证[J].管理世界,2015(8):30-38.

刘瑞明,赵仁杰.西部大开发:增长驱动还是政策陷阱——基于PSM-DID方法的研究.中国工业经济,2015(6):32-43.

刘伟,李绍荣.产业结构与经济增长[J].中国工业经济,2002(5):14-21.

刘伟,张辉,黄泽华.中国产业结构高度与工业化进程和地区差异的考察[J].经济学动态,2008(11):4-8.

刘志红,王艺明."省直管县"改革能否提升县级财力水平?[J].管理科学学报,2018(10):1-13.

陆静超.经济增长理论的沿革与创新——评新古典增长理论与新增长理论[J].哈尔滨工业大学学报(社会科学版),2004(5):94-98.

栾大鹏,欧阳日辉.生产要素内部投入结构与中国经济增长[J].世界经济,2012(6):78-92.

罗必良.分税制、财政压力与政府"土地财政"偏好[J].学术研究,2010(10):27-35.

罗小龙,殷洁,田冬.不完全的再领域化与大都市区行政区划重组——以南京市江宁撤县设区为例[J].地理研究,2010(10):1746-1756.

罗震东,汪鑫,耿磊.中国都市区行政区划调整——城镇化加速期以来的阶段与特征[J].城市规划,2015(2):44-49,64.

马晓琨.经济学研究主题与研究方法的演化——从古典经济增长理论到新经济增长理论[J].西北大学学报(哲学社会科学版),2014(4):51-57.

孟昌.产业结构研究进展述评——兼论资源环境约束下的区域产业结构研究取向[J].现代财经(天津财经大学学报),2012(1):97-104.

缪匡华."省直管县"体制改革中地级市面临的问题研究[J].天津师范大学学报(社会科学版),2010(6):12-16.

聂辉华,贾瑞雪.中国制造业企业生产率与资源误置[J].世界经济,2011(7):27-42.

彭宜钟,童健,吴敏.究竟是什么推动了我国经济增长方式转变?[J].数量经济技术经济研究,2014(6):20-35.

浦善新.中国行政区划改革研究[M].北京:商务印书馆,2013.

钱炳.中国工业企业全要素生产率估计及提升对策研究[M].北京:经济管理出版社,2018.

钱雪松,康瑾,唐英伦,等.产业政策、资本配置效率与企业全要素生产率——基于中国2009年十大产业振兴规划自然实验的经验研究[J].中国工业经济,2018(8):42-59.

乔彬,张蕊,张斌.制度性交易成本、产业集中与区域全要素生产率[J].南京社会科学,2018(12):41-49,65.

饶会林,陈福军,董藩.双S曲线模型:对倒U型理论的发展与完善[J].北京师范大学学报(社会科学版),2005(3):123-129.

尚正永,卢晓旭,张小林,等.行政区划调整对城市地域结构演变的影响——以江苏省淮安市为例[J].经济地理,2015(8):61-67.

邵朝对,苏丹妮,包群.中国式分权下撤县设区的增长绩效评估[J].世界经济,2018(10):101-125.

邵传林,段博.县域经济格局的空间联系与空间结构:基于兰西城市群的实证分析[J/OL].河北地质大学学报,2019(5):116-124.

邵靖芳.山西省产业结构优化研究[D].北京:中国地质大学(北京),2018.

石绍斌.大镇设"市":新型城镇化建设的一种新思路——兼对余姚市泗门镇的实证分析[J].经济社会体制比较,2014(6):58-67.

舒成,许波.我国市辖区土地开发异质性测度与成因分析[J].经济地理,2018,38(12):190-196.

苏雪串.新自由主义与政府干预主义理论与政策实践的演变——金融危机后对政府干预经济的再思考[J].学习与实践,2010(5):17-22.

苏祖勤,马洪春.中美行政特区建制比较[J].社会主义研究,2010(6):143-146.

孙秀林,周飞舟.土地财政与分税制:一个实证解释[J].中国社会科学,2013(3):40-59.

孙学涛,王振华,张广胜.县域全要素生产率提升中存在结构红利吗?——基于中国1869个县域的面板数据分析[J].中南财经政法大学学报,2017(6):73-82.

孙悦,刘玉梅.内生增长理论评述[J].商业经济,2010(17):28-29.

覃家琦,邵新建.中国交叉上市公司的投资效率与市场价值——绑定假说还是政府干预假说?[J].经济学(季刊),2016(3):1137-1176.

谭融,肖佳.论俄罗斯行政区划的发展与变革(下)[J].天津师范大学学报(社会科学版),2010(6):5-11.

唐为,王媛.行政区划调整与人口城市化:来自撤县设区的经验证据

[J].经济研究,2015(9):72-85.

陶希东."省直管县市":我国深化行政体制改革的路径选择[J].上海行政学院学报,2009(4):66-73.

汪宇明.中国省直管县市与地方行政区划层级体制的改革研究[J].人文地理,2004(6):71-74.

王丰龙,张传勇.行政区划调整对大城市房价的影响研究[J].地理研究,2017(5):913-925.

王国力,张俊芳.太原市市辖区经济发展综合实力评价研究[J].国土与自然资源研究,2016(6):59-61.

王晗.环境约束下基于 DEA 模型的江苏制造业全要素生产率及结构分析[D].镇江:江苏科技大学,2018.

王建康,谷国锋.土地要素对中国城市经济增长的贡献分析[J].中国人口・资源与环境,2015(8):10-17.

王婧,方创琳.城市建设用地增长研究进展与展望[J].地理科学进展,2011(11):1440-1448.

王琨,闫伟.马克思主义与后凯恩斯主义经济增长理论比较研究——从经济增长基本方程说起[J].经济理论与经济管理,2018(8):51-61.

王群,王万茂.中国经济增长、建设用地扩张与用地—产出比率—基于 2000—2014 年中国省际面板数据分析[J].中国地质大学学报(社会科学版),2017(6):158-169.

王涛,郝汉舟.城市规模与城市效率研究进展[J].湖北农业科学,2019(16):165-170.

王婷琳.行政区划调整与城镇空间结构的变化研究[J].城市发展研究,2017(6):155-160.

王贤彬,聂海峰.行政区划调整与经济增长.管理世界,2010(4):42-53.

王贤彬,谢小平.区域市场的行政整合与经济增长[J].南方经济,2012(3):23-36.

王小鲁,夏小林.优化城市规模,推动经济增长[J].经济研究,1999(9):

22－29.

王雪丽.目标、条件与路径:"省直管县"体制改革研究[D].天津:南开大学,2013.

王雨飞,倪鹏飞.高速铁路影响下的经济增长溢出与区域空间优化[J].中国工业经济,2016(2):21－36.

王玉明,李永涛.美国大都市区合作治理的组织模式与借鉴[J].四川行政学院学报,2018(4):22－26.

王志凯,史晋川.行政区划调整与城市化经济空间——杭州、萧山地方政府博弈的实证[J].浙江大学学报(人文社会科学版),2015(3):103－111.

吴金群,付如霞.整合与分散:区域治理中的行政区划改革[J].经济社会体制比较,2017(1):145－154.

吴易风,朱勇.内生增长理论的新发展[J].中国人民大学学报,2000(5):25－32.

肖萍.撤县(市)设区不同划界模式对城市空间发展的影响研究[D].苏州科技大学,2017.

谢涤湘.行政区划调整与大都市区发展——以广州市为例[J].现代城市研究,2007(12):25－31.

徐康宁,冯伟.基于本土市场规模的内生化产业升级:技术创新的第三条道路[J].中国工业经济,2010(11):58－67.

徐茉,陶长琪.双重环境规制、产业结构与全要素生产率——基于系统GMM和门槛模型的实证分析[J].南京财经大学学报,2017(1):8－17.

徐瑜.四川省产业结构高度化测度及其影响因素研究[D].成都:西南交通大学,2018.

徐增阳,余娜.美国大都市区治理中的地方政府自愿合作:何以兴起？何以持续？[J].华中师范大学学报(人文社会科学版),2018(3):31－39.

杨文彬.国际比较视野下省直管县体制的障碍因素分析[J].行政论坛,2015(1):43－46.

姚永玲.不同资源要素对我国地区经济增长的作用[J].地理与地理信息科学,2008(4):39-43.

叶林,杨宇泽.中国城市行政区划调整的三重逻辑:一个研究述评[J].公共行政评论,2017(4):158-178,196.

易红.城市规模、专业化分工与城市生产率研究[D].重庆:西南大学,2016.

殷洁,罗小龙.从撤县设区到区界重组——我国区县级行政区划调整的新趋势[J].城市规划,2013(6):9-15.

殷洁.大都市区行政区划调整:地域重组与尺度重构[M].北京:中国建筑工业出版社,2018.

尹来盛.辖区合并与经济绩效——基于京津冀、长三角、珠三角的经验研究[J].经济体制改革,2016(1):50-56.

尹向飞,欧阳峣.中国全要素生产率再估计及不同经济增长模式下的可持续性比较[J].数量经济技术经济研究,2019(8):72-91.

于志强,吴建峰,周伟林.大城市撤县设区经济绩效的异质性研究——基于合成控制的实证分析[J].上海城市管理,2016(6):10-15.

袁航,朱承亮.国家高新区推动了中国产业结构转型升级吗[J].中国工业经济,2018(8):60-77.

詹军,韩飞.哈长城市群城市规模分布与演变特征研究[J].牡丹江师范学院学报(社会科学版),2019(4):47-53.

张博程.哈尔滨市县级行政区划调整对城乡建设用地变化的影响研究[D].哈尔滨:东北农业大学,2015.

张国胜.本土市场规模与我国产业升级——理论、案例与政策[M].北京:人民出版社,2015.

张健华,王鹏,冯根福.银行业结构与中国全要素生产率——基于商业银行分省数据和双向距离函数的再检验[J].经济研究,2016(11):110-124.

张践祚,李贵才,王超.尺度重构视角下行政区划演变的动力机制——以广东省为例[J].人文地理,2016(2):74-82.

张杰,崔银江.美国行政中心空间与规模特征及其成因研究[J].经济地理,2011(10):1618-1624.

张金昌.波特的国家竞争优势理论剖析[J].中国工业经济,2001(9):53-58.

张京祥,刘荣增.美国大都市区的发展及管理[J].国外城市规划,2001(5):6-8.

张军,闫东升,冯宗宪,等.自由贸易区的经济增长效应研究——基于双重差分空间自回归模型的动态分析[J].经济经纬,2019(4):71-77.

张军,施少华.中国经济全要素生产率变动:1952—1998[J].世界经济文汇,2003(2):17-24.

张军,吴桂英,张吉鹏.中国省际物质资本存量估算:1952—2000[J].经济研究,2004(10):35-44.

张军,章元.对中国资本存量 K 的再估计[J].经济研究,2003(7):35-43,90.

张莉,王贤彬,徐现祥.财政激励、晋升激励与地方官员的土地出让行为[J].中国工业经济,2011(4):35-43.

张清源,苏国灿,梁若冰.增加土地供给能否有效抑制房价上涨——利用"撤县设区"的准实验研究[J].财贸经济,2018(4):20-34.

张衔春,赵勇健,单卓然,等.比较视野下的大都市区治理:概念辨析、理论演进与研究进展[J].经济地理,2015(7):6-13.

张学威.全要素生产率和产业结构优化的关系——基于 1978—2008 年安徽省和长三角地区面板数据的实证分析[J].中国软科学,2010(S2):207-215.

张艳侠,陈刘尊.县域经济发展的差异及驱动因子分析——以皖江城市带 30 个县为例[J].重庆交通大学学报(社会科学版),2019(1):75-80.

张屹山,高丽媛.制度变迁下交易费用变化的权力视角分析——对诺斯第二悖论的再认识[J].东北师大学报(哲学社会科学版),2014(3):87-92.

张友祥,金兆怀.城市土地要素的产出弹性及其对经济增长贡献[J].经济理论与经济管理,2012(9):49-54.

赵峰,张凡,张捷.基于完善大都市区公共服务提供的行政区划调整动力因素分析[J].学术论坛,2014(8):27-30.

赵聚军.略论行政区划调整对于完善大都市区管治体系的推动作用[J].人文杂志,2012(2):154-158.

赵聚军.我国市辖区行政区划调整导向的合流与分野[J].天津社会科学,2018(1):77-83.

赵聚军.行政区划调整如何助推区域协同发展?——以京津冀地区为例[J].经济社会体制比较,2016(2):1-10.

赵聚军.中国行政区划改革的理论研究[D].天津:南开大学,2010.

赵聚军.中国行政区划研究60年:政府职能转变与研究导向的适时调整[J].江海学刊,2009(4):118-122.

赵强.金融资源配置扭曲对全要素生产率影响的实证分析[J].河南社会科学,2017(12):50-54.

周飞舟.大兴土木:土地财政与地方政府行为[J].经济社会体制比较,2010(3):77-89.

周飞舟.生财有道:土地开发和转让中的政府和农民[J].社会学研究,2007(1):49-82,243-244.

周国富,陈玲.威廉姆逊"倒U"假说的争论及评价[J].现代财经——天津财经学院学报,2003(7):52-55.

周梁,冯迪.市场规模结构化分解与一体化进程——基于我国区域间投入产出表的研究[J].湘潭大学学报(哲学社会科学版),2016(2):80-84.

周茂,陆毅,杜艳,等.开发区设立与地区制造业升级[J].中国工业经济,2018(3):62-79.

周正兵.凯恩斯文化经济学思想述评[J].江汉大学学报(社会科学版),2018(4):65-74,128.

朱光磊,何李.从竞争到伙伴:中国市制改革的政治逻辑[J].南开学报(哲学社会科学版),2017(1):1-11.

朱海滨.我国制造业产业集聚对全要素生产率的影响研究[D].兰

州:兰州大学,2018.

朱建华,陈田,王开泳,等.改革开放以来中国行政区划格局演变与驱动力分析[J].地理研究,2015(2):247-258.

朱丘祥.地方土地财政困局的体制成因及其法治出路[J].经济体制改革,2011(3):9-14.